우리 안의 Individualism & Collectivism in Us

개인주의와 집단주의

우리 안의 Individualism & Collectivism in Us
개인주의와 집단주의

초판 1쇄 인쇄일 2013년 3월 17일
초판 1쇄 발행일 2013년 3월 20일

지은이 배민
펴낸이 양옥매
편집디자인 송은아, 신해니

펴낸곳 도서출판 책과나무
출판등록 제2012-000376
주소 서울특별시 마포구 월드컵북로 44길 37 천지빌딩 3층
대표전화 02.372.1537   **팩스** 02.372.1538
이메일 booknamu2007@naver.com
홈페이지 www.booknamu.com

ISBN 978-89-98528-13-3 (03120)

우리 안의   Individualism & Collectivism in Us

개인주의와 집단주의

배 민 지음

책과무

프롤로그

It seems clear that wars are not made by generations and their stupidities,
but are made instead by something ignorant in human minds and hearts.

- John Knowles

이 책은 자유로운 학문적 글쓰기에 대한 시도로 순전히 실험정신에 근거하여 시작되었습니다. 그리고 다학문간의 융합적 고찰을 통해 보다 새로운 통찰을 선보이는 연구를 목표로 하여 작성되었습니다. 이 책의 주제의식은 다음과 같습니다.

자연과학과 인문학의 관점에서 바라본 철학적 문제 – 사회적 상호작용을 통한 행복의 추구 (성향적 전략으로서의 집단주의 vs 개인주의를 중심으로)

정신의 기쁨(행복)에 대한 추구는 모든 철학적 탐구의 바탕입니다. 현재 우리 사회에서도 사회적 행복의 차원에서 정의와 협동, 공동체의 의미 등에 대한 논의에 많은 사람이 관심을 두고 있습니다. 또 이러한 주제에 대해 학문적으로도 자연과학과 인문학에 걸친 광범위한 학제간 연구가 활성화되고 있습니다. 그런데 그 속에서 집단주의와 개인주의라는 개인이 주변의 대상과 관계 맺는 생리적, 진화적 성향은 무시되고, 이타심이나 이기심과 같은 물질적 개념에 기반을 둔 사회적 표상이 논의의 중점이 되고 있습니다. 그런가 하면 그러한 논쟁 속에서도 행복을 추구하는 인간 자신의 모습에 대한 혼란과 오해는 여전히 함께 하는 현상을 보게 됩니다. 이 책의 문제의식은 여기에서 비롯됩니다.

저는 인간의 행복에 관한 주제로 책을 쓰고자 했지만, 사회적 성공을 열망하는 사람들에게 자신감과 열정을 편의점의 인스턴트(instant) 식품처럼 포장해서 판매할 마음이 없습니다. 경제적인 수익 창출에 직접적인 도움을 드리거나, 심리학적으로 타인을 조종하거나 유리한 조건을 얻어내도록 도와드리는 데에도 관심이 없습니다. 그렇다고 해서 심리 치유서나 종교 서적처럼 사회생활로 상처받고 지친 여러분의 마음과 영혼을 그저 감성적으로 따뜻하게 위로하고 끝내고 싶지도 않습니다.

사람이 사막이나 무인도에 혼자 남겨졌다면 밤하늘에 내비친 달빛 속에 가만히 웅크리고 앉아 명상을 통해 혼자 행복의 의미를 깨달을 수도 있습니다. 하지만 사회적 상호작용 속에서 인간은 처절하게 자신의 행복을 만들어 나가야 하는 입장이기도 합니다. 가령 예를 들어 현대인들의 상호작용은 주로 언어를 매개로 하고 있는데, 사람들은 그들의 일상적인 대화 과정에서조차 의사소통과 동시에 끊임없이 틀(frame) 게임을 무의식 중에 해나갑니다. 진화적 관점에서 이를 설명하자면, 보다 발달한 사회적 지능을 가지게 된 사람이 강력한 틀(frame)을 가지고 집단의 의사결정을 주도하게 되는 것과 관계됩니다. 실제로 강한 파트너를 찾는 여자들은 사회적 서열에 관심이 많으므로 남자들 간에는 자연스레 주도권 경쟁이 벌어지기 쉽습니다. 이는 사회적 상호작용의 한 측면을 너무 냉혹하게 바라본 설명일 수도 있지만, 중요한 것은 인간이 각자의 행복을 만들어가는 과정은 간단치 않다는 것입니다. 그들은 서로 돕기도 하지만 다른 이의 행복에 손해를 끼치는 행동을 자신의 목적에만 심취한 채로 저지르게 되기도 합니다. 이는 선과 악으로 단순히 판단해 버릴 문제가 아닌, 제한된 수명 안에서 어떠한 욕구든 이를 가능한 한 효율적으로 추구하려는 본성을 가진 우리 인간 누구 안에나 공존하는 모습입니다.

인간은 사회적 상호작용 속에서 자신의 자아를 의식함과 동시에 타인을 의식하며, 행복을 추구하기 위해 자신의 태도를 전략적으로 선택해 나가는 존재로 발전해 왔으며, 그 메커니즘은 우리가 아는 모든 사회 현상들과 직간접적으로 연관되어 있습니다. 그런가 하면 인간이 주변의 대상과 자신을 인지하는 방식은 연합과 분리의 양상을 띱니다. 이런 대표적인 예는 사회 속에서 집단과 개인 자신과의 관계를 인지하는 양상에서도 드러납니다. 저는 이로부터 발생하는 개인 성향의 차이, 그리고 진화적인 관점에서 인간이 사회집단 속에서 살아오면서 그러한 성향의 차이가 전략적으로 발전되어온 사실에 깊이 주목할 것입니다. 바로 이 책의 제목 "우리 안의 개인주의, 집단주의"는 여기서 착안한 것이기도 합니다. 그리고 이를 위해 우리 자신 안에 공존하는 개인주의와 집단주의를 개인의 차원에서, 더 나아가 사회, 역사적 차원에서 종합적으로 분석해 보았습니다. 전체적으로는 인간의 본성에 대한 논의에서 시작하여 자유주의와 사회주의 등의 정치·경제적 논의에 이르기까지 긴 여행으로 독자를 초대하고자 합니다.

이 책은 이기심과 이타심, 정의 등에 대한 사회적 논쟁이 활성화되고 있는 최근의 상황 속에서, 기본적으로 우리가 서로에 대한 오해와 편견을 극복하고 어떻게 행복을 이루어 나갈 것인가를 다룬, 수많은 책 중의 한 부류에 단순히 들어갈 수도 있을 것입니다. 하지만 바로 이러한 점에서 이 책이 가지는 차별성이 있습니다. 누가 나에게 이득을 줄 수 있고, 누가 얼마나 더 가져가는가와 같은 단편적인 사고 흐름에 휩쓸리기보다, 다른 부차적인 것들보다 훨씬 더 중요한 정신적 기쁨의 문제에 다가서는 것이야말로 모든 생물 중 가장 진화된 뇌를 가진 인간의 삶의 핵심이라는 사실을, 여러분은 이 책을 통해 보다 사실적으로 깨닫게 될지도 모릅니다.

긴 여행에 비해 책의 두께는 얇은 편입니다. 하지만 그 안에 새로운 시각을 담으려 애썼습니다. 인간의 본성에 대해서는 가능한 한 철저히 생물학적, 의학적 관점에서 생명체의 한계 및 뇌의 조직과 기능을 바탕으로 인간의 행동을 설명하고자 하였습니다. 그런가 하면 사회적 상호작용 속에서 (인간이 선택하는 태도의 심층적 차원에서 작용하는) 성향적 전략으로 개인주의와 집단주의를 규정하였습니다. 또한, 뇌의 진화적 발달에 대한 사회 문화적 요인을 보다 집중적으로 분석하는 과정에서 생물학적 시장 개념을 만들어 활용하고 있습니다. 인간의 역사 속 개인주의와 집단주의의 발현을 근대 이래의 민족주의, 자유주의와 민주주의 개념들을 통해 논하고, 인간이 사회적으로 오해와 편견을 해소하고 진정한 협동을 이루어나가는 방안으로 어떠한 길이 있는지 모색하는 것으로 끝맺습니다.

보풀이 만져지는 스웨터 같은 인문학적 따뜻함은 아닐지라도, 바다 빛 잠수복 같은 자연 과학적 서늘함을 견뎌내고 난 후엔, 먼 바다의 하늘과 수평선을 바라보고 서 있듯 여러분 자신과 이 세상에 대해 좀 더 개방적이고 관대한 시야를 가지게 될지도 모릅니다. 그렇게 된다면 우리는 서로에게 보다 여유 있는 마음으로 다가갈 수 있게 될 겁니다. 더 나아가 이 책을 통해 인간이 걸어온 길이라 할 수 있는 역사에 대해서도 보다 새로운 시각으로 바라볼 수 있게 되길 바랍니다. 여기서 제시하는 생물학적 시장 개념 같은 새로운 분석의 틀은 우리에게 현대 사회를 바라보는 보다 예리한 관점을 제시할 것입니다.

풀타임(full time) 전문연구원도 아니고 제 개인 연구실을 가지고 있는 교수도 아닌 제가, 제 사고의 독창적 면모를 드러낼 수 있었던 부분은 사실상 이 책의 전체 내용 중 1%도 되지 않습니다. 제가 이 책에서 한 일은, 자연과학과 인문학 분야에서 현재 활발히 연구 생산된, 정말 놀라울 정도로 값진 지식을 서로 연결 지어보고 그 지식 사이의 연관성을 탐색함으로써 전체적인 구조를 그려보고자 한 노력에 국한됩니다. 실제 내용의 99%를 차지하는 각 학문 분야의 구체적인 개별 사실 혹은 이론들은 그 출처를 제가 기억해 내지 못하거나 모두 찾아내지 못했더라도 (지금도 연구실의 불을 밝히고 계실) 다른 누군가의 땀과 노고의 결실들임을 분명히 밝혀드립니다.

소설이나 수필도 아니고 그렇다고 전공서적이나 논문도 아닌, 어설픈 학술 서적이
랄 수 있는 이 책이, 시중에 나와 있는 무수한 흥미진진한 책들 속에서 얼마나 선
전할진 모르겠습니다만, 그 안에 담겨 있는 보석 같은 의미를 알아볼 수 있는 귀한
독자들을 만날 수 있길 희망합니다.

그럼, 앞으로 전개될 이 짧은 여행을 즐기시길 바랍니다.

2013년 03월

배민

차례

1. 우리는 왜 서로를 불행하게 만드는가

형제를 살해한 자여!! 평민들, 귀족들, 민중들이여! 스스로를 파괴하고 있구나! 모든 것이 스피놀라와 도리아의 증오의 유산이로다! 드넓은 바다가 너희를 새로운 세상으로 인도하는데… 너희들은 헛된 일에 분노로 서로를 난도질하고 있다! 눈물이 흐른다… 백성들… 따뜻한 햇살이 비치는 평화로운 언덕… 이 땅의 모든 나뭇가지마다 헛된 새싹이 돋아나는구나… 너희들의 허망한 만발에 나는 우는 도다… 간절히 외친다… 평화를! 너희들에게 외친다… 사랑을!

오페라 〈시몬 보카네그라〉 중에서

우울한 이야기

어렸을 때 페르시아 카펫에 대한 환상을 내게 불러일으켰던 서머싯 몸 (W. Somerset Maugham) 의 〈인간의 굴레〉에는 동방의 어느 왕에 관한 이야기가 나온다. 그 왕에게 학자들은 인간의 일생은 요약하고 요약하면 결국 '태어나서 고생하다 죽는다.'고 했다. 이를 분자 세포학적으로 설명하면 결국 우리 몸의 모든 세포들은 끝없이 분해되고 재생되는 정말 시끌벅적한 소동의 상황을 살아가는 것에 비유할 수 있다. 기본적으로는 매 순간 정상적인 대사과정을 이행하느라 쉴 새 없이 바쁘고 대사과정에서 과산화수소와 같은 독성 물질들이 계속 발생함에 따라 이들을 세포 밖으로 끊임없이 배출하고 변성된 단백질을 처리하고 세포 기능을 유지하기 위한 복구 작업을 계속해나가야 한다. 현기증 나는 이런 생활을 계속 수행하다가 어느 순간 죽을 시점이 가까워지면 자체 내의 설계된 프로그램에 따라 (또 이 설계 프로그램이 고장 날 경우를 대비하여 확인 사살하는 체내 메커니즘에 의해) 아무도 관심 없는 정말 불쌍한 최후를 맞이한다.

또한, 뇌신경학적으로 설명하면 인간의 뇌는 결국 DNA의 설계도면에 따라 형성된 뇌의 수많은 뉴런(neuron)들이 그들 사이의 시냅스 변화를 무궁하게 만들어 나가면서, 외부와 내부에서 들어오는 수많은 정보를 처리하고 그에 대해 반응하는 활동을 역시 쉼 없이, 에너지가 계속 공급되는 한 수행할 뿐이다. 그 과정에서 신경전달물질이 일으키는 화학적 반응인 정신적 기쁨이 감지되기도 한다. 하지만 결국 에너지 공급이 끊기면 (심장에서 피를 더 보내오지 않으면) 뇌세포의 죽음과 더불어 인간의 (의식이든 무의식이든) 모든 정신 활동은 중지되고 체내에 저장된 기억은 영원히 소멸한다.

또 이 책의 관점에서(의학과 역사와 관련하여) 설명하자면 인간은 결국 육체의 생존이 종료되는 시점까지 정신적 기쁨을 최대한 추구해 나가면서 가능한 효율적으로 고생(에너지를 소모)하기 위한 전략을 끊임없이 손질해나가는 존재일 뿐이다. 하지만 그러한 과정에서 생겨난 의식과 진화적으로 발달해온 마음은 개인에게 그리고 집단에게 '나', 그리고 '우리'라는 관념을 형성시켜주었으며 자신과 주변 환경에 대한 섬세한 이해를 가능하게 만들었다.[1] 인간은 때로는 개인주의적이고 때로는 집단주의적이다.

그런데 나와 우리들은 기쁘게 살아가기도 짧은 이 인생에서 왜 서로를 불행하게 만드는 걸까. 우리는 다른 사람들과 사회적으로 충분히 행복해질 수는 없는 걸까. 이를 다른 말로 바꾸면 다음과도 같이 표현할 수도 있겠다. '우리는 왜 사회 속에서 상호작용하는 가운데 늘 오해와 편견으로부터 자유롭지 못한가.' 내가 이 책을 쓰기 전, 애초에 선택한 철학적 질문은 이처럼 매우 구체적 형상을 띠는, 그러면서도 그만큼 꽤 우울한 것이었다. 우리 사회에는 생존이 절박한 사람과 생존에 대한 문제는 걱정할 필요가 없는 사람이 함께 살아간다. 이처럼 인간 사회는 서로 다른 처지에 놓인 많은 사람이 함께 살아가고 있으며 빈부의 격차는 크다. 이에 대한 사람들의 인식도 모두 다양할 것이다. 인터넷에서 우연히 보았던 글을 잠시 인용하여 이야기를 전개해보도록 하겠다. 아래는 '이웃'에 관심 많은 한국인에게 인기 있는 인터넷 사이트, 네이버(www.naver.com)에서 우연히 본 글이다. 한비야 씨의 〈굶는 아이가 없는 세상을 만드는 것은 가능한가〉라는 질문에 대해 채택된 두 네티즌의 대답이다.

사회구조의 문제는 결국, 사회구조의 변화로 해결할 수밖에 없습니다. 그러나 그것이 인간 본성과 연결되기에, 이타(利他)를 바라는 것은 잘못된 것입니다. (중략) 물론 당장 필요로 하는 것은 악순환의 고리를 끊기 위한 소규모의 독자적 사회구조 생성. 그리고 이것은 각 상황과 조건으로 적합하게 이루어지는 것이어야 한다는 것. (중략) 아이들의 굶주림은 단순히 따로 분류하여 생각해야 할 문제가 아니라, 모든 그릇된 것의 일부에 지나지 않습니다.

– 어느 성인(으로 짐작되는) 네티즌의 대답

우선 가장 기본적인 방법으로는, 추상적이지만 사랑과 관심이라고 봅니다. 당장 내 친구가 굶어 죽는다고 하면 우리는 어떻게 해서든지 그 친구를 도와주려고 애쓸 것입니다. 이것은 우리가 친구와 깊은 관계를 맺고 있고, 서로 영향을 주는 사이이기 때문입니다.(생략)

– 졸업을 앞둔 어느 여고생 네티즌의 대답

인터넷 사이트에서 위의 글들을 봤을 때 자신의 분명한 사고를 표현한 저 두 사람이 만약 만나서 얘기한다면 둘 사이에 과연 의미 있는 대화가 이루어질 수 있을까 하는 생각이 들었다.[2] 저 두 사람 사이에 가로놓인 광활한 언어의 늪은 비단 저 두 사람뿐 아니라, 우리의 일상 속 어디에나 우리의 의사소통 속 어디에나 존재한다. 개인주의나 집단주의 등의 성향 차이는 젖혀두더라도 우리가 자기 생각을 표현하고 다른 사람과 의견을 교환하고 더러 논쟁하기도 하는 과정에서 진정 우리는 같은 언어를 사용하고 있는가에 회의가 들 때가 있다. 같은 주제에 대해서라도 전혀 다른 자신만의 언어들로 접근하는 서로 다른 시각을 가진 사람들의 대화는 그래서 매우 접점을 찾기 어려울 때가 많다.

하지만 다른 한편으로 위와 같은 질문과 대답은 현대 사회를 살아가는 우리가 흔히 접할 수 있는 주제 및 자연스러운 반응을 보여주기도 한다. 우리는 이러한 주제를 사회적 정의와 연관시키며 이를 의미 있는 문제제기이자 논쟁의 주제로 여기기도 한다. 분명 인간의 역사에서 가장 정의로운 시대를 살고 있다고 생각하는 많은 사람, 특히 겨우 반세기 전까지만 해도 도로의 맨홀 뚜껑을 훔쳐가는 사람들 때문에 변사 사고가 잦았던 나라에서 이제는 외국의 유명한 교수까지 신문사에서 초대해 사회적 정의를 논하는 한국 사람들은, 위와 같은 논쟁을 접하며 한편으로는 이미 정의를 고민하는 사회에 한 일원으로서 살고 있다는 뿌듯한 기분마저 느끼기도 할 것이다.[3] 하지만 위의 한비야 씨의 문제 제기와 같은 거시적 차원의 사회적 문제까지 갈 필요도 없이, 인간은 일상의 복잡미묘한 사회적 상호작용 가운데에서도 가끔 무엇이 정의일까에 대해 생각해 보기도 한다. 왜냐하면, 세계적으로 수십억의 어린이가 굶어 죽어가고 있다는 사실에까지 나아갈 필요도 없이, 우리는 실제의 삶 속에서 자신이 마주치는 일상의 보통 인간들과 무난한 상호작용을 해나가는 것도 벅차다는 것을 가끔씩 느끼기 때문일 것이다. 정의의 이름으로 좀 나를 괴롭히는 악당 같은 인간들을 벌주고 싶을 때가 있는 것이다.

그런데 이런 말도 있다.

당신이 싫어하는 사람은 악하다.

그리고 우리는 이 사실을 마음으로는 이미 알고 있다. 당신이 여타 학문에 매우 이성적 관심이 많은 지성인이라 해도, 다른 사람에 대해 가지는 자신의 마음에 대해서, 행동심리나 행태경제학 수준의 미시적인 합리성의 잣대로 분석을 내리거나, 도덕윤리나 사회생물학 수준의 거시적 합리성의 잣대로 이성적인 재판을 내리긴 어렵다. 사회 내부의 잠정적 도덕(provisional justice)의 합의 수준을 벗어나지 않는 선에서, "인생 매 순간마다 도덕성 판단에 지표가 되는 수없이 많은 항목당 점수들을 다 추산한 후 판단 내릴 순 없기에, 우리는 자신의 행위에 대한 도덕성 재판에서 사실상 전권을 행사하는 셈."이다.[4] 실제로 우리 마음속에서는 자신에 대해 꽤 도덕적으로 자신하기도 하는 편이다. 하지만 다른 이들도 모두 그렇게 생각한다는 것이 문제일 수 있다. 그 결과 실제 문제 상황 속에서 볼 수있는, 자신의 행위에 대한 이성적 재판장은, 안팎으로 늘 시끄럽다. 즉 우리 자신은 법정의 청중들 앞에 엄숙히 심사숙고하며 자신의 재판을 내리고 싶겠지만, 늘 그렇듯이 다른 사람들이 문제이다. 실제로도 우리는 그렇게 생각하며, 우리의 엄숙한 재판장을 일찍 빠져나와, 기자회견을 자청한다. 소위 기 싸움과 '자기편 만들기' 전략에 의존한 합의를 일상생활에서 더 선호하는 사람이 훨씬 많다고 생각하기 때문이다. 그런데 그 결과 실제로도 그런 결과가 실현된다. 우리 현실의 많은 변수들로 인해 아마도 그 법정 소송이 비효율적인 정신 에너지의 낭비를 초래할 것이라는 사실을 우리는 이미 알고 있기 때문인지도 모른다. 그리고 우리는 언제나(는 아니지만 대체로) 경제적 효율성에 입각한 행동을 취한다. 도대체 위에 내가 인용했던, 졸업을 앞둔 여고생 네티즌과 같은 이들은 어디에 간 것일까.

일상에서의 정의

야스미나 레자(Yasmina Reza)의 연극 〈대학살의 신(God of Carnage)〉을 보면 두 부부가 주인공으로 나온다. 그 두 부부의 11살 동갑내기 아이들 간의 폭력 사건으로 인해 우연히 두 부부는 그 중 한 부부의 집에 모여서 문제 해결을 위한 의논을 시작하게 된다. 하지만 시간이 점차 지나가면서 두 부부간의 의논을 통제하던 참을성 없는 가식이 서서히 증발하고 연극은 곧 그 네 명 각각의 끊임없는 고집과 기 싸움, 오해와 편 가르기 등을 통해서 갈등의 극적 폭발을 향해 서서히, 그리고 토니상 수상작답게 흥미진진하게 전진해 나간다. 이 연극은 인간의 이성이 사적 공간에서 얼마나 유치한 방식으로 무너질 수 있는지를 잘 보여준다. 실제로 우리는 현실의 생활 속에서 왜 서로가 미워하게 되는지 혹시 모를 편견의 원인은 무엇인지 등에 대해서, 아주 가끔 성찰해보는 것 이상의 진지한 합리적 사고로 더 나아가진 않는 경우가 일반적이다. 우리가 싫어하는 면을 가지는 사람은, 우리 편이 아닌 적이 되고 순식간에 우리가 만든 편 가르기 그물의 희생양이 되어버리고 마는 것이 현실이다.

　이렇듯 개개인의 마음속에서 이미 사회적 정의는 빛을 잃어간다. 그럼에도 최근 한국 사회를 보면 사회적 정의에 대한 관심은 매우 뜨거운 것 같다. 참고로 하루 1달러 미만으로 살아가는 극빈층의 수는 전 세계 인구의 20%에 해당한다. 거의 3만원 세대인 샘이다. 오늘날 자본과 노동시장에서 국가의 장벽은 낮아지고 있으며, 그들은 우리나라의 소위 88만원 세대들이 기피하는 일을 마다하지 않을 것이다. 중세 봉건사회에서처럼 귀족으로 태어난 것만으로 편하게 살아가는 것이 정의에서 벗어난 것이라면, 칼레 시의 불법체류자인 17살 쿠르드족 소년이 도버해협을 건너다 죽을 때, 서울 동작구의 17살 여고생은 에어컨이 설치된 교실에서 덥다고 투정하는 현실은 중세 때보다 나아진 것이 없어 보인다.[5] 빛도 내지 못하는 지구라는 작은 행성 위에 함께 살아가는 인간의 "정의"라는 측면에선 그렇다는 얘기다. 결국, 전 지구적인 차원에서 보면 한국 사회의 정의는 그 정의를 즐겨 외치는 사람들이 주로 결과의 평등에 유난히 마음 쓴다는 사실을 고려해 볼 때 폐쇄성과 시기심으로 버무려진 복합적 감정에 발을 담그고 있다.

　물론 난 여기서 그 누구를 탓할 생각도 사회적 정의 논쟁에 끼어들 생각도 없다. 철학의 주제 중 사회적 정의나 도덕과 같은 부분은 특정한 국가의 특정한 경제적 조건 그리고 그 조건 속에 살아온 개인 및 집단의 심리적 정서와 밀접히 연관된 문제이기에 이를 따로 때어내어 이야기한다는 것은 반쪽짜리 토론밖에 되지 않는다. 글로벌 제약회사의 제3세계 국민들을 대상으로 한 인체 임상 시험은 의료윤리의 측면에서 지식인과 학자들에겐 논쟁의 주제일 수 있다. 하지만 가령 북한의 신의주에서 사는 어린아이와 그의 부모에겐 그런 의료윤리와 같은 주제는 부차적인 것이다. 마치 니키타 미카로프(Nikita Mikhalkov)의 영화 〈12〉[6]의 마지막 장면처럼 불행한 18살의 체첸 소년을 배심원들은 자신들끼리 논쟁을 거듭하여 결국 무죄로 만들어주었지만, 그 소년에겐 유죄가 더 나을 수도 있었던 것이다. 뭉크의 〈절규〉를 볼 수 있는 유서 깊은 도시에서 학생들을 가르치는 어느 대학 교수의 블로그에서 다음과 같은 한 네티즌의 댓글을 보게 되었다.

> 그런데 자본주의나 신자유주의는 본질적으로 이기적인 경쟁체제입니당.
>
> 타인을 대할 때 협력이나 사랑보다 적대자로 여깁니당.
>
> 어떻게든 상대를 이겨야만 자신이 생존한다는 투쟁으로 봅니당.
>
> 여기서 폭력적인 사건이 발생하는 것 같습니당.
>
> (중략)
>
> 따라서 신자유적인 경쟁을 완화하고 공동체 정신을 함양하는 사회로 전환해야 하겠고, 그래서 경쟁보다 협력하는 사회로 가야 하겠지용. 또한 사람에 대한 미움과 증오보다 사랑과 동정심을 갖게 하는 인성 교육이 필요할 듯합니당.(생략)
>
>   − 박노자의 블로그 글에 달린 누군가의 댓글에서

이 책을 읽는 당신은 사회적 정의에 관심이 많아 보이는 위 네티즌의 글에 아주 공감할 것이다. 나도 다는 아니지만 공감한다. 단지 이 경우에도 그와 나 사이에 가로놓인 언어의 늪은 상당해 보인다. 경쟁보다 협력하는 사회로 가야 하겠다고 말했을 때, 사람들이 머릿속에 떠올리는 그 사회의 모습은 실제로는 전혀 같을 수가 없다. 어떤 사람은 경쟁은 악이므로 경쟁 요소를 없애버린 원시 부락 같은 사회를 떠

올릴 테고, 어떤 사람은 남에게 피해주지 않는 최소한의 우호적 태도로 형성된 개인주의적인 느슨한 사회를 떠올릴 수도 있을 것이다. 또 어떤 사람은 경쟁도 열정적으로 하면서 사안에 따라 벌떼같이 달려들어 협동하기도 하는 자신의 사회 모습을 떠올릴 수도 있다. 사람들은 이러한 공동체나 협동이라는 주제에 대해 구체적으로 사유하길 피하는 경향이 있다.

파편화되고 경쟁이 심화되는 현대 사회에서 추상적인 공동체 정신을 되찾는 것이 시급하다는 생각을 가진 사람들도 있다. 하지만 더불어 사는 사회라는 이상은 위와 같은 이유로 개인을 집단으로부터 분리하여 경험하려는 개인주의자에게는 결코 편하게 와 닿지 않을 수도 있다. 실제로 인간 개인과 집단 간의 관계적 성향이라 할 수 있는 개인주의와 집단주의는 정치적인 선동이나 경제적 유용성에 휩쓸려 숱하게 오해와 편견의 재생산에 활용되었다. 당신은 구두약 냄새가 나는 3000원짜리 치약을 치아미백기능까지 있는 2500원짜리 치약 대신 살 리 없을 것이다. 그리고 제정신이라고 볼 수 있는 당신의 이러한 소비성향 때문에 치약회사는 경쟁을 한다. 물론 그러한 경쟁을 종식하기 위해 얼치기 화공상의 독이 들었는지 아닌지도 알 수 없는 치약을 고가를 주고 사서 쓰는 것도 자유다. 마찬가지로 공동체 정신을 선양하기 위해 치약에 특별한 생의 의미를 부여하는 동지들과 모여 생업을 접고 한 달 동안 치약을 만들어 쓰는 것도 각자의 자유이다. 사실 개인들은 저마다 자신의 행복에 대한 문제에 나름대로 독자적인 전략을 수립하고 실행해나갈 수 있다. 인간은 늘 뭔가의 기회비용을 치르면서 선택을 해나가고, 사람들 각자의 선택은 사회 전체적으로 볼 때 경쟁 속에서 실현된다.

    우리 안의 개인주의와 집단주의

사회는 모래알과 같은 모습일 수도 있다. 왜 우리는 모래알의 행동들에 대해서, 공동체의 이름으로 혹은 사회적 정의의 이름으로 이기적이라는 딱지를 붙이려는 유혹을 느끼거나, 창조적 아이디어 같은 것들만 그들로부터 기대하는 것일까. 쓸모가 없어지면 그들은 공동체에 의해 바닷가에 있는 친구들에게 보내져야 하는가. 이렇듯 예를 들어 공동체를 강조하는 주장 속에는 그 표방하는 개념 자체의 불명료한 추상성 외에도, 개인과 사회집단 간의 불편한 관계의 가능성을 고려해야 하는 측면이 있다. 정의나 공동체 등의 문제는 결국 나를 어떻게 정의할 것인가, 우리라는 개념을 어디까지로 놓고 볼 것인가 등의 선행되는 고민에 끝없이 발목이 잡힐 수밖에 없다.

우리는 그 무슨 사회적 가치들을 들먹이지 않고도, 이 사회에서 각자가 자유롭고 안전하게 지낼 수 있기 위한 현실적인 필요성에 근거해 국가의 법적 장치들을 설계하였다. 그럼에도 특히 자유주의와 민주주의가 만나 이루어진 현대의 많은 국가의 국민들은 여유 속에서 그 사실의 의미를 너무 과소평가하는 경향이 있다. 사회가 특정한 가치 – 주로 공동체 정신 혹은 사회적 정의인 경우가 많았다 – 하에 사람들을 줄 세우거나 끌어 모으는 현상에 인류의 역사는 많은 회의적인 결과를 보여 주었음에도, 인간의 '집단적 욕심'은 끝이 없이 이러한 경험적 사실을 무시한다. 사실 플라톤과 아리스토텔레스가 살았던 아테네 민주정치의 시대에서도, 그러한 '집단적 욕심'은 두 철학자의 눈살을 찌푸리게 만들었을 것이다. 플라톤의 철인 정치 이론은 현대의 지성인이 보기엔 이해하기 어려운 소설 같은 이론일 수도 있겠지만, 문제는 그 현명한 철학자가 그런 이론을 생각하게 한 사회적 요인을 사회 구조적으로, 심리학적으로 이해하는 것이다. 평민의 자유를 보장하기 위해 법적 장치들이 극도로 발전했던 로마 시대에도 결국엔 공화정에서 전제정치로 넘어갔던 사실은, 카이사르의 교활함 이전에 로마 시민들의 편견과 오해가 빚어낸 멋진 작품으로 봐야 한다. 현대에도 역사의 진보를 신뢰하는 많은 선량한 사람들이 특히 그러한 욕심에 희생양이 되는 경우는 아이러니하게도 잘 관찰된다.

공동체의 '집단적 욕심'은 편견과 오해를 발생시켜 상황을 모두가 원하지 않았던 방향으로 몰고 가는 경우가 많다. 위에 정의 얘기가 나온 김에 가상적인 상황을 떠올려보자. 사회적 정의에 입각한 문제 해결을 국가정책의 기조로 채택하겠다고 공언하는 어떤 정당이 정권을 잡게 되고, 만약 그 정당이 오롯이 자신들이 표방했던 방식으로 사회적 문제를 해결해 나가게 된다고 가정해보자. 그렇다면 그 사회는 어떻게 될까. 아마도 집단적 정서와 긴밀히 연관된 특정 가치 및 그것에 과다하게 비중을 둔 정치적 타협에 의존하게 될 확률이 높다. 물론 그 사회 역시도 경제적 조건이라는 바탕에서는 크게 벗어나지 못할 것이며 내가 볼 때 그러한 실험적 시도는 무서운 권위에 의존하지 않는 한 예상보다 일찍 실패로 끝나게 될 확률이 높다. 그러한 시도와 같은 문제 해결 수준이 너무 전근대적이라고 볼 수도 있겠으나, 한 사회가 문제를 풀어가는 방식은 예나 지금이나 결과론적으로 볼 땐 크게 두 가지에 의존해왔다. 집단적 정서와 경제적 조건이 그것이다. 이는 마치 인간의 행동이 환경에 지배를 받느냐 유전에 지배를 받느냐는 행동주의 심리학자들과 사회생물학자들 사이의 논쟁에서 두 요인 다 인간 전체의 역사를 관통해온 핵심요인이라는 사실을 말하는 것과 같다. 인간의 의식과 주체성을 강조하는 실존주의 철학자를 위시한 인문학자들이 그 둘 사이에서 체념할 이유는 없다. 유전이든 환경, 즉 문화든

    우리 안의 개인주의와 집단주의

사실상 인간행동에 영향을 미치는 방식은 인간의 정신을 통해서이므로 애당초 인간이 자신 앞에 놓인 선택지 사이에서 고민할 줄 모르는 의식이 부재한 단세포 생물이라면 이러한 논쟁 자체가 무의미할 테니 말이다. 여하튼 위의 가상 정당이 정권을 잡은 사회의 경우는 특히 하나의 특징적인 집단적 속성을 보여준다. 역사상 많은 사회가 그랬던 것처럼, 바로 인간을 특정하게 멋대로 규정하면서 어떤 특정한 지향점을 인간 집단 전체에게 과감하게 제시하려는 사회라는 점에서 말이다.

"한 사회 전체의 행복을 공동으로 추구"하기 위한 사회적 정의 논쟁은, 위에서 말했듯 경제적 조건과 집단적 정서에 의존하기 쉬우며 그 과정에서 집단적 정서는 쉽게 권력화된다. 즉 특정한 가치가 권력을 통해 경제적 조건을 조종하게 되는 것이다. 다시 얘기하자면, 그 사회 전체 구성원의 생각과 행동을 지배하는 과정에서 개인들 자신의 행복을 위한 선택 행위 과정을 사실상 왜곡시키는 결과를 초래하는 것이다. 이것이 공동체의 '집단적 욕심'의 실체이다. 사회적 정의와 같은 철학적 논쟁은 애당초 우리가 우리 자신을 제대로 잘 모르는 상태에서는, 즉 경제적 조건과 집단적 정서와 같은 외적 조건에 휘둘리는 우리 자신이 서로에 대해 가지고 있는 오해와 편견을 이성의 법정에 세워 재판하려는 시도가 선행되기 전에는, 그다지 사회적으로 그 집단 구성원들 개개인의 상황을 개선하는데 결과적으로는 도움이 되지 못한다. 마치 황금알을 낳는 거위를 거위의 생리에 대해서도 모른 채 배를 갈라 더는 황금알을 구경 못하게 되는 것처럼, 인간의 편견과 오해는 사회적 불행을 가져온다.

사회적 정의보다 인간 본성을...

외적 조건에도 공통으로 적용될 수 있는 철학 주제가 있다. 국민소득 500달러일 때와 국민소득 2만 달러일 때가 크게 다르지 않고, 인구의 30%가 인간 취급을 못 받는 천민으로 구분되던 사회의 구성원이나, 집으로 보내오는 선관위의 두둑한 선거홍보 자료들에도 선거일에 뭐하며 놀지를 궁리하느라 바쁜 사회의 구성원이나, 보편적으로 가지는 공통점이 있다. 바로 육체적 생존과 정신의 기쁨, 즉 행복을 추구하는 인간의 본성이다. 이에 대해 나중에 좀 더 본격적으로 논의하겠지만, 여기서 우리가 주목할 사실이 있다. 사회 전체의 행복을 공동으로 추구하기 이전에 우리는 이미 의식적으로든 무의식적으로든, 인간의 본성에 대한 자신의 식견(타인들이 어떻게 살아가는지에 대한 관심으로부터 비롯된 지식과 정보)을 토대로 자신의 행복을 추구하며 다른 이의 행복 추구 과정을 이해하거나 오해하거나 하는 일상적 행위들을 경험적으로 축적해나간다. 더 나아가 우리는 자신들의 오해 가능성과 여기서 비롯되는 비극적 상황의 발생 가능성까지 무의식적으로 감안하여 자신의 행복을 위한 전략을 만들어 나간다. 일반적으로 사람들이 가진 (사회에 널리 확산돼 있는) 오해와 편견은, 그 사회 구성원 각자가 행복을 추구하기 위한 여정에서 거의 언제나 마주치는 풍경이기도 하다.

사실상 사회에서 우리가 마주치는 일상의 자질구레한 문제를 포함한 모든 사회적 문제들은 궁극적으로 인간의 본성과 인간의 행복에 관한 기본적인 철학적 차원의 질문을 우리에게 늘 던지고 있다. 단지 우리가 일상에서 이를 철학적으로 인식하지 않고 있으므로 외면하고 있는 것처럼 보일 뿐, 우리는 성장하고 나이가 들면서 의식하지 못하는 사이에 이 질문에 자신을 스스로 단련시켜가고 있는 것이다. 칸트와 같은 철학자는 인간의 본성이나 행복 따위에 구애받지 않고 저 밤하늘의 별처럼 명백한 도덕률을 사람들에게 주장하고 싶겠지만, 현실 속에서 사회적 지위를 조금이라도 더 높이고자 애쓰는 보통의 인간들은 칸트를 외면한다. 도덕적인 차원에서 칸트의 발밑에도 못 미치지만 온갖 현란한 논리와 언변으로 대중을 조종하고 그 와중에 자기 몫이나 챙기려 드는 정치가들의 선동에는 쉽게 휘말리면서도 말이다. 그럼에도 공동체의 집단적 욕심과 달리 개인의 욕심은 (그것이 집단 전체의 욕심을 선동시키지 않는 이상) 그 사회 집단 전체에 대한 해악은 훨씬 덜하고 때로 환상적으로 출중한 결과물을 낳기도 하지만 초라한 결과로 끝나는 경우가 대부분이다. 대중을 화려하게 유혹시킬 수 있었던 소수의 영웅들에 의해 실제로는 많은 평범한 사람들의 삶은 그가 선동하지 않았다면 누렸을 많은 것들을 박탈당하고 생을 마감했을 가능성이 높다.

나는 칸트와 행동을 같이 하고 싶으나 다른 관점에서 그와 행동을 같이 하고 싶다. 즉 그가 극복하고자 했던 인간의 본성에 대해 본격적으로 이 책에서 논의하기 전에 먼저 그런 작업을 하고자 하는 이유를 인간의 본성에 맞서 제대로 싸우기 위해서라고 일단 언급해두도록 하겠다. 마치 독재정권을 타도하기 위해서 그 독재정권의 수립 원인을 제대로 파악하는 것이 중요하듯이 말이다. 내가 볼 때 한국 사회는 이 작업 역시도 방기한 듯이 보이긴 하지만.

인간의 본성과 행복에 관한 근본적인 철학적 물음에 대해, 우리 인간은 이제 좀 더 합리적인 설명 방식을 추구해 나갈 수 있고, 그럴 필요도 있는 단계에 와 있다. 종교적인 믿음과 신학에 의거해 인간의 행복을 정의 내리거나 혹은 그와 비슷하게 윤리학이나 고전 철학의 관점을 고집하여 인간의 본성을 바라보는 것은 우리가 살던 시대 이전에 이미 할 만큼 했던 지적 활동이었다. 물론 이 시대에도 물질적인 행복과 정신적인 행복이라는 이원론에 근거해 인간을 이해하는 사람들은 아직도 많다. 그들을 위한 독서의 즐거움을 빼앗을 생각은 없으며 도서관에 가면 고전적인 삶의 지혜와 사유의 결실이 가득 담긴 광대한 저작들이 그들을 기다리고 있다.

하지만 이 책에서 나는 행복에 대한 문제의식을 철학의 영역 바깥으로 데리고 나가서 철저하게 개방된 무대 위에서 분석해나가고자 한다. 사실 인간은 이제껏 위와 같은 철학적 문제에 대한 답을 얻기 위해 철학의 울타리를 과감하게 뛰어넘은 지 오래이며, 그 이후로도 아리스토텔레스를 본받아 새로운 영역으로의 학문의 가지치기를 수없이 시도해왔다. 사회적 상호작용과 관련한 인간의 행복 추구라는 한정된 주제를 놓고도 마찬가지였다. 이에 대해 심리학적으로 시도를 못 해 볼 이유가 어디에 있겠는가. 또 경제학적으로 접근 못 할 이유도 없을

   우리 안의 개인주의와 집단주의

것이다. 당신의 사촌 동생이 컴퓨터로 게임을 하고 있는 이 시간에도 많은 경제학자는 컴퓨터로 가상실험을 수행하며 인간이 행복을 추구하는 궤적의 일반 원리를 규명하려고 하고 있다. 자연 과학적으로 시도하지 못할 이유도 당연히 없을 것이다. 그래서 진화생물학자들과 신경생리학자들을 포함한 많은 과학자가 이름 모를 많은 실험동물과 연구실에서 함께 먹고 마시며 그들의 청춘을 보내고 있고 많은 낭만적인 논문들이 그로부터 쏟아져 나오고 있다. 이름도 생소한 많은 신생 학문 분야들은 어떤 의미에선 모두 행복이라는 철학적 문제 해결을 위해 인간이 만들어낸 분석의 틀들이다.

인간의 행복과 본성이라는 철학적 주제 중에서도, 나는 사회적 상호작용이라는 특정한 조건에 한정하여, 인간이 어떻게 정신적 기쁨인 행복을 수호(하거나 추구)하기 위한 전략적 태도를 작동시키는지에 관심을 집중시킬 것이다. 어쨌든 이 책에서는 줌을 당겼다가 밀었다가 해가면서, 의학적으로 (줌을 당겨서) 한 인간이 정신적 기쁨을 추구해가는 과정과 (줌을 밀어서) 그가 속한 사회 속에서 상호작용해나가는 과정 등을 분석해나갈 것이다. 그리고 역사 속에서 (줌을 좀 더 밀어서) 그러한 상호작용과 관계된 개인과 집단 사이의 관계 역학이 어떠한 모습으로 전개됐는지를 분석해나갈 것이다. 앞부분은 의학의 성과를 토대로 정신적 기쁨을 향해 움직이는 인간의 작동원리를 규명해 나갈 것이다. 반대로 뒷부분은 역사적 사실의 흐름을 토대로 정신적 기쁨이 인간의 역사에서 어떤 방식으로 추구되었는지를 인간의 집단주의와 개인주의 성향의 관점에서 설명하게 될 것이다. 나는 데카르트(René Descartes)가 〈방법서설〉에서 인간의 사유 원리를 분석해나간 것처럼, 개인과 집단의 사회적 태도와 성향에 대한 나의 논리를 꽤 '독단적으로 그리고 이론적으로' 전개해 나갈 것이다. 물론 연금술 수준의 과학지식 속에서 외로이 자기 생각을 펼쳤던 데카르트와 달리 나는 현대의 학자들이 이룩한 다양한 자연 과학적 지식의 성과들을 바탕으로 인간을 철저히 생물학적 개체로 바라보고 그러한 작업을 해나갔다. 즉 경험론적 기록들을 참고해가며 연역론적 메모를 끄적여 나가면서, 인간 본성이라는 씨앗이 보여주는 흥미로운 움직임의 방향성을 관찰할 수 있었다. 그러한 관찰을 통해 그 묘목이 장차 만들어 나갈 무수한 줄기와 잎사귀들로 이루어진 하나의 나무(한 개인)를 보다 객관적으로 이해할 수 있게 되었고, 구속을 벗어난 자유로운 나무들이 보여줄 다양성과 변화 가능성에 다시 한번 놀라게 되었다. 더 나아가 하나의 숲(한 사회집단)의 형태까지 그로써 유추해 나갈 수 있게 되었다. 여름에 서울의 남산 케이블카를 타고 올라가면서 내려다보이는 남산 숲의 모양은 어떻게 보면 뇌의 모양을 연상시키기도 한다. 나뭇가지들이 만들어내는 나무의 모양과 그 나무들이 만들어내는 숲의 굴곡과 외형은 마치 뉴런들이 칼럼(column)을 형성하고 그 칼럼들이 뇌의 주름을 만들어내는 것과도 비슷하다. 인간 정신의 창발성은 바로 그러한 풍경 속에 윤곽을 드러낸다.

- ■ 우울한 이야기
  - 우리는 왜 사회적 상호작용 속에서 오해와 편견을 내려놓지 못하는가 이것이 이 책의 철학적 질문의 시작이며 행복으로 나아가기 위한 길에서 반드시 넘어야 할 숙제이기도 하다.
  - 일상의 보통 사람들과 상호작용을 해 나감에 있어서 문제를 겪게 될 때, 우리는 자신 마음속의 도덕적 판단에 의존하기도 하지만, 보통 기 싸움이나 자기편 만들기 전략에 의존하여 해결하는 경우가 많다.

- ■ 일상에서의 정의
  - 개개인의 마음속에서 이미 사회적 정의는 빛을 잃어간다.
  - 인간 전체의 정의 실현이 공허함을 알면서도 우리는 사회적 정의에 대한 관심과 찬양을 멈출 줄 모른다.
  - 공동체를 강조하는 주장 속에는 그 표방하는 개념 자체의 불명료한 추상성 외에도 개인과 사회집단 간의 불편한 관계의 가능성을 고려해야 하는 측면이 있다.
  - 일반적으로 공동체의 특정한 가치는 그 공동체의 집단적 욕심에 기반을 둔 경우가 많으며 공동체의 집단적 욕심은 편견과 오해를 부추긴다.
  - 한 사회 전체의 행복을 공동으로 추구하기 위한 사회적 정의 논쟁은 집단적 정서의 권력화를 초래하기 쉬우며, 그에 기초한 정책은 종종 그 사회 구성원들 개개인을 결과적으로는 불행하게 만드는 경우가 많다.

■ 사회적 정의보다 인간 본성을...

- 사회적 정의보다 육체적 생존과 정신적 기쁨에 몰두하는 인간의 개인성에 대한 이해가 선행되어야 한다.
- 고전적 방식의 행복에 대한 고민은 인간의 기나긴 사유의 역사 속에 광대하게 이루어져 왔다.
- 이 책에서는 연역적인 사고와 경험적인 사고 과정에 따라 행복을 추구하는 인간의 본성을 논해 보고자 한다.

우리 안의 개인주의와 집단주의

2. 인간의 본성에 대한 고찰

일본 불교의 한 비교(秘敎) 종파에 따르면, 인간은 태어날 때 신처럼 '아 – (aaaah)'라는 단순하고도 맑은소리를 낸다고 한다. 시간이 지나면서 인간은 사회의 요구에 따라 교육을 받고 기술을 습득하게 되면서 적절한 발성양식을 지닌 인물이 된다는 것이다. 열리고 맑은 소리인 '아 – '는 사라져 버렸다. 따라서 인간은 태초의 '아 – '를 되찾고자 인간의 순수한 타고난 신성(神性)을 회복하기를 소망하면서 나머지 인생을 보낸다는 것이다.

〈보이지 않는 배우〉[1] 에서

육체와 정신

자크 오펜바흐(Jacques Offenbach)의 오페라 〈호프만의 이야기〉에 첫 막은 주인공 호프만이 올림피아라는 한 여성에게 사랑에 빠지는 내용으로 되어 있다. 호프만은 꾀꼬리처럼 노래를 너무나 아름답게 부르는 그녀의 향기로운 매력에 흠뻑 빠지지만, 그 사랑은 이루어질 수 없다. 모두가 알다시피 올림피아는 "영혼이 없는 인형"이었기 때문이다. 이 글을 쓰는 지금도 올림피아의 "인형의 노래"가 머릿속에서 들려오는 듯하다. 하지만 영혼이 없는 인간과 사랑에 빠질 수 있을까. 아니 영혼이 없는 인간이란 존재할까.

우리는 모두 영혼이 있다고 믿고 싶어한다. 우리 육체의 어딘가에 깊숙이 깃들게 된 신의 따뜻하고 온화한 입김과 같은 영혼을, 나의 오른쪽 귀와 왼쪽 귀 사이를 조용히 날아다니며 지저귀는 파랑새와 같은 영혼을, 내 심장 속에서 요동치며 내 육체를 불타오르게 하고 종국에는 서서히 소진하게 하는 뜨거운 불과 같은 영혼을, 내 육체를 이끌고 저 멀리 하늘 높은 곳으로 달려가는 아폴론의 전차를 이끄는 말과 같은 힘찬

울림의 영혼을, 그 모습이 어떻든 믿고 싶어한다. 맑고 순수한 영혼 혹은 깊고 신비로운 영혼 등의 문구는 한 인간에게 묘사할 수 있는 최고의 찬사로도 들린다. 메피스토 펠레스에게 자신의 영혼을 두고 거래를 하는 파우스트의 이야기는, 인간 삶의 의미를 문학적 작품으로 숭고하게 승화시키고자 한 시도이기도 하다. 손에 잡히지도 않고 만질 수도 없고 추출해서 눈으로 확인할 수도 없는 뭔가가 물리적 형체일 뿐인 육체와 함께하고 있다는 이러한 생각은 선과 악의 이원론적 세계관과 관련이 되기도 한다.[2] 선과 악은 조로아스터교와 같은 고대 종교뿐 아니라, 동서양의 각종 신화와 설화 속 주제의 모티브(motive)이기도 했다. 그리고 더 본질적으로 이는 인간의 사고에서 진화적으로 탁월하게 발전한, 뚜렷하게 나타나는 특징인 뇌의 이성(reason) 및 감성(emotion) 기능과 관계가 있다.[3] 이 책에서 이성과 감성이라는 용어의 의미에 관해 잠시(사실 잠시는 아니고 좀 길긴 하다) 정리하고 넘어가고자 한다. 될 수 있으면 세부 학문에서의 전문적 용어에 의존하지 않고 가능한 한 용어 사용의 최소화를 통해 논리를 전개해 나가도록 하겠다.[4] 그 과정에서 의도치 않은 이분법적인 논리나 일반화의 위험에 빠질 가능성도 감수할 수밖에 없으나, 여기서 뇌의 기능과 관계해 언급하는 모든 사실, 가령 사실 A와 사실 B는, 인과관계나 일대일 대응의 측면이 아닌, 상관관계나 다요인 복합 상호작용의 측면에서 이해해주길 바란다. 뇌 활동의 본질은 원래 네트워크(network)에 있다.

예컨대 실인증(agnosia)은 대상을 적절히 인지(cognition)하지 못하는 증상이다. 감각기관(sensory organs)은 정상적으로 작동하지만, 뇌에서 실인증을 나타내는 것은, 인지 과정상에서 그 대상과 관련하여 지각(perception)된 감각 정보를 종합하지 못하는 것이다.

인간의 마음(minds)은 의미(meaning)를 그 중심에 두고 있다. 그런데 우리에게 의미를 부여하는 표상체계는 우리 뇌의 인지 활동에 의거하여 수립되었다. 그리고 인지 과정은 주로, 대상에 대한 분석(analysis)과 종합(synthesis) 활동에 의거하여 이루어진다. 사과인 줄 알았는데 자세히 보니 사과모양의 플라스틱임을 알게 되는 경우는 분석 활동에 의한 예이고, 세상의 사과가 생긴 것도 제각각, 맛도 제각각이어도 우리가 그것을 사과로 인지하는 것은 종합 활동에 의한 예라고 할 수 있다. 우리는 뇌의 인지 과정에서 개별 사실들에 대해, 끊임없이 차이점을 찾아내 분석하기도 하지만 연관성을 생각해 내어 종합하기도 한다. 전자의 활동은 대상을 이루고 있는 개개 요소들 혹은 군집을 이루고 있는 개개의 대상들을 "분리(separation)"하는 방향이라면, 후자의 활동은 대상을 이루는 개개 요소들 혹은 개개의 대상들을 "연합(association)"하는 방향의 인지 양식이다. 진화론적인 측면에서, 초기 인류들의 지각과 인지의 범위는 지금 현대인의 관점에서 볼 때 – 지능 영역(module)들에 따라 달랐겠지만 – 무시 증후군(neglect)이나 실인증 상태에 비유할 수 있었을지도 모른다.

그런데 우리가 "대상을 인지한다"는 것은, 우리 "자신이 인지한다"는 것을 전제로 한다. 즉 "대상을 인지하는 우리 자신을 인지하는" 과정이 "대상을 인지하는" 과정에 포함되어 이루어진다. 그런데 대상을 인지하는 것은, 대상과 자신을 인지하는 것과 구별될 필요가 있다. 가령 A와 B를 인지하는 것과 나와 A를 인지하는 것은 다르다. 이를 바탕으로 내가 A와 B를 인지하는 방식에 차이가 나타나기 때문이다. 우리 자신과 대상을 인지하면서도, 우리는 자신을 대상과 분리해 인지하거나 대상과 연합시켜 인지할 수 있다. 즉 내가 A에 대해선 전혀 인지도 못할 정도로 아무런 의미를 부여하지 않지만, B에 대해 내 감정을 투사하거나 의미를 부여하는 경우, 나는 A와 B를 인지하는 방식이 각각 분리와 연합에 근거하는 것이다. 마치 우리는 재미있는 소설책을 읽으면서 책 속 주인공의 모험에 자신을 감정 이입하기도 하지만, 양자역학 책 속에서 등장하는 원자와 전자들의 다채로운 활동상에는 시종 무덤덤한 감정으로 결국 시험 볼 때 기억도 잘 못 하는 것과 같다. 이런 대표적인 예는 사회 속에서 집단과 개인 자신과의 관계에서도 드러난다. 학창시절 또래집단 내의 소속감에 기대어 사춘기적 자아정체감을 찾으려 하기도 했던 자신의 모습을 떠올리기 바란다. 도대체 철수녀석이 어제 저녁 노스페이스 점퍼를 구매한 사실이 나에게 왜 중요한가.

그런데 많은 인지 신경학자들이 밝혀낸 바대로, 우리 뇌의 "인지" 활동은 뇌의 "정서" 반응과 긴밀히 연관되어 있다. 정확히 얘기하면 분명히 나누기가 어려울 정도로 관련되어 있다. 일단 말할 수 있는 것은 인지는 정서의 지배적 영향을 받는다는 사실이다. 여기서 정서 작용은 흔히 우리가 감정이라고 부르는 것을 말하는데, 크게는 반응이 일어나거나 혹은 무반응이거나 두 종류가 있다. 무반응의 경우는 감정이 우리의 인지에 미치는 영향이 미미할 것이다. 그리고 반응이 일어나는 경우, 그 본질은 주로 애착(attachment, affection)과 혐오(disgust, dislike)의 두 가지 감정이 중심이 된다. 연합과 분리의 인지 과정과 애착과 혐오의 정서반응은 상호 연관되어 있다. 함수관계가 아니고 그냥 상관관계가 있다는 말이지만, 여기서 문제는 정서반응은 발생하지만 혐오스러운 감정이기 때문에 결코 연합하고 싶지 않은 대상에 대해서 우리가 보이는 인지 방식이다. 이는 우리가 사회적 상호작용 속에서 늘 겪게 되는 상황이기도 하다. 우리의 인지 기능은 주로 그런 혐오의

우리 안의 개인주의와 집단주의

대상을 의식적으로 나 자신과 적극적인 분리를 시키고자 시도한다.

다시 정리하면 인간이 대상을 인지하는 방식에서 볼 수 있는 종합과 분석과는 별도로, 인간이 자신과 대상을 인지하는 방식에서 볼 수 있는 연합과 분리는 정서반응으로써의 애착 감정과 혐오 감정과 일정하게 상관관계가 있다. 비유하면 우리는 고양이와 쥐를 인지하는 과정에서 각각 고양이와 쥐의 생김새, 동작 등을 종합, 분석해 내어 그들의 상태를 살피거나 범주화한다. 그리고 고양이에 애착, 쥐에 혐오의 정서반응을 각각 경험할 수 있다. 이 경우 우리 자신과 고양이, 우리 자신과 쥐를 인지하는 과정에서 전자에는 연합, 후자에는 적극적인 분리의 인지를 취하고자 하는 경향성을 보인다.

정서적인 애착 반응은 (혐오반응도 마찬가지이다) 근본적으로는 생존의 욕구나 생식의 욕구와 관계가 깊다. 욕구의 해소는 인간의 정신적 기쁨을 초래함으로써, 우리가 이 욕구를 채우기 위해 나름의 전략을 세우고 게으른 뇌가 움직이게 한다. 인간이 자신과 대상을 인지하는 과정은, 애착 감정을 근본으로 진화되어온 연합의 인지 경향, 혐오 감정을 근본으로 진화되어온 적극적 분리의 인지 경향, 그리고 정서적 무반응을 근본으로 진화되어온 소극적 분리의 인지 경향의 세 가지 경우로 구분할 수 있다. (이런 무리해 보이는 범주화를 하는 나 또한, 뇌의 기능이라는 하나의 대상에 대한 분석, 종합의 인지 작업을 행하고 있는 셈이다)

그런가 하면 인간의 뇌에서 일어나는 정서−인지 상의 본질적인 활동 양태에 대한 하나의 설명 구도로서, 주로 애착과 혐오와 같은 정서반응과 관련된 뇌의 (연합 혹은 적극적인 분리에 기반을 둔) 인지 활동을 감성 기능, 정서적 무반응과 관련된 뇌의 (소극적인 분리에 기반을 둔) 인지 활동을 이성 기능으로 대별해 볼 수 있다. 이 책에서 뇌의 이성과 감성 기능이란 이러한 의미로 쓰일 것이다. 즉 정서와 인지의 복합적 측면을 가지는(하지만 인지 기능으로 표현되는) 뇌의 활동에서 볼 수 있는 특정한 경향성이다.

인간 진화의 역사에서 볼 때 가공할 자연의 위력 앞에서 육체적인 근육과 감각의 기능이 보잘것 없었던 인간이 보다 효율적으로 살아남고 자손을 번식시키기 위해 발달시킨 것이 지능의 본질이다.[5] 이 지능은 주변의 환경을 보다 제대로 파악하는 방향으로 발전하였다. 초기 인류는 자신을 둘러싼 환경(가깝게는 같은 종의 인류에서부터 시작하여 들소, 잎사귀, 바위나 물에 이르기까지)을 파악하기 위해 다양한 지능을 발전시켰을 테고 이는 오늘날 우리가 말하는 이성의 가장 기초적인 틀이 되었을 것이다.

인간이 죽음의 공포와 절망감 속에서 환경을 이해하고 극복하고자 하는 가운데서 발달시킨 것이 뇌의 이성 기능이라고 볼 때에 그 이성의 본질은 주변의 세계에 일어나는 현상들에 대해 자신과의 연합을 해체 즉 욕구가 있는 자신과 욕구의 대상인 주변 현상을 분리하고, 그 현상의 개개 요소를 분석·종합하여 그 현상의 원리를 이해하고자 하는 것이다.[6] 진화의 역사 대부분 기간에서 이성은 거의 잠자고 있었다고 할 수 있다. 모두 알다시피 도구의 제작 역시 적극적 이성의 표현으로 시작된 것은 아니다. 가령 도구는 인간 자신의 먹고 싶거나 피하고 싶은 욕구 즉 애착과 혐오와 관련된 감성기능으로부터 출발하였다. 물론 일단 제작하기 시작한 후엔 광물학적·자연 물리학적 지능을 개발시키며 그 쓰임새를 발전시켜 나갔다.

반면 감성은 생존의 욕구, 번식의 욕구 등과 밀접한 관계를 맺으

   우리 안의 개인주의와 집단주의

며 욕구의 대상과 연합 내지는 적극적 분리를 하려는 시도를 본질에 두고 있다. 그리고 그 욕구의 대상은 진화적 측면에서 그 자신과 같은 인간이거나 혹은 위협이 되는 동식물 혹은 자연현상이었다. 사회집단을 이루어 살면서, 같은 인간과의 사회적 상호작용 속에서 인간은 사회적 지능을 발전시켜 나갔다.[7] 인간은 사회적 지능을 활용하여 때로는 다른 인간과 연합 혹은 분리의 뇌 활동을 통해 사회 집단 속에서 생식과 생존의 문제를 해결해 나가고자 하였다. 인간 마음의 진화 과정에서 도구 지능·사냥 지능·사회적 지능 등 (편의상 이름 붙일 수 있는 다양한 활동과 관계된) 분화된 지능들이 연합되어 오늘날 소위 인식의 유동성이라 일컬어지는 특성을 인간의 뇌가 가지게 된 것은 고고학계와 진화심리학계의 주된 연구 과제이기도 하다. 여하튼 침팬지나 정자새(bowerbird)와 대비하여 인간은 분화된 지능을 어떤 방식으로든 연합하는 방향으로 진화를 겪게 되었으며 그 결과로는 일종의 연합지능 내지는 자아의식을 가지게 되었다. 인간은 자신의 다양한 사고 그 자체까지도 자신의 주변 환경에 대해서와 마찬가지 방식으로 대상으로서 분석, 종합할 수 있게 되었으며, 오늘날 인간은 자신의 잠재의식까지도 분석을 시도한 지 벌써 꽤 되었다. 나라마다 다르긴 하지만, 최근 〈정신분석 흑서(The Black Book of Psychoanalysis)〉의 출간과 더불어 사회적 논쟁이 벌어진 풍경을 고려하면, 데카르트 이래로 프랑스인들이 이 분야에선 가장 진화된 것 같다.[8]

그런데 여기서 중요한 것은 인간은 자신의 욕구를 매개로 자신과 (같은 인간을 포함한) 환경의 연합을 끝없이 도모해왔다는 사실이다. 이는 뒤에서 서술하겠지만 정신적 기쁨을 추구하는 인간의 본성상 당연한 현상이었다. 그리고 이 때문에 현실과 다른 신화의 세계가 생겨난다. 이성과 달리 감성은 인간이 주변 환경에 대한 자신의 격렬한 정서 반응을 바탕으로 연합 혹은 분리의 인지 기능을 병행해나갔던 뇌 활동이라고 볼 수 있는데, 이러한 뇌의 감성 기능은 신화 창조의 주역이라고 할 수 있다. 외부 대상에 대한 종합적인 인지과정 즉 추상화(abstraction) 과정에서, 현실 속에 존재하는 대상은 흔히 이 감성 기능에 의해 왜곡·굴절되기 마련이다. 추상화 과정에서의 왜곡을 통해, 이 세상 모든 자연물이 마치 인간처럼 각자 사연을 갖고 있고 다양한 감정 속에 휩싸여 살고 있다고 보게 되는 것이다. 실제로 고고학적으로 인류 최초의 예술활동 혹은 토템이즘(totemism)의 결과물 중에 보편적으로 나타나는 가장 큰 특징은 동물과 인간의 모습을 섞어 놓은 듯한 형상이 등장한다는 것이다. 예를 들면 동굴에 새겨진 들소의 머리를 한 인간상은 욕구를 소유한 인간 자신과 욕구의 대상을 일체화시켜 만들어낸 것이다.[9] 인간 자신이 이 세계의 단순한 관찰자 혹은 외부 탐험가가 아니라 자신에게 인식되는 이 세계 속에 하나의 배역을 맡기 위해 즉 주인공이 되기 위한 필사적인 과정이라 볼 수도 있는 이 과정은 전술한 바대로 대상과의 연합을 도모하려는 뇌의 감성 기능에 기반을 둔다. 이는 마치 영화 〈베를린 천사의 시〉에서 지상으로 추락하여 인간 세상 속의 한 중년 남자로 다시 환생하는 천사의 모습과 흡사하다.[10]

그런 의미에서 영혼이라는 말도 결국 인간의 감성이 만들어낸 하나의 결과이다. 때로는 인간은 현실에 보이는 대상을 굴절시키기보다 보이지 않지만 어떤 대상이 실제로는 존재한다고 상정하고 그 대상에 자신의 욕구를 투사하기도 했던 것이다. 마치 전지전능한 제우스를 창조해 낸 것처럼, 영혼이라는 개념도 현실에 존재하지 않지만, 실제로

    우리 안의 개인주의와 집단주의

어떤 대상이 존재한다고 상정하고 그 대상에 "영원히 살 수 있고, 언젠가 육체의 제한을 받지 않고 마음껏 날아다닐 수도 있는" 자신의 욕구를 투사한 것이다. 종교와 깊은 관련이 있는 신화를 예로 들어보면 인간은 주인공으로서의 너무나 인간 중심적인 관점으로 자연의 원리를 인간화시켰다. 신들이 보이지는 않지만 영혼의 모습으로 우리 인간의 곁에 늘 함께 한다고 생각하거나 신들이 인간의 선과 악의 문제를 심판하게 하기도 하였다.[11] 또한, 인간은 자신의 신체적 활동에 대해서도 위와 같은 신화적 원리로 설명하고 싶어한다. 즉 우리 몸 내부를 하나의 자연 세계로 보고 이에 대한 추상적인 믿음을 수립하는 것이다.

우리가 꾸는 꿈이 잠자는 동안 일어나는 우리 영혼의 활동으로 생각했던 아리스토텔레스뿐 아니라 실제로 현대의 예술가들에게는(이성적으로는 그렇지 않음을 알면서도 감성의 표현을 중시하는 문화 예술 분야의 특성상) 교육자나 훈련생을 가릴 것 없이 사실상 널리 활용되고 있는 생각이기도 하다. 어느 발성훈련가는 인간의 발성 체계를 숲 속에 햇빛이 쏟아지는 연못에 비유하여 (골반이나 척추는 각각 연못 바닥과 연못가의 큰 나무에 비유) 그 연못은 "소리의 진동으로 가득 찬 연못"이라고 표현하기도 하였다.[12] 이런 비슷한 생각은 발성을 훈련하는 성악가나 배우들에게는 익숙하다.

결국, 인간은 자신의 외부 환경을 신화적으로 이해하듯 자신의 몸 내부와 자신의 내면에 대해서도 신화적으로 이해하고자 하였다. 그 과정에서 육체와 영혼의 이원론적인 사고에 상당히 익숙하게 살아오게 되었다. 즉 영혼을 믿고 싶어하는 인간의 의식 역시 진화적으로 내재화된 특성이라고 말할 수 있겠다. 하지만 이 책의 주제를 논의하기 위한 이성적인 전제는 결국 영혼은 본질적으로 허구이며, 정신은 뉴런의 전기화학적 신호일 뿐이다. 엄청나게 복잡한 구조와 기능을 가진 컴퓨터라는 점에서 인간은 노래 부르는 단순한 기능 만을 가진 올림피아와 다를 뿐이며, 인간 안에 뭔가 거래할 게 있다고 착각한 메피스토펠레스는 눈먼 상인이었을 뿐이다.

인간과 뇌의 본성

주제가로도 유명한 영화 "유 콜 잇 러브(you call it love)"의 초반에 남자 주인공이 여자 주인공에게 한눈에 반하는 모습은 바라만 봐도 정말 흐뭇한 미소가 절로 나오는 "아름다운 여성"에 대한 남자의 반응을 전형적으로 보여준다. 내 경험으로 볼 때 대부분 남자들이 그런 표정을 지어본 적이 있을 것이다. 동서고금의 많은 문학 작품에서 사랑하는 여성의 아름다움을 찬탄하는 미사여구를 수도 없이 볼 수 있지만, 안타깝게도 분명한 사실은 그러한 아름다움이 영원하지 않다는 것이다. 결국엔 인간은 누구나 늙고 병든다. 그리고 아름답건 추하건 간에 생물학적으로 모든 인간은 그 외형상의 다양성과는 별개로 거의 비슷한 구조와 조성을 가지는 같은 종 내의 비슷비슷한 개체들일 뿐이다. 인간 종 역시도 더 큰 시각에서 보면 지구라는 작은 별에 살아가는 수억 수천만 종의 생명체 중 하나에 불과하다.

탄소 및 잡다한 부스러기 원소들로 이루어진 생명은 일단 무기물질로 이루어진 지구 상의 다른 물질과는 핵심적으로 다른 몇 가지 특성을 가진다. 역사적으로 생명체의 속성에 대한 무수한 정의가 존재해 왔다. 그러한 정의와 별도로 우리 눈에 가장 뚜렷이 관찰되는 특성, 즉 생물이 자발적으로 움직이는 이유는 높아지려는 엔트로피(entropy)의 흐름에 맞서 싸우면서 생리적 항상성을 유지하려는 것이다. 그리고 (세포막이 있긴 하지만) 열역학적으로 열린계(open system)인 생물은 생리적 항상성(homeostasis)을 유지하는데 필요한 화학적 연료라 할 수 있는 ATP를 만들어내야 한다. 박테리아조차도 1초 정도 동안 움직이는 데 필요한 분량의 ATP를 체내에 일정 농도로 늘 유지하고 살아간다. 광합성으로든 숙주에서 기생하든 다른 개체를 잡아먹든 간에 이렇게 취한 연료를 가지고 기본적인 욕구를 충족하고 자신의 존재 이유(주로는 번식)를 찾아가기 위한 방향으로 모든 생명체는 움직인다. 즉, 모든 생명체는 자신이 취한 특정한 형태의 화학적 에너지를 뭔가의 목표를 달성하기 위해 살아서 움직이는데 사용한다.

인간의 본성 역시 그 기본 바탕에는 생명을 지닌 모든 유기체의 속성에서 결코 벗어나 있지 않다.[13] 물론 인간에게선 생명의 핵심 속성으로 대부분 과학자들이(특히 진화생물학자들이) 거론하는 번식 문제에 있어서 그 기본 원리가 다른 동물에서처럼 일차원적으로 적용되지는 않는다. 특히 일부일처제의 사회제도 및 피임도구의 발명 등은 인간의 문화적 진화의 방향성을 유전적 진화의 방향성(진화생물학적 측면에서 적응성의 증가)과 다른 양상을 보이게 만든 지 오래되었다.[14] 한국의 판소리 흥보가에 나오는 흥보와 놀보는 그러한 현상을 우리에게 익살맞고 흥미롭게 말해주고 있다. 많은 자식을 낳은 흥보는 생물학적으로는 놀보보다 훨씬 높은 적응도를 보여준다. 실제로 번식에 자기의 존재 이유를 두고 있는 것처럼 보이는 지구 상의 다른 바쁜 종

  우리 안의 개인주의와 집단주의

들에 비할 때 인간은 매우 여유롭고 낙천적이다. 그런 이유로 생명체
도 아닌 컴퓨터 바이러스보다도 번식력이 떨어지며, 핵전쟁 이후 지
구를 이끌어나갈 번식의 귀재로 저주를 받고 있는 바퀴벌레보다 적응
도가 한참 떨어진다.

　이 책에서 생명의 속성이나 인간의 본성 자체를 심도 있게 다룰 생
각은 없다. 하지만, 인간의 자아의식이나 성향에 관한 이야기를 다음
장부터 해나가기 위해서 기본적 바탕을 구축하고 나갈 필요는 분명히
있다. 이를 위해 인간의 본성을 설명하기 위한 기본 전제를 몇 개의
문구로 나타내자면 다음과 같다.

　인간은 욕구를 충족하고 스트레스를 해소하려 한다.
　인간의 생명 및 가용 에너지는 유한하므로 효율성이 추구된다.
　인간의 뇌는 감성적 활동과 이성적 활동을 병행한다.
　인간의 자아의식은 정신적 기쁨의 극대화를 추구한다.

　먼저 인간의 본성에 대한 논의 이전에, 한 가지 사실을 짚고 넘어
가고자 한다. 그것은 이 문구들이 단순한 인간의 본성을 이해하기 위
한 철학적 문구가 아닌 체내의 조직생리학적 구조 및 현상에 바탕을
두고 있다는 점이다. 즉 인간의 본성에 대한 위와 같은 설명을 만들
어낸 생리적 메커니즘(mechanism)이 분명히 존재하며, 이는 특히 뇌
의 조직학적 구조와 직접적인 연관성을 가진다. 영혼을 믿었던 시대
에서나 혹은 영혼이 지배했던 시대를 지나 과학의 시대에 와서도 정
신(마음 혹은 영혼일 수도 있다)과 육체를 이원화하여 생각하는 경향은
여전히 우리의 관습 속에 남아있다. 하지만 이미 현대 과학은 정신과

육체가 뇌신경학적으로 일체화되어 있음을 밝혀내고 있다. 예를 들어 정신(자아의식을 말함)의 기쁨을 위해서는 기쁨을 불러일으키는 외부의 대상이 되는 물질이나 사람·사건에 대응하여 두뇌가 기쁨을 느낄 수 있는 생리반응이 필요하다. 여기에는 호르몬이 관여하고 말초와 중추신경계의 신경세포 및 신경전달 물질을 포함한 복잡한 뇌 신경조직이 관여한다.

뇌의 뉴런(신경세포)은 60~70세의 나이에 이르기까지 알츠하이머병과 같은 질환에 걸리지 않는 한 그 수는 거의 변함없이 유지된다. 뇌는 전체적으로 천억 개가 넘는 뉴런으로 이루어져 있으며 기본적으로는 그 뉴런들 각각이 수많은 시냅스를 통해 네트워크를 형성하며 전기적 화학적 자극을 주고받고 있다. 우리가 학습을 하고 기억을 하고 생각을 한다는 것은 그 뉴런들의 연결이 이루는 시냅스가 매 순간 조직학적으로나 생리학적으로 변화하는 결과이다.[15] 뉴런은 다른 세포들처럼 세포분열을 하거나 수명이 금세 다하거나 하지 않는, 성격이 매우 독특하게 분화된 세포이다. 뇌 전체로 보면 이 뉴런들은 시냅스를 통해 뉴런끼리 계속적인 전기 화학적 신호의 전달을 주고 받으며 특정한 외부 자극과 관계 없이도 항상 자발적인 활동이 일어나고 있다. 우리는 매 순간 상상하든 기억하든 의식하든 무의식하든 뭔가를 생각하고 있으며, 이러한 우리의 생각을 우리가 완전히 통제하는 것은 불가능하다.

진화적으로 뇌는 캄브리아기(Cambrian Period) 이후 5억 년이 넘는 기간 동안 자연선택을 통해 그 조직학적 구조를 발전시켜 왔으며 (예를 들어 모든 척추동물에서 관찰되는 신경관(neural tube)은 그 예이다) 포유류 뇌의 진화적 발달 양상을 보면, 이성적 활동을 주로 담당하는 대뇌 피질(Cerebral cortex)은 나중에 인간에 와서 부피가 크게 증가 되었고(진화적으로 많은 발달이 있었고), 반면 대뇌 변연계(limbic system)와 같은 감성과 관련된 부위는 인간과 다른 영장류에서 큰 차이가 보이지 않는 즉, 진화적으로 그 이상의 많은 발달이 있지 않았음을 알 수 있다.

뇌의 조직학적 진화의 최후의 성과물로 전두연합령(frontal association area)을 들 수 있다.[16] 대뇌 피질의 다른 부위들처럼 몇 층의 뉴런 세포로 구성되는 칼럼들이 반도체의 칩처럼 빽빽하게 자리를 잡은 조직학적 구조를 띠고 있는 전두연합령은 중뇌(mesencephalon)나 뇌간(brain stem)에서 뻗어나온 뉴런의 축삭(axon) 말단의 시냅스(synapse)에서 방출되는 신경전달물질 등을 통해 기능이 이루어지고 있다. 이 전두연합령은 마치 "공항의 관제탑"과 같은 곳이라 할 수 있으며 자아의식과 관련성이 높은 뇌의 조직학적 부위라 할 수 있다. 이 전두엽(frontal lobe)이 20세 무렵 이후가 되어야 조직학적으로 완성된다는 사실은 사춘기 청소년들이 왜 자아정체감 형성에 혼란을 겪으며 불장난을 저지를 수밖에 없는지를 잘 설명해준다. 아마도 마키아벨리 (Niccolò Machiavelli)는 이 점을 탁월하게 간파했던 사상가였던 것 같다.

"운명은 여신이므로 그녀는 항상 젊은 사람들에게 이끌린다. 왜냐하면, 젊은 사람들은 덜 신중하고 보다 공격적이며 그녀를 더욱 대담하게 다루기 때문이다."

인간이 가지는 욕구

그럼 이제부터 위의 4가지 전제들이 서로 어떻게 연관되며 인간의 행동을 이끄는지를 순서대로 이해해보자. 먼저 인간의 욕구는 어떻게 해서 생겨날까. 이를 이해하기 위해 간략하게 인간의 생물학적 실체를 짚어볼 필요가 있다.

살아있는 모든 생물이 그렇듯 뉴런을 포함한 인간의 모든 세포도 거대 화학 분자(주로 단백질)의 기능에 따라 활동이 좌우된다. 세포 내에서 이들 거대 화학 분자들은 분자 내부의 화학적 결합력 등의 특성에 기인한 특정한 형태를 갖추고 있다. 예를 들어 거대 화학 분자의 대표적인 예인 DNA는 이중 사슬 구조로 되어 있다는 것은 잘 알려져 있다. 그리고 이 이중으로 이루어진 중첩성은 화학적으로 하나의 분자가 두 개로 복제될 가능성을 DNA에 부여하였다. 한편 DNA 사슬은 꼬이고 뭉쳐져서 거대한(현미경으로도 식별 가능한) 구조를 이루게 되는데 이것이 염색체이다. 세포분열(mitosis) 상에서 염색체가 둘로 나뉘고 다시 하나로 붙고 하는 과정에서 유전정보가 누락 없이(사실 누락

우리 안의 개인주의와 집단주의

은 당연히 일어나기도 하며 또 이를 복구하는 시스템도 가지고 있다) 딸세포들에 전달되고 이를 통해 인간의 성장과 번식이 가능해진다.[17]

DNA는 수많은 단백질을 생성시키는 유전 정보를 갖고 있다. DNA 내에 있는 각각의 유전정보는 발현되거나 혹은 발현되지 않거나 하여 몸의 부위별로 다양한 세포의 분화를 가능케 하며, 나아가 독특한 형태와 기능을 가진 기관(organ)들을 형성시킨다. 뇌는 인간의 성장 과정에서 이렇게 분화되어 형성된 인간의 신체 내부 기관 중 하나이다. DNA의 설계도에 따라 정교하게 조직학적 구조물이 완성되고 이 건축물에 전원과 수도를 공급하는 생리학적 장치까지 마련되면 뇌는 생리적으로 기능하게 된다. 인간의 성장 동안 뉴런(neuron)이 수초로 감싸지는(myelinated) 수초화 현상이 진행되고 시냅스의 네트워크가 변화무쌍하게 불어나며 강화된다. 따라서 출생 후 이 건축물의 마무리 공사가 진행되는 동안 생리적 현상은 빠른 속도로 (그 속도는 사람마다 다르며 한 사람의 생애 내에서도 시기에 따라 다른 양상을 보일 수 있지만, 전체적인 규모에서) 그 활성도가 증가한다고 볼 수 있다.

공사가 진행되며 뇌는 생리적 항상성을 추구하는 DNA의 설계에 의해 다른 모든 신체 기관과 마찬가지로 에너지를 공급받도록 구조화된다. 사실 신체 내의 다른 어떤 기관보다도 많은 화학적 에너지원을 소모하며 우선적으로 혈액을 공급받는다. 그냥 가만있는 뇌는 똑같이 파김치처럼 늘어져서 쉬고 있는 팔다리 근육이 필요로 하는 양보다 대략 22배의 에너지를 소모한다.[18] 두뇌가 이렇게 많은 혈액을 공급받는 이유 중의 하나는 신경세포 간에 일어나는 전기 화학적 반응이 많은 자유에너지를 요하기 때문이다. 그 외에도 두뇌의 온도 유지를 위해서도 막대한 에너지가 소요된다. 다양한 단백질에 의해 조절되는 신경계의 작용은 온도에 직접적인 영향을 받기 때문이다. 특히 말초신경계보다 훨씬 복잡한 반응의 조정과 통합이 일어나는 중추신경계 쪽이 온도에 더 치명적으로 영향을 받게 되므로 두뇌에 혈액의 우선 공급이 이루어지는 것 같다. 손발을 꽁꽁 얼어붙게 하는 추운 곳에서 모자를 쓰고 있지 않아도 이마의 온도는 일정하게 유지된다는 것을 누구나 알고 있다. 애당초 털 없는 원숭이로 변신한 인간에게서 아직 머리에 남아있는 수북한 털들은 무스와 헤어스프레이로 꽃단장하기 위해서만 존재하는 것은 아닐 것이다.[19] 하지만 말초신경 부위든 대뇌 피질이든 신경 세포가 몸 안에서 최고의 귀족 회원으로서의 대우를 받는 더 큰 이유가 있으며 신경세포가 그렇게 대우받는 이유는 당연하다. 인간의 행동을 발생시키는 근원이기 때문이다. 일은 근육세포가 하지만 신경세포가 결정을 내려주어야 모든 일이 시작될 수 있기 때문이다.

이렇듯 DNA는 신경세포의 특성을 발현시켜 뇌의 구조와 기능을 규정한다. 그런데 뇌는 DNA의 요구에 맞추어져 애초부터 설계되어 있긴 하지만, DNA의 요구에 맞춰 꼭두각시처럼 움직이는 것은 아니다. 즉 이렇게 복잡한 구조를 갖추고 인간을 움직이는 뇌는 실제로는 DNA의 요구뿐 아니라 감각뉴런에 입력되는 외부의 정보에 대응하여 스스로 구조를 재조직한다.

이때 DNA의 입장에서 (외부의 자극에 편승하여) 뇌에 강력히 자신의 요구 사항을 계속해서 전달시키며 뇌의 활동을 장악하는 길에는 두 가지가 있다. 한 가지는 호르몬을 통해 직접 영향을 미치는 것이다. 가령 성호르몬 분비는 인간의 생애 주기 상에서 특정한 시기에 즈음하여 폭풍처럼 몰아닥쳐 많은 청소년을 충동적으로 보이게 하는데

  우리 안의 개인주의와 집단주의

일조한다. 다른 하나는 외부 정보에 대한 좋고 나쁨의 감성적 판단을 내리는 대뇌 변연계 등의 메커니즘에 작용하는 방법이다. 즉 좀 더 많은 도파민이 분비되는 경험 혹은 스트레스 호르몬이나 자율신경계의 경보장치를 울리는 경험을 통해 뇌가 그러한 영향 하에 (그러한 경험을 의식하여) 전략을 수립하고 기능하도록 우회적인 방법을 사용하는 것과 같다. 여기서 경험(뇌의 기억)은 '뇌의 중독'과 관련하여 매우 중요한 의미를 가진다.

어쨌든 DNA의 요구는 직간접적인 방법으로 뇌에 "인간의 욕구"라고 부를 수 있는 생리적 현상을 불러일으킨다. 이러한 인간의 욕구는 가장 기본적인 자극에 대한 반응으로부터 시작되어 감성과 이성의 작용을 거치며 때로는 상황에 적합한 전략이 세워지도록 조장하기도 하며 궁극적으로는 욕구가 해소되는 것을 추구한다. 욕구가 어떤 욕구냐에 따라 그 해소의 방식에는 다양하게 유형화할 수 있는 차이가 나타날 수 있다. 사람들의 로맨틱한 사랑(한 사람의 대상에게 지독하게 빠져드는 사랑) 과정을 신경생리학적으로 규명하려는 학자들의 시도는 그러한 기전을 규명하려는 하나의 예이다.[20] 로맨틱한 사랑은 인간의 구애(짝짓기) 욕구의 해소 과정 및 그 과정에서의 뇌의 중독과 관련이 깊다. 인간의 욕구는 사실상 매우 다양하며 이 책에서는 그중 가장 기본적이고 가장 핵심적인 욕구를 중심으로 이야기해보겠다.

육체적 생존과 정신적 기쁨

우리는 고통을 피하고 기쁨을 추구한다.

고통을 주든 기쁨을 주든 자극이 계속되면 감각이 무뎌진다.

이런 말들은 우리가 모두 한번쯤은 들어본 말일 것이다. 특히 고통을 피하고 기쁨을 추구한다는 말과 관련하여 앞으로의 논의를 전개해 나가기 위한 전제로 밝혀두고자 하는 것은 우리가 살아가는 데 있어서 가장 중요한 것은 육체적 생존과 정신의 기쁨이라는 것이다. 우리는 이 정신적 기쁨을 행복이라고 부른다. 혹은 만족, 효용 등 수많은 다른 이름으로 부를 수 있다. 우리가 어떤 두 상황 중에서 한 상황을 선호하는 것은 본질적으로 그 상황이 우리의 정신적 기쁨을 초래하기 때문이라는 것을 정신적 기쁨을 정의하는 한 방식으로 생각할 수 있다. 즉 정신적 기쁨은 우리가 선호하는 모든 상황의 준거가 되는 그 무엇이며(참 어렵다) 때로는 결과론적인 개념 규정이 가장 정확하게 실체(전기생리학적 현상)를 설명하기도 한다. 물질적 경제적 이득 혹은 도덕적 희생과 봉사는 그러한 정신의 기쁨에 이바지할 수 있을 뿐이다. 이 전개가 나온 논리적 과정은 다음과 같다. 여기서 일반인들이 육체와 정신에 대해 따로따로 사고하는 이원론적 사고 관념을 그대로 전용해서 (통증과 고통을 혼동하는 상황도 그대로 놔둔 채로) 잠시 살펴보도록 하자.

먼저 망치로 손가락을 찍었다. 이때 느끼는 아픔은 육체적 고통이라고 보통의 사람들이 생각하는 자극이다. 하지만 이는 손가락에 있는 신경 말단의 통증 수용체가 프로스타글란딘(prostaglandin) 등의 화학적 분비물로 전환된 물리적 자극을 받아들이는 것으로 그 고통의 기전이 시작된다. 화학적으로 변한 이 자극은 뉴런의 전기 신호 형태로 뇌(brain)로 전달되어 시상에서 다시 대뇌 피질로 그 자극의 성격과 정도, 위치 등이 확인되게 된다. 그리고 그 결과로 우리는 대뇌피질에서 상징적으로 해석된 통증을 인지하게 된다. 전달 과정에서 다양한 종류의 통증 자극들은 감각 뉴런의 신경내막(endoneurium)의 A δ 섬유, C 섬유 등에 의해 각기 구분되는 전달 경로를 가진다.[21] 그런데 이 전달 경로의 중간 즘에서 이 신호는 뇌세포를 따라 척수를 지나게 되는데 척수는 다른 많은 통증을 탐지하는 수용기에서 올라온 많은 뇌세포가 다시 뇌로 올라가는 상위의 또 다른 뇌세포들과 시냅스로 연결되는 곳이다. 또한, 척수의 일부 세포들은 위로 올라가는 신호 중 일부를 차단하기도 한다. 이는 20세기 중반 패트릭 월(Patrick David Wall)과 로널드 맬 잭(Ronald Melzack)이 제시한 통증의 관문 이론(Gate control theory of pain)의 근거가 되기도 하였다.[22] 즉 똑같은 성격과 강도의 통증자극이라 해도 사람에 따라 또 그 사람의 감정 상태에 따라 그 외 여러 이유로 통증의 정도는 다양하게 인지될 수 있다.[23] 궁극적으로 인간은 이러한 통증 자극에 즉각 반응하며(자율반사 반응도 작동한다), 고통을 주는 자극을 피함으로써 육체적 생존을 유지해나간다. 병에 걸리거나 신경이 손상되었을 때 받는 통증 역시 양상에 따라 급성 통증이나 만성 통증으로 그 고통을 구분할 수 있겠으나 마찬가지 기전에 의한다. 때때로 통증의 기전에서 통증 경로를 통한 말초신경계의 통증 감각이 지속해서 전해져 중추신경계의 통증 회로에 변화가 일어나게 되면, 통증 인식이 손이나 발에서의 직접적인 통증 유발 요인이 사라져도 (그와 관계없이) 자발적으로 지속하기도 한다. 그래서 육체적 통증은 (정신적 고통과 마찬가지로) 통증의 원인(origin)을 정확히 찾기 어려운 경우도 많다. 실제로 육체적 통증은 뇌에서 수렴(convergence)되어 인지되기 때문이다. 치대생 시절 어느 치과 국소마취학 교과서에 실린 너무나 평범해 보여서 전혀 관심을 기울이지 않았던 한 장(chapter)의 첫 부분은 이렇게 시작된다.[24]

> "치과 치료를 위한 마취는 치료 시 또는 이에 병발해서 일어나는 생리학적 동통을 제거하기 위해 발전해 왔지만, 최근에는 단순히 치료 시에 나타나는 동통만을 대상으로 하는 것이 아니고 환자의 불안과 공포 또는 정신긴장 등이 자율신경계 특히 교감신경계의 긴장을 높여 통각의 역치(閾値)를 저하한다는 점을 고려하면서 마취하는 문제를 넓게 생각하게 되었다."

맛있는 아이스크림을 먹을 때의 달콤함은 보통 사람들에게 육체적 기쁨을 연상시키는 자극이다.[25] 하지만 이 역시 달콤함을 느끼는 것은 혀가 아니라 뇌이며 혀에는 미각 신경 수용체 – 가령 단맛의 수

　　　　　　　　　　　우리 안의 개인주의와 집단주의

용체 T1R1, T1R2, T1R3 - 가 있어서 여기서 받아들인 자극은 역시 뉴런 체계를 통해 전기 신호의 형태로 두뇌로 전달된다. 뇌가 쾌감을 느끼기 위해서는 중뇌의 A10과 같은 뉴런들의 활동이 중요하다. 이 뉴런들은 각각 여러 다양한 경로로 주행하는데, 시상하부에서 대뇌피질에 이르기까지 곳곳에 시냅스를 두고 도파민을 뿌려대므로 혀나 피부 등에서 수용되는 쾌감 자극들은 뇌의 전체 영역을 자극하며 상호 경쟁적으로 작용한다. 그래서 뭔가 정신적 기쁨에 더욱 영향을 미치는 아주 "강렬하고 중요한" 다른 상황을 맞이하게 되면 아이스크림에서 얻을 수 있는 기쁨 따위에 무감각해져 버리기도 한다. 한 마디로 기쁨은 (고통도 마찬가지다) 뇌에서 적절하게 인식되기 위해서는 물리적 자극이 변화한 전기 화학 신호가 뉴런들 사이의 경쟁을 통한 좁은 문을 통과해야 한다. 그리고 인식된 자극의 형상은 사실상 뇌에서 떠올린 정신적인 이미지에 가깝다. 이 극단적인 연관성을 보여주는 예가 사랑하는 사람과의 섹스이다. 사랑하지 않는 사람과의 섹스와 비교해 볼 때 성기 점막에서 혹은 피부에서 느껴지는 촉각 자극의 차이와는 관계없이 비교할 수 없는 정신적 기쁨의 차이를 뇌가 느끼게 된다. "강렬하고 중요한" 상황이란 우리의 자아의식이 의미 부여하기 나름이기 때문이다.

호감 가는 사람이 나를 좋아한다고 말했다. 감각적으로는 청각적 자극에 불과하지만, 이는 나에게서 돈을 꿔간 (나에게 전혀 옥시토신을 분비하게 하지 못하는) 친구에게서 들었을 때와는 전혀 다른 뇌의 반응을 일으킨다. 사람들은 이런 자극을 자신의 기억 속에 지워지지 않도록 잘 보관해 두고 싶어 하며(고맙게도 A10 뉴런은 해마에도 건너가서 도파민(dopamine)을 뿌려댐으로써 기억과도 관련된다), 정신적 기쁨이라고 인식되는 것이다. 우리는 흔히 100m 달리기 대회 같은 특정한 상황에서 1등을 하는 것이 2등을 하는 것보다 더 기쁜 일이라고 말한다. 하지만, 우리는 일상적으로는 자신의 정신적 기쁨에 대해 그 실체를 정확하게 모르는 경우가 많아서 매슬로우(A. H. Maslow)처럼 위계화하여 구분하지도 않으며 톨스토이처럼 예민하게 고뇌하면서 받아들이는 경우도 드물다.

누군가 나에게 욕을 했다. 이 역시 감각적으로는 청각적 자극이지만 사람들은 정신적으로 고통스러워 하며 얼굴이 후끈 달아오름을 느끼곤 한다. 사랑하는 사람의 죽음은 보다 더 강렬한 정신적 차원의 고통을 초래한다. 우리는 흔히 후자가 전자보다 더 고통스러운 상황이라고 말한다. 하지만 이러한 차이는 5km를 뛰었을 때와 10km를 뛰었을 때의 육체적 고통의 차이처럼 그 차이가 생리학적인 측면에서 보편적으로 받아들여지지는 못한다. 스트레스 요인에 대한 인간의 대응은 복잡한 양상을 띠며 육체적 고통을 유발하는 외부자극에 대한 단순 회피는 그 중 하나이다. 정신적 고통 역시 육체적 고통과 마찬가지로 스트레스의 다양한 양상의 한 모습일 뿐이다. 스트레스 상황에서도 고통을 못 느낄 수도 있다. 하지만 정신적 기쁨을 추구하거나 유지하기 위해서는 스트레스 해소를 위한 노력이 요구될 수 있다. 정신적 스트레스가 작고 단기적인 양상을 띨 때에는 화를 내거나 혹은 기억 속에서 몰아내려 하지만 크고 장기적인 양상을 띨 때에는 복수를 계획하거나 나름의 방어 전략을 세우는 경우가 많다. 하지만 복잡한 사회적 상호작용 속에서 인간은 자신의 정신적 고통의 원인을 제대로 파악하지 못하는 경우도 많다.

정신적인 기쁨과 고통은 그 사회의 문화적 맥락에 크게 좌우된다.

따라서 우리가 해당 문화권 혹은 사회에서 언어의 기반 위에 각자가 가지고 있는 기쁨과 고통에 대한 정형화된 인식을 내려놓아야 정신적 기쁨과 고통의 문제를 적합하게 논의해나갈 수 있다. 또한, 우리가 흔히 정신적 스트레스라고 부르기도 하는 정신적 고통은 대부분 정신적 기쁨의 상실에 해당한다고 볼 수 있는 경우가 많다. 마치 밝음과 어둠은 인간의 관념 속에서만 존재하며 빛만이 객관적으로 존재하는 것과 같다. 정신적 기쁨이 어떤 다른 이유로 침해당한 상태 혹은 오래도록 일어날 가망이 없는 상태에 놓이는 것을 정신적 고통이라고 관념적으로 정의하면 될 것 같다. "Saturday night special"을 맞이한 경영가 "졸지에" 씨에게 정신적 고통이란, 평화로운 토요일 따뜻한 연어샌드위치를 먹을 때 창 밖에서 비치던 포근한 햇살의 기억이 상실한 경영권에 대한 절치부심과 머릿속에서 당분간 자리를 맞바꾼 것과 같다.[26] 어떤 의미에서 스트레스원(stressor)은 인간의 신체에 기쁨을 잠시 지워버리고 자신에게 주목해달라는 뜻에서 고통을 느끼게 하는 것처럼 보인다.

또한, 이원론적으로 육체와 정신의 차원에서 논의한 고통과 기쁨을 정리해 보면 육체적 기쁨과 고통을 정신적 기쁨과 고통과 구분하는 것은 사실상 의미가 없으며 단지 외부 자극이 촉각(혹은 미각, 후각)적이냐 시청각적이냐로 나누는 데서 비롯되었음을 알 수 있다. 육체에 퍼져있는 감각 수용기(외부감각뿐 아니라 내부감각과 고유감각을 포함)를 통해 고통이든 기쁨이든 자극을 인식하는 것은 뇌(특히 무의식적 고유감각의 경우는 소뇌)이다. 육체적 고통이나 기쁨은 정신적 고통이나 기쁨과 같은 뉴런 체계에 의하여 결국 뇌에서 집합적으로 인지하는 것이며, 어떤 의미에서는 애당초 육체와 정신을 나누는 것 자체가 의미 없다고 할 수 있다. 스트레스와 고통·통증이라는 단어 역시 우리의 언어 및 사회문화적 맥락 속에서 혼동하여 사용됨에 주지할 필요가 있다. 통증은 어떤 자극요인에 의해 스트레스가 발생했음을 알리는 신경계의 반응이며 이로 인해 면역계는 약화되고 뇌는 긴장하여 많은 일을 하도록 요구받는다. 정신적 기쁨은 잠시 잊혀지게 됨으로써 사실상 고통이 시작되는 것이다. 그런데 앞의 통증도 말초신경계로부터 중추신경계인 뇌가 인식하는 전기 신호이며 뒤의 고통도 뇌에서 일어나는 전기적 상태이다.

신체의 항상성 유지는 육체의 생존을 목표로 한다. 한편 고통은 우리가 추구하는 정신적 기쁨이 상실된 혹은 침해받는 상태와도 같다. 정신적 기쁨이라는 단어에 대한 사회 문화적 맥락을 배제하고 생물학적으로 그리고 연역론적으로 말하자면, 인간의 가장 기본적인 욕구는 육체의 생존이며 생존하는 동안의 가장 중요하고 핵심적 욕구는 정신적 기쁨의 추구이다. 순수한 사고의 결과이긴 하지만, 사실은 피부에서 시작한 통증이 뇌로 가는 특정한 경로를 따라 전달된다는 것을 최초로 제안한 사람이 논리학자이자 수학자였던 데카르트였음을 생각해본다면, 우리 몸의 작용 기전에 대한 이러한 논리적 사고 작업은 생소한 방식은 아니다. 실제로 뇌의 신경생리학적 구조와 기능은 이러한 결론을 지지함을 이후 이어지는 장들에서 논하게 될 것이다. 사실상 정신적 기쁨의 추구는 체내 신경 체계 및 내분비계와 관련되며 번식과도 관련된다. 진화과정이 인간 개체들의 자연선택 특히, 성선택에 의해 전개됐다고 볼 때에 유전자 자신의 영속성을 이어나가기 위한 목적에서 번식에 특별히 강력한 정신적 기쁨을 느끼도록 뇌의 신경 체계를 발전시켜왔을 것으로 생각할 수 있다.[27] 생존을 위해서라면 정신적 기쁨의 추구는 단지 고통을 주는 스트레스를 피하는 수준이면 충분할 것이다. 하지만 인간에서 정신적 기쁨의 추구 욕구는 매우 강력한데 이는 진화생물학적으로 볼 때 번식의 필요성과 관련될 가능성이 높을 것이다.

인간에게 있어서 기쁨은 외적 자극 없이 내적으로 생겨날 수도 있지만, 주로는 외부의 감각 정보에 의한다. 그리고 지각된 감각정보는 외부 대상 혹은 상황에 대해 좋고(애착), 싫고(혐오)의 뇌의 정서반응을 초래하고 이는 정서-인지 복합활동의 측면에서 감성 활동을 불러일으킨다.[28] 즉 외부의 감각적 자극에 의한 기쁨은 감성 기능에 의해 적절히 욕구가 해소되는 경우 얻어지게 된다. 번식 적합 나이 (혹은 번식 가능 나이)대에 이르기 전의 인간도 외부 대상을 좋아하고 싫어하고의 감성과 관련된 정신적 기쁨을 경험하지만, 주로 정서적 반응을 일으키는 대상이 단순한 성격을 가진다. 맛있는 사탕, 신기한 장난감, 놀이기구 등이 그것인데 이는 사실상 진화적인 흔적이라고 볼 수 있다.

인간의 인지 기능이 진화되어 오면서, 최초에는 자신이 대상을 단순히 인지(종합과 분석)하거나 자신이 대상과 자신을 인지(연합과 분리)하게 되며, 나중에는 다른 사람의 마음을 대상으로 삼아 자신이 다른 사람의 마음을 인지(의식)하거나 이와 동시에 자신이 다른 사람의 마음과 자신을 인지(전략적 태도)한다. 여기까지는 영장류의 2인자인 침팬지의 사회적 지능에서도 볼 수 있는 수준이다. 더 나중에는 자기 자신의 마음을 대상으로 삼아 자신이 자기 자신의 마음을 인지(자아의식)한다. 아쉽게도 침팬지는 거울에 비친 자신의 모습은 대상으로 인지하지만, 그 속에 자기 자신의 마음을 인지하는 데에는 애를 먹는 것 같다. 하지만, 인간은 사춘기 이전에 그 다음 단계로 넘어간다. 자신이 자기 자신의 마음과 자신을 인지(자기 마음을 변화시키려고 노력)하거나 자기 자신의 마음과 다른 사람의 마음을 인지(성향적 전략의 수립)한다. 이는 복잡해 보이지만 사실상 사회적으로 타인과 상호작용하면서 개인이 일상적으로 행하는 인지 작용이다. 맨 나중에는 자신이 자기 자신의 무의식을 인지(정신분석)하는 것일 것이다. 미셸 꽈스트(Michel Quoist)의 소설 〈다니의 일기〉 주인공인 사춘기 소년 다니의 일기장을 잠시 훔쳐보자.[29]

12월 13일

이 일기장 마지막 부분을 다시 읽고 난 길이다. 아주 훌륭하지만 어떤 때는 아직도 뤼세트 생각을 할 때가 있다. 실천에 옮기지 않으면 도저히 못난 내 꼴을 벗어날 길이 없겠다.

1. 이젠 뤼세트 생각을 하지 않도록 노력할 것.
2. 그러기 위해 또 나 자신에게서 벗어나기 위해 다른 사람들에게로 눈길을 돌릴 것, 조세와 신부님도 권유했듯이 다른 사람의 생활, 그들이 말하는 것, 그들이 원하는 것에 더욱 관심을 둘 것, 예컨대 오늘 오후도 내가 지낸 어제 일을 벨라르에게 얘기하는 대신 그가 어떻게 시간을 보냈는지 물어보았다면 더 좋았을 것이다.

아동기엔 바로, 자신이 대상과 자신을 인지하는 과정에서 맛있고 신기하고 맥박이 뛰게 하는 (신체의 생리적 반응이 정서반응을 유도함을 밝혀낸 인지 신경학 연구도 있다) 대상에 애착의 정서반응이 일어나 연합적 인지를 하고 맛이 쓰고 통증을 유발하는 것에 혐오를 느끼고 적극적 분리 인지를 하는 단순한 패턴을 보인다. 즉 감성에 전

　　　　　　　　　　　우리 안의 개인주의와 집단주의

적으로 의존하는 특징을 보이며, 정서를 자극하는 대상들이 선사시대 진화 과정에서 인류의 특정한 욕구와 관계되었던 것들일 가능성이 크다. 또한, 인류의 신체 내부 신경체계 역시 그 대상들에 대해 특정한 기전에 의한 반응을 일으킴으로써 그 결과 뇌가 특정한 정서반응을 일으키도록 진화 발달하여 왔을 것이다. 사실상 인간의 감성이 진화되어 온 흔적이 아동들이 정신적 기쁨을 경험하는 방식에 녹아 들어있다고 할 수 있다.

번식 적합 연령대에 이른 후에는 정신적 기쁨을 주는 원천 내지는 정신적 기쁨의 원동력이 일반적으로 많이 변화된다. 성인들이 권력과 돈을 추구하는 것은 간접적으로 번식과 관련이 있는 경우가 일반적이다. 만약 전혀 관련이 없다면 번식 적합 연령대 이전인 아동들의 정신적 기쁨과 비슷한 순수하게 뇌의 감성 기능의 발현으로 볼 수 있다. 즉 외부의 특정 대상에 대한 애착이나 혐오의 표현 방식이다. 물론 이러한 결론으로 인간의 모든 희로애락을 일반화할 생각은 추호도 없다. 단지, 이 책의 논의를 위해 매우 단순화시킨 도식이며 이 책을 읽는 일반 독자들이 이 전제 때문에 자신의 인생 목표를 수정하지 않기를 바란다.

역사학자 조지 바살라(George Basalla)는 인간의 역사를 기술의 진화라는 관점에서 분석하면서 기술 혁신은 인간의 기본 욕구 즉 필요에 대응해서 생기는 것이라기보다는 욕망을 기술변화의 근원으로 보아야 함을 주장했다.[30] 가령 자동차는 사람을 태우고 달릴 수 있기만 하면 되는데도 편안한 승차감을 제공하기 위한 고도의 자동차 공학적 기술 지식은 기본적인 욕구의 충족과는 거리가 멀어 보인다. 하지만 인간의 문화는 원래가 생존의 욕구보다는 정신적 기쁨과 더 깊은 관련성을 가지며 발달해왔다. 물론 이 정도의 설명으로는 사실 부족하다. 인간은 정신적 기쁨을 단순히 추구한 것이 아니라, 정신적 기쁨의 극대화를 추구해왔다는 점에 주목할 필요가 있다. 이에 대해서는 뒤에서 서술하기로 하고 먼저 인간의 신경체계가 정신적 기쁨을 느끼는 현상을 설명해본다.

인간은 정신적 기쁨을 어떻게 느끼는가

게으른 뇌를 움직이게 하기 위해서는 일차적으로는 강력한 호르몬의 작용 내지는 신경전달 물질의 작용에 뇌가 반응할 필요가 있다. 이로써 욕구가 생겨나 정신적 기쁨을 추구해 나갈 기반이 조성된다. 하지만, 이러한 욕구는 흔히 뇌의 기능 중 감성 기능이 집중적으로 활성화되는 상태를 초래함으로써 뇌의 이성적 활동과 연계되지 않으면 정신적 기쁨을 효과적으로 구현할 수 있는 구체화한 행동을 이끌어내지 못하고 단지 단기 기억으로 머물다가 잊히게 (무의식의 영역으로 가라앉게) 된다.

인간의 정신적 기쁨은 신경생리학적 차원에서 좀 더 자세히 규명될 수 있는데 인간이 정신적 기쁨이라는 상태를 느끼는 것은 세로토닌(serotonin)이나 도파민(dopamine) 등의 신경전달물질이 방출되는 것과 관련이 있다.[31] 가령 세로토닌 분비의 활성화를 인위적으로 유도하기 위해서는 햇빛을 적절하게 접하고 육체를 유연하게 활동할 수 있도록 움직여주는 것이 도움될 수 있을 것이다.[32] 이러한 인위적인 신경전달 물질 조절 방면에서 탁월한 이치를 터득한 정신적 지도자들이 세상에는 상당수 활동하고 있는 것으로 알고 있다. 때로는 이러한 물질들의 방출은 복측피개령(Ventral Tegmental Area)의 뉴런들이 평상시에 억제하고 있어서 기쁨을 느끼기 위해서는 "억제에 대한 억제"의 메커니즘이 동원되기도 한다.[33] 가령 알코올은 이 뉴런 세포막의 칼륨 이온 통로에 작용하여 도파민 방출 억제를 막음으로써 기분이 좋아지는 효과를 보이기도 한다. 하지만, 인간에게서 이러한 효과는 안개가 사라지고 "공항 관제탑"에 의해 사태파악이 되는 과정 속에 공항 관제탑에 대한 불신과 안개의 묘한 매력에 대한 의존성을 가져온다는 점에서 안개가 주는 행복에 도취한다는 것은 재미없는 현실과 마주하기 싫어 영화관 밖으로 나가려 하지 않는 사람의 모습과도 같다.[34]

이처럼 정신적 기쁨이 외부의 감각적 정보, (뇌 신경 체계에 영향을 미치는) 인위적 조건 형성, 약물 등에 영향을 받는다는 사실로부터 돈이나 권력의 추구, 성적 탐닉, 신체 수련, 약물 중독 등이 인간의 정신적 기쁨을 추구하고자 하는 시도로서 이해될 수 있을 것이다. 다른 한편으로 정신적 기쁨은 개인의 (욕구를 효과적으로 충족해가는 과정에서 뇌의 감성과 이성 기능의 조합으로 의식되는) 자아와 관계가 깊다. 자아의식 내지는 의식은 뇌 신경체계와 별도로 (영혼에 대해 믿어지는 것처럼) 실재하는 것이 아니며, 뇌의 신경생리학적 현상이다(이에 대해서는 다음 장에서 서술할 것이다).[35]

외부 대상이 불러일으키는 정신적 기쁨에 관한 판단은 대뇌 변연계(limbic system)의 편도체(amygdala)에서 주로 일어나는 것으로 알려졌다. 편도체가 파괴되면 어떤 대상을 보고 기쁘거나 불쾌해지거나 하는 느낌이 상실될 수 있으며, 따라서 어떤 여자에게 성적 매력을 느끼는 것도, 저 여자를 선택할지 이 여자를 선택할지 결정하는 것도 불가능해질지 모른다. 몇 가지 호르몬들도 외부 대상에게 매력을 느끼게 하는 데에 관여한다. 내가 어떤 여자를 좋아하면서 다른 여자에 관심 없는 것은 마치 무인도에 혼자 살면서 어떤 조약돌을 좋아하면서 다른 돌들에는 관심 없는 것과도 어떤 면에서는 유사하다. 특정한 대상을 좋아하거나 싫어하는 것은 외부대상과 관련을 맺고자 하는 뇌의 전형적인 감성기능의 발현이다. 인생이 재미있는 것도 이 기능 때문이다. 특히 번식과 관련하여 뇌의 감성기능은 존재론적 기쁨을 우리의 자아에 선사한다. 물론 그래 봐야 뇌의 기능일 뿐이어서 미래의 언젠가는 둘카마라가 아닌 신경 과학자들이 〈사랑의 묘약〉을 만들게 될 날이 올지 모른다. 물론 신경생리학적 현실은 이처럼 낭만적이진 않아서 편도체와 뇌는 특정 기생 생물들에 의해서도 조직생리학적으로 불행하게 교란되거나 변화될 가능성이 있다.[36] 더 나아가 정신적 기쁨은 뇌의 조직 혈류량과 당의 대사율과도 관련이 있다. 즉 뉴런을 통한 전기적 자극뿐 아니라 성상교세포(astrocyte)를 비롯한 여러 주위 조직에서 나타나는 화학적 자극도 정신적 기쁨에 일조할 수 있다고 생각된다.[37]

하지만 정신적 기쁨에서 가장 중요하고 큰 비중을 차지하는 요인은 스트레스일 것이다. 스트레스는 통증을 동반하며 정신적으로는 기쁨을 사라지게 한다. 개인별로 스트레스에 대한 대응 및 조절 능력은 상당한 차이를 보이지만 누구에게나 정신적 기쁨은 스트레스(의학적으로는 항상성 유지에 문제가 생기는 것)에 직접적인 영향을 받는다. 많은 경우 위해한 스트레스는 불쾌감을 초래하여 뇌의 감성 기능에 영향을 미친다. 한편 스트레스를 유발하는 대상이나 상황은 편도체에 의해 판단되어 시상하부로 정보가 전달되면, 스트레스 호르몬 가령 글루

코코르티코이드 (glucocorticoid)가 분비되거나 자율신경계의 작동에
의해 스트레스 반응이 일어난다. 이러한 스트레스는 적절히 해소되지
못하고 지속할 경우 뇌의 조직학적인 변화를 초래하는 것으로 밝혀졌
다. 스트레스와 정신적 기쁨의 관계는 이 책의 4장 〈상호작용 속의 인
간의 태도 전략〉에서 보다 자세히 설명하도록 하겠다.

 우리 안의 개인주의와 집단주의

정리

■ 육체와 정신

- 우리는 영혼이 존재한다고 생각하는 사고에 익숙해져 있다.

- 우리의 마음에 의미를 부여하는 표상체계는 우리 뇌의 인지 활동에 의거하여 수립되었다. 그리고 인지 과정은 주로 대상에 대한 분석과 종합 활동에 의거하여 이루어진다.

- 우리 자신과 대상을 인지하는 과정에서도 우리는 자신을 대상과 분리시켜 인지하거나 대상과 연합시켜 인지할 수 있다.

- 인지기능과 정서작용은 상호 영향을 주고받으며, 인지는 정서의 지배적 영향을 받는다

- 정서 작용은 흔히 우리가 감정이라고 부르는 것을 말하는데, 크게는 반응이 일어나거나 혹은 무반응이거나 두 종류가 있다. 무반응은 감정이 우리의 인지에 미치는 영향이 미미할 것이고, 반응이 일어나는 경우 그 본질은 주로 애착과 혐오의 두 가지 감정이 중심이 된다.

- 정서적인 애착 혹은 혐오반응은 근본적으로는 생존의 욕구나 생식의 욕구와 관계가 깊다

- 정서-인지 복합활동에 대한 하나의 설명 구도로서 주로 애착과 혐오와 같은 정서반응과 관련된 뇌의 (연합 혹은 적극적인 분리에 기반을 둔) 인지 활동을 감성 기능, 정서적 무반응과 관련된 뇌의 (소극적인 분리에 기반을 둔) 인지 활동을 이성 기능으로 정의하고자 한다.

- 진화의 역사 대부분 기간에서 이성은 거의 잠자고 있었다고 할 수 있다. 도구

의 제작 역시 적극적 이성의 표현으로 시작된 것은 아니며, 인간 자신의 먹고 싶거나 피하고 싶은 욕구 즉 애착과 혐오 정서와 관련된 감성기능으로부터 출발하였다.

- 감성은 생존의 욕구, 번식의 욕구 등과 밀접한 관계를 맺게 되는데, 욕구의 대상은 진화적 측면에서 그 자신과 같은 인간이거나 혹은 위협이 되는 동식물 혹은 자연현상이었다.
- 인간은 감성을 통해 외부 대상과의 연합을 시도하면서 욕구의 대상에 자신의 욕구를 투사하여 그 대상을 추상화 과정에서, 왜곡하거나 혹은 실제하지 않는 대상을 만들어 내어 자신의 욕구를 투사하게 되었다.
- 인간은 자신의 몸에 대해서도 감성을 통해 영혼이라는 관념을 만들어 내게 되었다.
- 하지만 영혼은 본질적으로 허구이며 정신은 뉴런의 전기화학적 신호일 뿐이다.

■ 인간과 뇌의 본성

- 모든 생명체는 번식과 항상성 유지 등의 특징을 공유한다.
- 모든 생명체는 자신이 취한 특정한 형태의 에너지를 목표를 달성하기 위해 살아서 움직이는데 사용한다. 인간 역시 마찬가지이다.
- 인간은 욕구를 느끼고 이 욕구를 충족하기 위해 생리적 효율성에 따라 움직이는데 이는 뇌의 조직학적·생리학적 기능에 기반을 둔다.
- 뇌의 뉴런은 뉴런끼리 시냅스를 통한 네트워크를 이루며 조직학적 생리학적 반응을 매 순간 일으키고 있다.
- 진화적으로 뇌는 주변의 외부자극에 대응하여 그 구조를 분화 발달시켜 왔으며 감성과 이성의 기능을 가지게 되었다.
- 진화의 최후의 성과물인 뇌의 전두엽은 자아의식과 관련이 깊고 나이가 어느 정도 들어서 완성된다.

■ 인간이 가지는 욕구

- 모든 생물의 활동과 기능은 세포의 분자 수준에서 설명이 시작된다.
- 거대 화학 분자인 DNA는 스스로 복제할 수 있는 특이한 화학 분자이다.
- 이 DNA에는 유전 정보가 담겨 있으며 그 유전정보가 그려진 설계도에 따라 뇌의 특성은 발현된다.
- 하지만 뇌는 DNA의 요구에 고정된 반응으로 응답하지 않으며 자체의 감각뉴런을 통해 입력되는 외부 정보에 대응하여 스스로 구조를 재조직한다.
- 이때 DNA가 자신의 요구를 뇌에 관철하는 방법은 크게 두 가지이다.
  - 한 가지는 호르몬을 통한 직접적인 방법이며
  - 다른 한 가지는 외부정보의 판단체계에 영향을 미치는 간접적인 방법이다.
- 이러한 직간접적 방식의 DNA의 요구는 뇌에 인간의 욕구라고 우리가 부를 수 있는 생리적 반응을 초래한다.

■ 육체적 생존과 정신적 기쁨

- 육체적 기쁨과 고통을 정신적 기쁨과 고통과 구분하는 것은 사실상 의미가 없다.
- 통증은 항상성이 침해당하고 있음(스트레스)을 나타내는 신호이며, 이때 뇌는 긴장하여 많은 일을 하도록 요구받는다. 정신적 기쁨은 잠시 잊히게 됨으로써 사실상 고통이 시작된다.
- 신체의 항상성 유지는 육체의 생존을 목표로 한다.
- 인간의 가장 기본적인 욕구는 육체의 생존이며, 생존하는 동안의 가장 중요한 핵심적 욕구는 정신적 기쁨의 추구이다.
- 유전자 자신의 영속성을 이어나가기 위한 목적에서 번식에 특별히 강력한 정신적 기쁨을 느끼도록 뇌의 신경 체계가 진화됐을 것이다.
- 아동에게 애착이나 혐오 등 정서적 반응을 유발하는 대상은 인류의 인지 진화의 흔적을 담고 있다.

■ 인간은 정신적 기쁨을 어떻게 느끼는가

• 정신적 기쁨은 본질적으로 도파민이나 세로토닌 방출과 같은 생화학적 반응이며, 호르몬 및 대뇌변연계의 편도체 등이 여기에 작용한다.

• 정신적 기쁨은 스트레스에 의해 제한받을 수 있다.

우리 안의 개인주의와 집단주의

3. 자아의식에 대한 고찰

"화가는 언제나 준비되어 잇는 모델이다. 화가는 모델로서 장점만을 가지고 있다. 이를테면, 화가는 정확하고, 말을 잘 들으며, 또 내가 그리기도 전에 나는 이미 그에 대해서 잘 알고 있다."

Henri Fantin Latour[1]

게으른 뇌

하나의 예를 들어보자. "졸지에" 씨는 여자친구와의 약속에 늦었다. 그는 익숙한 길을 여유 있게 달리던 평소와는 달리 조급해져 자동차 액셀을 거침없이 밟으며 그 길을 달리고 있다. 반대로 거리를 걸어가는 사람들의 표정은 거리를 환히 비춰주는 햇살만큼이나 평온해 보인다. 그의 손목에 찬 오래된 코럼 시계의 분침은 이미 덴마크를 지나고 있다.[2]

그때였다. 옆 차선의 뒤에서 튀어나온 어떤 차가 그가 모는 은색 머스탱 앞으로 갑작스레 접근하며 끼어든다. 그도 시간이 없기에 그 차를 끼워 주지 않으려고 버티다가 결국 브레이크를 급하게 밟게 되었고 그는 이내 화가 머리끝까지 치밀었다. 도대체 무례하기 이루 말할 데 없는 차가 아닌가.

그런데 그 무례한 차가 끼어든 사실과 그가 목적지에 제시간에 도착해야 하는 상황은 실제로는 아무 관계가 없다. 그 차보다 앞에서 달린다고 그가 목적지에 제시간에 도착하는 것은 아니다. 단지 그는 끼어든 차의 운전자를 마치 그의 삶의 목적 달성을 방해하려고 우주에서 보내온 장애물로 간주하여 그것을 극복해야 한다고 여긴다. 사실은 극복해야 할 장애물도 아니고 무심하게 누군가가 한 행동이지만 우리는 순간적으로 증오에 휩싸인다.[3] 일상의 사회적 공간 속에서 조직의 구조나 자동차가 매개하는 간접적인 경우이든 대면을 통한 직접적인 경우이든 우리 자신의 존재가 우호적으로 혹은 안전하게 받아들여지지 못하는 경우 우리의 자아는 아주 쉽게 감정적으로 변화된다(이 경우 화가 나거나 슬퍼진다). 우리는 주변의 환경이 자신을 의식하고 배려해주기를 바라고 있는지도 모른다. 사실 이는 대상과 자신의 연합을 도모하는 뇌의 감성 기능에 기인하는 인간의 본성과 관계된다. 그런 이유로 우리의 일상적인 많은 상황에서 우리의 뇌는 타인의 행동이나 주변의 사건들에 쉽사리 자신과 관계된 어떤 의미나 의도를 부여하는 경향이 강한 것으로 보인다. 진화적으로 혹은 역사적으로 봤을 때 정령숭배(animism)를 비롯해 인간이 고대로부터 만들어낸 다종다양한 신화들은 이를 잘 보여준다. 즉 감성이 이성보다 앞서는 이러한 인간의 행태는 뇌의 진화론적 발달에 비추어봐도 지극히 자연스러운 현상이다. 그리고 이는 뇌의 신경 생리적 관점에서 볼 때 자신의 목적 달성을 위해(정신적 기쁨, 즉 행복을 위해) 스스로 수립한 전략을 실행시키는데 투입되어야 할 에너지가 엉뚱하게 끼어든 다른 대상으로 말미암아 초래된 상황을 지극히 주관적으로 해석하는 쪽으로 쉽게 빠져드는 경향성을 설명해준다. 이성적인 관점에서 볼 때 명백히 비효율적인 행동, 말이 안 되는 행동임에도 이를 기를 쓰고 하려 드는 이러한 모습은 우리 모두에게 내재해 있다. 굳이 다이어트에 실패하고 시험공부에 실패하는 청년들을 거론할 필요도 없이, 인간미 없는 무미

                              우리 안의 개인주의와 집단주의

건조한 자유주의자인 이성은 카리스마 넘치는 변화무쌍한 독재자인 감성 앞에 번번이 무릎을 꿇고 마는 것이다.

우리가 모두 본질에서는 행복을 추구하고 있음에도 행복과 반대되는 행동에 열성적으로 정진하는(행복을 잊고 살아가는 것처럼 느껴지는) 이유가 이 때문이다. 즉 우리는 매 순간 자신의 정신적 기쁨을 극대화하는 쪽으로 선택하며 살아가지만 가끔은 (솔직히는 너무 자주) 곧 후회하게 될 목전의 미끼에 낚여서 자신이 선택의 테이블 앞에 앉아 있었다는 사실도 망각하고 테이블을 박차고 뛰쳐나가 버리거나 그 선택(브레이크를 밟고 접촉사고를 피한 것)으로 상실한 기회비용(결국, 끼어든 차가 자신의 차 앞으로 달리게 된 상황)에 대해 끊임없이 집착하고 미련을 가지며 아쉬워하고 두려워함으로써 그 기회비용(opportunity cost)을 증가(감정비용을 추가) 시킨다. 인간의 이성이 우리의 선택에 앞서 계산기를 제시하고 선택 후엔 그 결정을 합리화하려 하듯이 당연하게도 인간의 감성은 우리의 선택에 폭풍 같은 영향을 미치기도 하고 어떤 선택이든 양편에 집착하게 만든다.[4] 대상과의 연합 혹은 분리는 진화적으로 인간이 마음대로 취사선택할 수 있는 속성이 아니라 인간의 굴레에 가까운 본성이다.

위에서 감정비용(emotion cost)이라고 표현한 "졸지에" 씨가 소모한 뇌의 에너지에 대해 언급해보자. 이는 우리가 흔히 이야기하는 "감정의 소모"와 의미가 같다. 뇌는 스트레스를 처리하기 위하여 열역학적 관점에서 막대한 자유 에너지를 사용한다. "생각하는 일(감성활동이든 이성 활동이든)은 결코 싸게 먹히는 일이 아니기" 때문이다.[5] 그리고 스트레스 호르몬이나 자율신경계의 작용으로 신체의 다른 기관들이 파괴되는 것을 막기 위해서라도, 뇌는 일을 시작해야 한다. 즉 스트레스는 즉각 처리돼야 하므로 "생각하는 일"을 해야 하며 이로써 뇌의 이성 활동과 감성 활동은 활발해질 것을 요구받는다. 가령 위협적인 자동차의 접근은 화가 나서 욕을 퍼붓고 싸우든, 그 상황을 적절히 객관적으로 판단해서 무시해버리든 뇌는 에너지를 소모하며 스트레스 상황을 처리하게 되는 것이다. 사실 이는 뇌가 응당해야 할 일이며 그런 이유로 신경세포들이 조직학적으로 귀족대우를 받고 있는 것이기도 하다. 물론 이 경우 비효율적인 해결 보다 효율적인 해결을 당연히 원하겠지만, 당신의 뇌는 그 순간 감정비용의 금액을 이성적으로 재지 않고 나중에 감당도 못할 비싼 명품을 질러버리듯 스트레스를 비효율적인 방식으로 처리하기도 한다.

진화적으로는 스트레스에 대처하기 위한 과정에서 특히 뇌의 (스트레스를 피하기 위한 전략을 수립하거나 스트레스를 논리적으로 희석 처리하거나 하는) 이성 활동이 인간에게서 더욱 발달하게 되었다고 생각된다. 이성은 상황을 냉정하게 직시하게도 하지만, 우리의 처지를 합리화하고 변명하여 인간의 불완전성을 극복하는 데에도 활용된다. 외부 대상과의 관계를 추구하는 (그것이 우호적이든 적대적이든 상대의 전략을 나의 관점에서 자기중심적으로 해석하는) 감성 활동은 인간에게 너무나 상처를 주기 쉽고(정신적 기쁨의 박탈) 그 때문에 인간은 좌절하여 정신적 기쁨을 다시 기대하지 못하는 상황에 빠지기 쉬운데, 이러한 상황에서 벗어나는 데에 뇌의 이성 활동은 도움이 된다. 담배나 알코올로 혹사당하는 폐나 위는 뇌를 대신하여 혹사당할 뿐이다.

신체의 모든 조직세포는 생리적 항상성을 유지하기 위해, 계속 대사과정을 통해 ATP를 만들어내야 하고 이를 위해서는 TCA 사이클을

    우리 안의 개인주의와 집단주의

돌릴 수 있는 다량의 영양분을 혈액을 통해 공급 받아야 한다.[6] ATP 는 발열반응을 일으키면서 소모되어 자유 에너지를 발생시키는데, 이 자유 에너지를 활용하여 세포는 항상성을 유지하기 위한 여러 가지 일 (여러 가지 생화학 반응과 세포막의 기능 유지 등)을 한다. 공급받은 영양분을 계속적으로 산화시켜 에너지를 발생시키는 미토콘드리아(mitochondria) 공장의 발전 효율은 40%가량이다. 나머지 60% 정도는 열로 발산되어 세포액 온도를 목욕탕의 미지근한 물정도 수준으로 유지하는데 사용된다.[7]

그런데 우리가 생각하고 꿈을 꾸고 화를 내는 뇌의 활동은 그러한 세포 차원의 열역학적 반응 차원보다 더 큰 차원인 뇌라는 기관(organ) 수준에서 세포 각각이 만들어내는 ATP의 총합이 결과적으로 어떻게 쓰이는가와 관계된다. 세포 내 미토콘드리아 발전소의 발전 효율은 일정하겠지만, 뇌 수준에서 필요한 사업들을 수행해나가기 위해서는 세포 내에서와는 다른 차원의 생리적 효율성을 뇌 기관이 추구하게 된다는 것이다. 이것은 세포 차원의 생리적 항상성이 아닌 체내 기관 차원의 생리적 항상성과 관계되며 더 나아가 한 인간 개체 차원의 생리적 항상성과도 관계된다. 즉 세포 단위뿐 아니라 인간의 몸도 주변 환경에 휩쓸려 엔트로피가 증가하려는 열역학적 현상에 맞서서, 부단히 '먹고 기도하고 사랑'하려면 심혈관계와 뇌신경계 등에 관여하는 모든 체내 기관들이 섭취된 영양분이라는 한정된 자원으로 정연하게 자신의 맡은 임무를 수행해 나가야 한다.[8] 이러한 각 기관의 일하는 모습은 실제로 매우 역동적인 상태이자 불필요한 역학 에너지의 소모를 지양하는 상당히 효율적으로 가동하는 기계장치와 같다. 이렇게 보면 뇌만큼 사치스러운 기관도 없어 보인다. 특히 뇌의 감성은 귀족

신분 사회의 지주 집 아들처럼, 혹은 무차별적인 시혜정책으로 대중을 아편중독환자로 만드는 정치가처럼 기실 가장 비효율적이거나 오히려 파괴적인 역할을 맡은 편에 가깝다.

여하튼 뼈 빠지게 일하는 세포들만큼이나 인간의 체내 기관들도 언제나 최소한의 화학적 에너지원의 소모(투자)로 최대한의 생리학적 성과를 얻고자 움직이도록 진화과정 속에서 형성된 DNA의 설계도에 따라 프로그래밍 되어 있다. 최소투자 최대성과의 법칙은 DNA의 요구이기도 하다. 현재의 공학적 기술력으로 인간이 움직이는 것과 같은 정도의 기능을 다 가진 로봇을 (크기가 얼마나 할지는 상상에 맡기겠다) 겨우 햄버거 몇 개 분량 정도의 전원을 공급해서 움직이게 한다는 것은 상상도 못할 것이다.

컴퓨터 기계의 정보 처리 과정이라면 회로에 흐르는 전기적 신호는 기본적으로 물리학의 법칙을 따른다. 즉 사과나무의 사과가 땅으로 떨어지는 데 사인 곡선(sine curve)을 그리면서 떨어질 필요가 없듯이 모든 신호는 직선의 최단거리로 움직일 것이다. 인체의 기관 수준에서 혈액의 흐름과 뉴런의 전기 신호도 역시 물리학 법칙을 본질에서는 벗어나지 못한다. 단지 목표지점이 간단하게 정해져 있는 사과나무의 열매나 컴퓨터의 칩들과 달리 시냅스로 상호 연결된 뇌의 뉴런들은 복잡한 인체 내부 및 외부의 정보가 테이블 위에 어지럽게 펼쳐져 있어 어떤 정보가 목표 지점이 될지 어떤 정보로부터 출발할지 즉 어느 점에서 어느 점으로 향해 가야 할지 자유롭게 결정될 수 있는 여지가 있으며(깊은 밤 달빛만이 고요하게 내비치는 숲 속에서 길을 잃은 원시 인간 한 명을 떠올려보자), 테이블 자체도 뇌의 진화론적 발달 과정에서 여러 굴곡이 져 있어 울퉁불퉁하다. 따라서 인간의

    우리 안의 개인주의와 집단주의

사고와 행동은 경제학자들의 기대와는 달리 직선을 제대로 긋기 어렵다. 하지만, 여기서 중요한 사실은 그럼에도 기본적으로 뇌는 "최적화(optimization) 된 나름의 방식"으로 생리적 효율성을 추구한다는 것이다.[9] 특히 이 과정에서 뇌가 갖추는 능력의 한도 및 뇌가 기능할 수 있는 시간적 제약(잠과 수명)의 속박이 그러한 뇌의 효율성 추구에 중요한 원동력이 되었을 것이다. 인간이 게으르고 될 수 있으면 효율적인 방식으로 성과를 이루고 싶어 하는 본성은 뇌의 이러한 생리학적 속성과 관련이 있다. 물론 뇌의 감성 기능은 그 울퉁불퉁한 테이블 위에 최적화된 선으로 어렵게 이어 그린 전략 구상 따위는 신경도 쓰지 않고 그 위에다 한껏 멋을 낸 낙서나 그리고 싶어하지만.

좀 중요한 이야기를 시작해 나가기 전에 앞장의 인간의 본성에 관한 이야기에서부터 지금까지의 논의를 종합해본다. DNA의 요구는 외부 정보의 자극과 함께 인간의 욕구를 형성하고 인간의 가장 기본적인 욕구는 육체적 생존의 유지와 생존해 있는 동안은 정신적 기쁨의 추구이며, 정신적 기쁨의 추구를 가로막는 스트레스에 대해 게으른 뇌는 에너지를 소모하며 효율적으로 일하기도 하지만 가끔 에너지를 멋대로 낭비하기도 한다는 것이다. 뇌는 스트레스를 해결한 것으로 자신의 할 일은 다했다고 생각할지 모른다.

정신적 기쁨의 극대화를 초래하는 요인들

사회 속 인간의 모습을 보면 사람마다 정신적 기쁨에 대한 욕구의 종류나 강도, 민감성 등이 다양해서 욕구 충족의 과정에서 전략 수립이나 문제 해결을 위해 뇌의 이성 기능을 많이 가동하는 사람이 있는가 하면, 자신의 정신적 기쁨이나 스트레스의 실체를 알고자 하는 데 관심이 그다지 없는 사람도 있다. 하지만 보편적으로 인간에게 있어 정신적 기쁨은 신경생리학의 실험동물인 쥐의 수준과는 비교가 안 될 정도로 다양한 빛깔을 가지며, 반대로 여기에는 유전적 요인뿐 아니라 문화적 요인도 크나큰 기여를 했을 것이다. 즉 정신적 기쁨의 극대화를 추구하는 인간의 본성은 문화적 진화와 서로 피드백(feedback)하면서 긴밀한 관계를 맺어온 셈이다. 어쨌건 중요한 것은 인간에게는 육체적 생존의 기본 욕구 외에 정신적 기쁨을 체험하고 싶은 욕구가 매우 강하고 이 정신적 기쁨의 경험이 그만큼 매우 소중하다는 사실이다. 왜 하필 특정한 이성과 꼭 결혼하고 싶어할까 정도는 동물 행태의 사회생물학적 관찰로도 설명할 수 있을지 모른다손 치더라도 시를 읊고 타지마할을 세우고 티칼의 신전을 세우게 된 것은 어떻게 설명할 수 있을까. 밥을 굶지 않고 사는 것으로 만족하지 못하고 직업을 세심하게 고르고 선택하며, 몇 년을 시험준비를 하거나 상급 학교에 진학하고자 하는 것은 왜일까. 인간의 무의식의 번식 욕구가 DNA 상에 새겨져 있다손 치더라도 인간의 정신적 기쁨의 극대화를 위한 욕망과 그 진화적 형성 과정을 배제하고는 설명이 안 된다. 인간의 이 기적인 유전자는 단순히 번식하는 하는 것만으로는 만족하지 않았다. 다시 말해서 뉴런의 집합적 활동으로 만들어지는 전기생리학적 현상인 정신적 기쁨은 우리 인간에게 각별한 의미를 가지기에 우리는 이 정신적 기쁨을 생애 동안 최대한 맛보길 원하며 모험을 시도한다. 이는 다른 영장류와도 인간이 유별나게 구별되게 하는 하나의 지점이기도 하며, 인간의 모든 창조적 시도의 추동력이다. 그렇다고 이를 놓고 무리하게 정신적 기쁨을 탐하다가 파멸하는 욕망을 향해 질주하는 기관차를 떠올릴 필요는 없다. 효율성이 허용하는 한에서 정신적 기쁨이 덜한 상태보다 가능한 한 정신적 기쁨이 더 큰 상태를 선택한다는 의미이다. 그러면 이제부터는 인간이 정신적 기쁨의 극대화를 추구하게 된 요인들을 살펴보도록 하겠다.

왜 인간이 욕구 충족을 넘어서 정신적 기쁨의 극대화를 추구하는가의 질문에 대한 대답은 일부 포유류와 비슷한 기전으로부터 시작된다. 간단히 말해서 뇌가 정신적 기쁨을 주는 자극에 중독되기 때문이다. 게으른 인간의 뇌는 몇 가지 요인에 의해 정신적 기쁨의 추구에 중독되는 경향이 있는데, 뇌가 중독 상태에 빠지는 것은 다른 동물에서도 찾아볼 수 있지 않을까 싶다. 하지만, 인간이 정신적 기쁨에 민감해지고 이를 추구하는데 인생을 바치게 되는 과정은 다른 동물과는 진화 과정에서 차이 나는 부분을 가지게 된다. 그렇다면 인간의 뇌는 어떻게 정신적 기쁨에 중독되는가? 더 넓게 보자면 어떻게 해서 인간은 정신적 기쁨의 극대화를 추구하게 되는가를 살펴보겠다. 다음의 몇 가지 요인들은 이에 대한 답을 우리에게 줄 수 있으리라 생각된다.

먼저 첫 번째로 인간에겐 욕구에 더욱 민감하게 반응하게끔 하기 위한 욕구에 대한 뇌의 구체화 능력이 발달하였다는 점이다. 욕구에 대한 뇌의 구체화 능력이란 진화과정 속에서 DNA에 의해 설계된 뇌가 자체적으로 발달시킨 능력에 기인한다. 즉 외부자극에 적응해 나가는 과정에서 뇌의 이성과 감성을 통해 예민하게 그 자극에 대한 정보를 구체화·정량화시킬 수 있게 된 것이다. 물론 이는 획득형질의 유전이 아닌 아주 오랜 시간 자연선택으로 나타난 결과이다. 이에 대해서는 좀 있다가 〈종이쪽지에 적힌 숫자〉에서 보다 자세히 살펴보겠다.

다음 두 번째로 살펴볼 부분은 뇌의 중독에 대해 가장 쉽게 생각할 수 있는 요인이자 가장 직접적인 원인인, 인간의 생애 내에서의 경험과 기억에 의한 감작이다. 바이러스가 들어와서 항체가 생겨나듯 인간의 뇌는 다양한 외부 자극으로 부터 비롯된 경험과 그 기억을 통해 정신적 기쁨에 대한 감작이 생겨나며, 이는 이후의 더욱 큰, 혹은 계속적인 그와 같은 정신적 기쁨을 추구해 나가기 위한 신경생리학적 바탕을 이루게 된다. 몇몇 특정 호르몬들의 활동을 통해 우리는 특정한 경험과 관련된 거부할 수 없는 강력한 정신적 기쁨의 기억을 결과적으로 뇌에 각인시켜 두게 (장기기억을 만들어내게) 된다. 예를 들자면 어린 시절 자위를 통해서든 짝사랑을 통해서든 성욕의 해소와 관련된 정신적 기쁨을, 혹은 친밀감의 공유와 관련된 정신적 기쁨을 맛

 우리 안의 개인주의와 집단주의

보거나 놓친 경험을 한 (감작 상태에 있는) 뇌는 비슷한 종류의 정신적 기쁨을 제공하는 미끼에 반응하지 않을 수 없다. 정신적 기쁨에 대한 중독에서 초기에 가장 중요한 역할을 담당하는 것은 호르몬의 작용이지만, 그 이후에는 호르몬이나 신경전달 물질의 혈중 농도가 높아진 상태에서의 특정한 경험과 관련(anchoring)된 중독성 체내 메커니즘이 중요하게 역할을 담당할 것이다.

그런데 이 중독성 체내 메커니즘에서 눈여겨볼 부분은 이전의 정신적 기쁨과 나중의 정신적 기쁨을 비교하고 정량화하는 작업이 이루어진다는 점이다. 이는 정신적 기쁨에 대한 뇌의 구체화 능력과 관련이 깊다. 그리고 또 한 가지 중요한 사실은 이전의 경험으로 기억된 정신적 기쁨의 수준과 동일한 수준의 이후 경험은 도파민의 수치를 처음 당시처럼 끌어올리지 못한다는 것이다. 따라서 인간은 동일한 정신적 기쁨을 경험하기 위해서라도 상대적으로 더 많은 노력 즉 정신적 기쁨을 위한 더 큰 투자행위(생리학적으로 ATP 소모 활동)를 시도하게 된다. 경제학적으로 비유하자면 수입이 늘어나서 재산이 불어난다 해도 한계 효용 체감의 법칙 때문에 정신적 기쁨의 증가는 재산의 증가를 따르지 못하는 것과 같다. 어떤 의미에서 경제적 이득을 취하면 취할수록 결과적으로 경제적 이득에 대한 인간의 욕구는 더 강화된다. 왜냐하면, 정신적 기쁨을 더 많이 누리기 위해서는 예전보다 훨씬 더 많은 경제적 이득이 실현되어야 하기 때문이다. 이는 외형적으로도 이미 정신적 기쁨에 인간이 중독된 것처럼 보이게 한다.

또한, 경험 및 기억과 관련하여 성장 과정에서 입력된 외부자극의 다양성은 서로 다른 인간 간에 감작되는 정신적 기쁨의 다양한 차이를 초래하기도 한다. 가령 우리가 특정 대상이나 행동에 대해 더욱 애착을 두거나 매력을 느끼는 우리 안의 모든 선호 체계 (preference system)는 우리의 경험과 기억의 결과이다. 그런데 그 경험과 기억이 사실은 누군가에 의해 주입된 것이라면... 사실 우리는 우리 자신이 뭘 선호하는지도 모르고 살아가는지도 모른다.

그 경험과 기억을 주입한 외부적인 주범이 바로 우리의 뇌를 정신적 기쁨에 중독시키는 세 번째 요인인 우리가 살고 있는 문화이다. 지금까지의 뇌의 중독 패턴을 예를 들어 설명해보자. 바둑판만 바라봐도 질리는 사람이 기꺼이 바둑을 즐기게 하기 위해서는 바둑알에 매력을 느끼게 하는 호르몬의 작용이나 '바둑알은 매력적이다.'라는 편도체의 판단 혹은 바둑알 만 보면 도파민이 폭포처럼 솟아나게 하는 전기 자극이 필요할지 모른다. 그리고 바둑을 실제로 한 게임 또 한 게임 두게 되면서 느끼는 구체적인 희열감 더 나아가 즐겁게 바둑을 두었던 혹은 승리에 대한 경험과 기억으로 바둑에 대한 중독은 강화된다. 하지만, 단순히 바둑을 즐기는 정도가 아니라 바둑에 사회적으로 열광하게 하는 방법도 있는 것이다. 그것은 바둑 잘 두는 사람이 이성의 인기를 독차지하는 사회가 된다거나 바둑 챔피언에게 정당 공천을 해준다거나 하는 사회 문화적 메커니즘을 작동시키는 것이다. 사실상 이 단계에 오면 전 사회적으로 바둑은 과거시험이나 대학입시에 맞먹는 위상을 지니게 될 수도 있다. 현실적으로도 사람들이 단순히 배 부르는 정도에 만족하지 않고 더 많은 경제적 이득 추구에 열광하는 이유 중 하나는 경제적 소유의 정도가 "생물학적 시장"에서의 자신의 가치. 즉 주위의 "일반적인" 사람들의 시선이나 평가와 연관되기 때문이다. 결과적으로 인간은 다른 영장류와 달리 바나나 하나를 단순한 구애를 위한 선물 차원이나 생존의 차원이 아닌 문화적 맥락 속에 구체화되

 우리 안의 개인주의와 집단주의

고 정량화된 정신적 기쁨과 정교하게 일치시킴으로써 바나나 그 자체를 더 많이 수확하기 위해 전략을 수립하고 실행에 옮기면서 그 과정에서 상당한 인생의 투자를 감수하는 동물이다.[10] 어찌 됐든 인간의 사회에서 보이는 불필요해 보일 정도의 엄청난 투자 행위는 문화적인 맥락 속에서의 인간 뇌의 중독성을 잘 보여준다. 어쩌면 다른 동물과 마찬가지로 게으른 뇌를 가진 동물일 뿐인 인간이 패션 잡지를 만들고 건축공학을 발달시키고 감미로운 와인의 맛을 비행기 안에서 누릴 수 있게 된 것은 그 결과이다. 이렇듯 뇌가 자발적으로 활동하게 하기 위해서는 특정한 정신적 기쁨에 중독시키거나 혹은 반드시 정신적 기쁨을 누릴 수 있으리라는 비현실적인 착각에 중독시켜야 한다. 또한, 투자된 에너지는 그 자체가 인간을 더욱 중독시키는데, 경제학적으로 비유하자면 기회비용에 대한 아쉬움을 희석하기 위한 노력이며 심리학에서는 이를 '망친 투자 이론'으로 설명하기도 한다.[11] 마치 나쁜 남자 "졸지에"씨에게 반한 "별수 없이"양이 그에게 정 주고 마음 주고 이제 와서 떠나지도 못하는 상황이 벌어지는 것과 같은 이치이다.

물론 같은 문화 내에 살아가는 많은 사람의 정신적 기쁨의 극대화 추구 정도는 모두 다르다. 기본적인 뇌의 조직학적 구조와 호르몬의 작용은 많은 부분 유전정보에 기인하고 있다. 성장 발달하면서 겪는 경험과 기억 역시도 상당 부분 유전정보에 간접적으로 좌우된다. 또한, 인간은 자신이 몸담고 있는 사회적 맥락 속에서 심각한 영향을 받는데 영향을 받는 정도는 뇌의 감성기능과 신경조직 상의 특성에 기인할 것이므로 이 역시도 유전정보와 사실은 (좀 깊이 생각하면 알아차릴 수 있듯이) 관련이 있다. 물론 게으른 뇌가 정신적 기쁨을 위해 움직이게 하는 또 하나의 요소가 남아있다. 너무 인간의 일생을 비극적으로 동정할 필요는 없다. 뇌의 자아의식은 중독에서 벗어나 독자적으로 정신적 기쁨을 추구해나가기도 하기 때문이다. 이른바 인본주의 심리학에서 이야기하는 자아실현의 욕구에 해당한다.

즉 마지막 네 번째로, 인간이 정신적 기쁨의 극대화를 추구하게 하는 추동력 중 하나는 우리의 자아의식의 능동성에 있다. 우리 자신의 자아는 정신적 기쁨의 추구 과정에서 어떤 욕구를 우선으로 충족할지를 최종적으로 선택한다. 이 선택은 완전히 자유로울 수는 없지만 그렇다고 인간은 기본적인 생리적 반응에 지배당하거나 과거의 경험과 기억에 의존해서만 살아가는, 혹은 문화적 맥락에 종속되기만 하지는 않는다는 것을 의미한다. 이는 자극에 반응하는 뇌의 활동으로 정신적 기쁨을 느끼는 것이 아니라 인간의 자아의식에 이끌려 뇌가 활동하는 단계이다. 무의식(unconsciousness)의 이드(id)에 대해 너무 강력한 지배를 시도하는 의식(consciousness)의 자아(ego)는 강박관념을 일으킬 수 있다고 정신분석학은 경고하고 있지만, "자신이 선택하고 책임지는" 존재로서 인간의 실존을 가능케 하는 것은 바로 이 자아의식(self-consciousness)이다.[12] 자아는 내 욕구와 내 기억과 내가 속한 문화 그리고 (가장 근본적으로는) 내 유전 정보의 종합적 결과로 맺혀진, 나 자신이 인지하게 되는 하나의 상(이미지)이다. 이 책에서는 자아의식을 이드와 에고를 포함하는 자아(self)에 대한 인식 개념으로 쓰고자 한다. 하지만 무의식에 대해서 보다는 주로 의식의 차원에 초점을 맞추고자 한다.

자아가 어떻게 능동적으로 정신적 기쁨을 추구할까? 최소한 자신의 자아는 자신의 한계를 인식하고 자신의 정신적 기쁨이 어디로 향할지를 선택하는 순간을 가진다. 이 경우 내가 정신적 기쁨을 추구한

　　　　　　　　　우리 안의 개인주의와 집단주의

다는 것은 (유전적인 바탕 위에 경험과 기억을 통해 감작되며, 사회
문화적으로 강화되는) 다양한 정신적 기쁨의 실체를 인식하고 어떤
정신적 기쁨을 추구할지를 스스로 선택하고 그 기회비용을 감당해나
간다는 것이다. (외부적 자극에 대응해 욕구를 충족하기 위해 이성과
감성 기능을 활용한 전략을 세우고 실행하는 과정에서 진화적으로 발
전해온) 인간의 자아의식이 외부에서 주어지는 자극에 수동적으로 반
응하기보다 인간이 능동적으로 자신의 자아를 기쁘게 하기 위해 애쓰
는 것이다. 결과적으로 욕구로부터, 중독으로부터 완전히 벗어난 것
은 아니지만, 그로부터 조금은 더 "자유롭게" 살아가게 된다. 강도의
차이만 있을 뿐 엇비슷한 욕구와 중독에 파묻혀 살아가는 집단의 삶
으로부터 한 개체의 자아가 떨어져 나오는 것이다. 예를 들어 (전혀
현실적인 조건과는 상관없이) 자신 안에 충만한 행복감을 가지고 살
아가는 개인들의 모습이 이에 해당할 수 있다. 이는 인간이 자신의 생
존에 적극적인 의미를 부여하고자 하는 시도이며, 인생의 미학은 여
기서 꽃피어나기도 한다. 물론 미학과 도덕은 다르다. 때로는 극단적
인 이성 혹은 감성 기능에 치우친 판단체계 내지 소명의식을 갖게 되
어 오히려 자신이나 사회를 파괴하는 쪽의 선택을 할 수도 있다. 하지
만 대부분의 일반적인 사람들의 삶은 자아의식의 관점에서 얘기하자
면, 자아의 욕구 충족이 선택적이고 능동적이기보다는 자극에 수동적
으로 반응할 뿐, 가령 매슬로우(Maslow)가 얘기한 상위의 다른 욕구
들엔 무관심한 채 살아가거나 시장 속에서 특정한 욕구만 증폭되어 욕
구의 노예로 살아갈 뿐이다. 단지 그들이 물의를 일으키지 않는 이유
는 사회적 시선과 판단에 편승하여 소심하게 살아가기 때문이며, 그
들 개인의 선호체계가 사회적 선호체계를 따라가기 때문이다. 그 결

과 대부분 사람들은 자신이 스스로 행복해지지 못하고 외부환경이 자신에게 행복을 선사하면 행복해하고 그렇지 못하면 불평하며 짜증 내며 살아간다. 하지만 당신이 행복해 지기 위해서 누군가가 당신을 위해 복종하거나 당신에게 순응할 필요는 없다. 아래의 시처럼… 가슴 벅차오르는 행복은 스스로 선택하는 것이다.[13]

미칠 것 같다.
뜻대로 되는 일이 정말 하나도 없다.
되는 일이라곤 오로지 안 되는 일밖에 없다.
그런데도 난 행복해서 미칠 지경이다.

우리 안의 개인주의와 집단주의

종이쪽지에 적힌 숫자

인간의 자아의식은 정신분석학에서는 의식과 잠재의식·무의식 등으로 구분하여 파악하기도 한다. 인간의 자아의식이 진화적으로 형성된 과정을 살펴보자면, 물리적인 뇌 조직에 바탕을 둔 인간의 욕구로부터 출발한다. 육체적 생존과 정신적 기쁨을 도모하려는 인간의 욕구는 외부의 특정한 대상과 관련하여 호르몬이나 대뇌 변연계로부터 영향을 받는 뉴런의 전기 신호임은 앞서 서술하였다. 이 욕구를 인식하고 이 욕구를 해소하고자 뇌가 다양한 활동을 하는 과정에서 자아의식이 형성되었다고 본다. 그러한 다양한 활동은 크게 감성(대상과의 관계 형성)과 이성(대상의 객관화)으로 나눌 수 있다. 그리고 그러한 뇌의 활동 과정에서 언어가 수행한 역할도 상당히 컸을 것이다. 자아의식과 언어의 관계는 언어학자와 인류학자가 관심 두는 주제이며 언어의 기원 혹은 언어의 진화와 관련이 깊다.

인간은 여러 가지 욕구들 사이에서 비교도 하고 여러 가지 욕구의 성격과 크기를 구별할 수도 있다. 즉 자신의 욕구에 대한 상대화와 구체화 작업을 수행할 수 있는 능력이 있다. 그런데 욕구나 기쁜 감정은 본질적으로 정량화하기 어려운 추상성을 띤다. 그럼에도 정신적 기쁨에 아무런 저울질 하지 않고 100만 원을 얻었을 때의 기쁨과 1000만 원을 얻었을 때의 기쁨을 동일시하는 사람은 없다. 인간은 자신의 욕구나 기쁨의 크기를 다양하게 정량화하는 경향을 보인다. 그러면 인간의 뇌는 정량화하기 어려운 다양한 욕구나 기쁨의 크기를 상대적으로라도 저울질하고자 하는 이 이상한 작업을 수행하기 위해 어떤 자질을 진화적으로 발달시켜 왔는가.

이에 대한 하나의 답은 뇌의 감성 활동에 대한 생리학적 기전을 이해하는 데서부터 시작된다. 즉 욕구를 인지하는 그 행위가 뉴런으로 하여금 에너지를 소모하게 하는 행위라는 사실에 기인한다. 뇌는 소모하는 에너지의 양과 정신적 기쁨을 등치 시키고자 하게 된다. 즉 정신적 기쁨을 떠올리고 욕구를 인지할 때 뉴런들이 얼마나 많이 호르몬의 작용을 받아 일하게 되었는지, 얼마나 많은 신경전달 물질이 유리되어 이를 수습하기 위해 일을 해야 했는지, 한마디로 뉴런들이 얼마나 ATP를 소모했는지와 정신적 기쁨의 크기가 등가 관계를 맺게 되는 것이다. 우리는 종종 사랑에 관해 힘들어하면서 자신이 느끼는 절망의 깊이나 슬픔의 깊이를 사랑의 크기와 등치 시키기도 한다. "사랑은 우리를 하나의 죽음으로" 이끈다는 시 구절에 묘한 동경을 느끼는 것이다.[14]

즉 감성에 의해 만들어지는 정신적 기쁨에도 정도의 차이가 존재한다. 예를 들어 (로맨틱 코미디 영화에서 주로 나오는 설정이기도 하다) 내가 1000만 원을 벌 수 있게 되었을 때의 정신적 기쁨과 사랑하는 여자의 마음을 얻을 수 있게 되었을 때의 정신적 기쁨은 이성적으

   우리 안의 개인주의와 집단주의

로 비교하기는 힘들지만 선택을 하라면 선택하긴 한다. 이때 감성이 그 특유의 카리스마적인 지배력으로 뇌의 이성 활동을 중단시켜버리고 후자를 결정할 것같이 보일 수도 있지만, 사실은 감성 기능에 의해 예상 창출되는 정신적 기쁨의 크기는 내가 계산기를 가지고 두드리지 않아도 나의 뇌세포가 이미 자체 계산 하에 대략적인 크기를 예상해 낸다. 이는 달리 표현하자면 나의 뇌가 얼마나 깊이 중독되어 있는지와 관련된 문제이기도 할 것이다. 당연히 영화에서는 웃기게 생긴 조연들이 "너 감정에 충실해"라고 고심하는 남자주인공에게 얘기해 주고 남자 주인공은 그제야 헐레벌떡 (주로) 공항으로 달려가게 된다.

또 다른 하나의 답은 뇌의 이성 활동과 관계가 있다. 뇌의 활동은 감성뿐 아니라 이성에 의해서도 이루어진다. 호르몬의 단맛을 한번 보고 거기에 중독되면 (그게 사랑이든 사업이든) 어차피 더 큰 정신적 기쁨을 계속 원하기만 하는 감성과 달리 이성은 (마치 감성을 제어하기 위해) 정신적 기쁨 추구에 한계선을 긋는다. 이 선은 곧 정신적 기쁨을 정량화하는 추상적인 선의 기능을 하여 상대적인 정신적 기쁨의 양을 비교할 수 있게 한다. 가령 이 정도에서 만족해야 한다고 억제하거나 이보다는 좀 더 정신적 기쁨을 많이 추구해도 될 것 같다고 합리화시키는 선이 생겨나는 것이다. 비유하자면 내가 저 여자의 사랑을 얻자고 이렇게까지 노력을 해야 되나 하고 생각하게 하는 것은 전형적인 이성의 활동이다. 마찬가지로 내가 돈 1000만 원을 벌자고 이 짓까지 해야 하나라고 생각하게 하는 것 역시도 이성의 활동이며 이는 사실상 내가 저 여자의 사랑으로 얻을 수 있는 정신적 기쁨 내지는 1000만 원 이익으로 얻을 수 있는 정신적 기쁨이 어느 정도일 거라고 대략적인 (상대적인 성격을 가지는) 정량화를 하는 것이다. 감성이 세포 수준에서 의식과 관계없이 정량화를 이루어 낸다면 이성은 의식 수준에서 감성에 의한 정량화를 재확인하는 과정일 수 있다. 하지만 이성의 활동이 정신적 기쁨의 추구를 주도하는 감성의 활동과 배치되는 것으로 생각하는 것은 오해이다. 이성 역시 인간의 정신적 기쁨에 봉사하기 위한 목적으로 진화적으로 발달한 뇌의 활동이며 특히 인간의 생애에서 경험과 기억을 통해 뇌가 정신적 기쁨을 더욱 구체화해 나가는데 있어서 이성의 활동은 필수적이다.

하지만 근본적으로 정신적 기쁨을 수량화할 수 있다는 것은 어떤 의미에서는 환상일 뿐이다. 열심히 일하는 뇌세포와 시냅스가 만들어 내는 허상이며, 감정과 이성이 적당히 타협하여 추상적인 정신적 기쁨의 양을 결정한, 종이쪽지에 적힌 숫자에 불과하다. 결국, 이는 많고 많은 인간의 욕구를 경제적 이득의 욕구로 환원시키는 출발선이기도 하다. "나 오늘 50만큼 기뻐. 지난번에 널 만났을 때엔 70만큼 기뻤었는데. 저 사람은 1000만원을 벌었으니 3000만큼의 기쁨을 미리 확보한 셈이야." 좀 이상한 대화가 이루어지게 된다. 하지만 그럼에도 인간은 이러한 정신적 기쁨의 허상을 직시하려고 하지 않으며 끊임없이 구체화하려고 시도한다. 심지어 불교의 본질은 정신의 기쁨(깨달음)을 추구하기 위해 세속적 욕심을 버리는 것이지만, 무지한 중생을 깨우치기 위해 정신의 기쁨을 현란하게 구체화하는 노력이 나타나기도 한다.[15]

"무량수 부처님이 계시는 극락세계의 도량수(보리수)는 높이가 4백만 리고 밑동의 둘레는 50유순이며 가지와 잎은 사방으로 20만 리나 퍼졌는데 갖가지 보배로 이루어졌느니라. 더구나 이것들은 모든 보배의

으뜸인 월광마니와 지해륜보로 자연스럽게 꾸며져 있느니라.(중략)
그 호수에 목욕하면 정신이 열리고 몸이 상쾌하여 마음의 때가 말끔히
씻겨지느니라. 또한, 그 물은 너무나 맑고 투명하여 물이 있는지 없는
지 모를 정도로서 호수 바닥의 보배 모래가 아무리 깊은 곳이라도 비
치지 않는 데가 없으며, 잔잔한 물결은 빠르지도 더디지도 않고 그지
없이 아늑하게 출렁거리고 있느니라.(생략)"

우리 모두 동의하듯 어차피 쌀을 한 그릇만 먹을 수 있다면 쌀을
한 그릇보다 세 그릇 가지고 있는 것이 더 기쁠 이유는 없다. 하지만
국가마다 문화권마다 차이는 있지만, 인류는 대체로 세 그릇을 가지
는 것이 더 행복하리라는, 혹은 세 그릇을 갖고 있는 사람이 나를 더
행복하게 해주리라는 착각 속에서 필요 이상의 돈을 버는데 (유한하
게 자신에게 주어진) 시간 중 상당한 부분을 아낌없이 투자하고 있다.
실로 종이쪽지에 쓰인 숫자의 위력은 놀랍다 할 수 있다. 그러면 왜
인간은 정신적 기쁨의 구체화에 결코 저항하지 못할까. 그 답은 아마
문화에서 찾아야 할 것이다. 인간은 앙리 루소(Henri Rousseau)의 그
림 속에서처럼 수풀 우거진 자연 속에 홀로 살아가는 것이 아니라, 사
회라는 환경 속에서 집단의 문화적 폭격 하에 놓여 있다. 인간은 인
간이 만든 문화라는 환경 속에서 진화해오면서 정신적 기쁨이라는 허
상에 구체성이라는 옷을 입히고 여러 다양한 정신적 기쁨을 상대적으
로, 혹은 심지어 절대적으로 정량화하면서 더 강한 정신적 기쁨을 갈
망하는 추동에 이끌려 살아간다.

언어와 자아의식

오늘 아침엔 왠지 기분이 좋아.

어젯밤에 그녀 때문이야.

나의 그녀는 날 사랑한다고

어젯밤에 내게 말했어.

내가 예전 좋아했던 노래의 가사 중 일부이다.[16] 이런 기분 좋은 말을 들으려고 언어가 생겨난 게 아닐까 싶게 만드는 가사라 잘 잊혀지지 않았다. 가사가 워낙 단순해서이기도 하겠지만. 언어는 본질적으로 인간의 뇌가 외부적 정보를 말초신경계의 감각 뉴런을 통해 받아들이는 것과 마찬가지로 자신의 소리로 외부 정보를 받아들이려는 노력이다. 즉 감각 뉴런의 일을 모방하는 것이다. 또한, 한 인간의 운동 뉴런이 다른 인간에게 보내는 전기 신호를 언어가 모방하는 것이기도 한다. 즉 언어는 뉴런의 일을 모방하며 대신해준다. 언어의 기능이 가지는 성격을 진화론적 관점으로 비유하자면, 언어는 우리가 활용할 수 있는 도구임과 동시에 신체 일부로도 볼 수 있다. "우리는 인지와 외부 도구를 쉽게 통합시킬 수 있는 능력을 적응적 성공을 통해서 소유하게 된 동물"이라고 말하는 신경 윤리학자의 생각도 언어에 대한 이러한 생각과 비슷한 관점에 서 있다고 볼 수 있다.[17] 우리의 마음은 몸 밖으로까지 뻗어 나간 뉴런들을 통해 외부의 대상과 교감을 나누게 된다. 또한, 자아 의식적 관점에서 보면 우리의 마음은 언어를 통해 외부 환경과 맞물려 (뇌에 의해) 인지된다.

언어의 기능에 관한 이야기를 심화하기 전에 먼저 언어의 기원을 살펴볼 필요가 있다. 인류학자 존 던 바(Robin Dunbar)는 인류가 형성하고 살아갔던 사회집단의 규모 확대와 뇌의 크기 증가 간의 연관성을 주장하는 이론을 제안하기도 했다. 그가 말한 바로는 영장류들이 일반적으로 자신이 속한 집단 내에서 다른 개체의 털을 다듬어 주면서 보내는 시간은 30% 정도 선까지는 집단의 크기와 비례하여 증가할 수 있지만, 그 이상은 무리라고 보았다. 그리고 바로 호모 사피엔스 구인의 뇌의 크기를 분석해 본 결과 그 한계치에 다다른 선상에서 무엇인가 다른 방식의 정보 전달 방식이 개발될 필요가 있었음을 유추해내게 되었다.[18]

이미 앞선 호모 하빌리스(homo habilis)의 경우 언어와 관련이 높은 대뇌 좌반구의 브로카 영역(Broca area)과 베르니케 영역(Wernicke's area)이 어느 정도 발달했고 전두엽 전부피질(prefrontal cortex) 부분도 확장되었음을 두개골 분석을 통해 밝혀낸 연구도 있었다. 발성과 관련하여 성도 구간에 대한 분석에서 네안데르탈인은 현생 인류와 거의 비슷한 후두 위치를 띠고 있었음을 설골의 분석을 통해 주장하는 연구도 있었는데 여러 가지 정황들로 볼 때 대략 던바의 유추가 사실일 확률이 높은 것으로 보인다. 일단 소리로 언어를 만들어 내는 것은 후두와 혀의 신경-근육 협력 작업이 일어날 수 있는 신체구조 상의 진화적 발달이 전제되어야 한다. 호모사피엔스 사피엔스(Homo sapiens sapiens), 즉 현생 인류가 5만 년 전쯤 이른바 "대약진"을 겪게 된 근본 원인으로 급속한 뇌의 구조 변화가 제시되는데, 여기에 어떤 선택압이 작용했는지는 모르겠지만 아마도 언어 사용과 매우 관련이 높을 것으로 보고 있다.[19] 현생 인류의 후두가 그것을 말해주고 있다. 초기의 언어(그것이 일부 언어학자들이 얘기하듯 몸짓이 됐든 의성어 가 됐듯) 즉 이 괴상한 소리는 과연 이후에 뉴런을 대체할 수 있게 되 었을까? 대체하였다. 반쯤 성공적으로...

노엄 촘스키(A. Noam Chomsky)와 같은 생성문법론을 지지하는 언어학자들은 기본적인 언어의 문법 구조 등을 인간이 진화 과정에 서 획득하게 되어 인간은 생득적으로 보편문법을 인식하는 뇌의 언 어모듈을 지능 상에 갖추고 태어난다고 본다. 하지만, 인간의 언어능 력 획득과는 별개로 언어의 발전 과정을 생각하면, 언어가 순차적으 로 간단한 개별 낱말 수준의 원형 언어에서 이후 문법 구조를 갖춘 현 대 언어로 완성되어 나갔다는 생각에 동의할 수밖에 없다. 처음부터 복잡한 것이 이미 만들어져서 나타났다기보다는 단순한 것에서 복잡 한 것으로 발전해 나갔다는 설명이 당연하게도 보다 개연성 높기 때 문이다. 아마도 빠르면 호모 하빌리스나 늦어도 네안데르탈인(Homo neanderthalensis) 시절의 초기 현생인류 단계의 어느 시점에서부터 어 느 정도의 문법구조까지 갖추게 된 복잡한 언어를 쓰게 된 사실이 선 행하고 이에 반응하여 뇌의 특정 영역들이 그러한 언어 구사 활동과 긴밀히 연관을 맺게 되었고 진화적으로 조직생리학적 발전을 이루게

우리 안의 개인주의와 집단주의

됨으로써, 뇌 기능상에 선천적인 지적 모듈이 형성되었을 가능성이 높아 보인다.

보다 구체적으로 언어의 발전 방향과 관련하여 초기 언어가 더욱 복잡한 모습으로 발전해 나가는 과정에서 어떤 특정한 지향점이 있었느냐는 점에 대해 생각해보면, 고고학자들은 사회적 정보를 담은 단어들이 먼저 사용되고 난 후 인식의 유동성을 획득하는 과정에서 인간 사회 범위를 벗어난 주위 자연환경에 대한 정보가 언어에 유입되어 연합되었다는 시각을 갖는 데 반해 언어학자들은 반대로 주위 환경의 외부정보가 언어에 의해 기호화되고 이후 이것이 사회적 의미로도 전용되게 되었다는 견해를 취하는 편이다.[20] 여기서는 서두에서 언어의 본질에 대해 언급하면서 적시했듯 한 인간의 운동 뉴런이 다른 인간에게 보내는 전기 신호를 언어가 모방하는 것이라는 관점에 서서 전자의, 즉 고고학자들의 견해를 바탕으로 한다.

문자가 발명된 후에는 굳이 후두와 혀의 근육을 움직여야 할 필요도 없이 눈으로 외부 정보를 종합적으로 인지할 수 있게 되었다. 인간의 뇌가 뉴런의 전기 신호 및 시냅스의 네트워크로 외부 세계를 감지하고 해석하고 재창조해왔듯, 인간의 언어와 문자는 인간 사이의 대화 속에 혹은 종이 위에 외부 세계를 해석하고 재창조해낸다. 그리고 일상생활 속에서 아직도 인간은 감각뉴런과 운동뉴런의 전기신호로 다른 인간과 사회적 상호작용을 하고는 있지만, 자신의 눈으로 다른 사람을 응시하거나 손으로 다른 사람을 만지는 것만큼이나 전화나 편지 등을 통해서도 서로 간에 사회적 상호작용을 많이 해나가는 경지에 이르렀다. 전술한 인간의 본성에 기초하여 게으른 인간이 최대한의 정신적 기쁨을 가능한 효율적으로 추구해 나가는 과정에서 발달시킨 상호작용 방식이 전화나 편지인 셈이다. 이 단계에서 인간은 이미 침팬지와 비교할 때 너무 멀리 앞서 가버렸다.

먼 미래에는 인간의 감각 뉴런과 운동 뉴런은 점점 말과 글에 자신들의 역할을 떠넘길 것이다. 만약 그것이 뇌의 생리적 효율성을 높이는 길이라면 그럴 것이다. 다만, 여기서 하나의 변수가 되는 것은 바로 인간이 가지고 있는 욕구, 특히 '정신적 기쁨의 극대화'이다. 쉽게 말해 전화나 편지로는 성에 안 차고 직접 서로 간의 눈을 응시하면서 서로 어루만지면서 나누는 교감이 인간에게 더 큰 정신적 기쁨을 선사하는 이상은, 아마 먼 미래에도 두 명의 인간은 그들 사이에 놓인 에스프레소 향을 느끼며 카페의 테이블에 마주 앉아 있을 가능성이 크다. 즉 인간의 정신적 기쁨이 아직은 뇌의 감각 뉴런을 통한 직접 자극을 선호하므로 말과 글만으로는 만족스럽지 못한 것이다.

인간에게 언어는 이미 감각 뉴런이고 운동 뉴런이다. 그리고 사회 전체를 하나의 유기체로 비유하자면 인간과 인간을 연결하는 뉴런의 기능을 하고 있기도 하다. 이 순간 이 글을 읽고 있는 당신은 언어를 통해 내가 느끼는 감각 뉴런의 전기 신호를 함께 느끼며 내가 보내는 운동 뉴런의 전기 신호를 함께 자각하게 되는 셈이다. 실감이 잘 안 난다고? 그건 내가 글을 별로 재미없게 써서 그럴것이다. 서양사에서 중세시대 음유시인들이나 한국사에서 판소리를 읊어대던 광대들은 아마 이런 능력에서 현대의 웬만한 문장가들 뺨칠 정도였을 것이다.

애초에 인간이 언어를 사용하게 된 이유는 뉴런의 전기신호를 보다 잘 느낄 수 있기 위해서였을 것이다. 즉 자아의식이 생겨나는데 언어는 결정적인 역할을 한 셈이다. 그러나 그 후 인간의 자아의식은 슬프게도 언어에 의지하지 않고는 자신의 뉴런의 전기 신호를 제대로 해

 우리 안의 개인주의와 집단주의

독하지 못하거나 언어에 의해 잘못 해독하고서는 그것을 인지하지도 못하는 상황에 이르렀으며, 이는 결국 정신분석학자나 최면치료사들의 활약상을 예고하게 되었다.

더군다나 최근 사회적으로는 감각뉴런의 전기 신호를 기만하고 교란하는 우리 자신 외부의 메커니즘이 노골적으로 형성되고 있다. 이미 화상 통화의 영상은 인간의 시각 뉴런에 실체와 허상을 구별 못 하게 만들 가능성을 보여주었으며 이미 영화 속에서 (관객을 응시하는 듯한) 주인공의 눈빛에 감동하는 관객들의 모습은 인간의 기술문명이 편지나 전화 수준을 훌쩍 뛰어 넘어섰음을 보여준다. 연극과 오페라는 이미 영화와 TV에 엔터테인먼트(entertainment) 세계에서 자신들의 지배적인 자리를 내어 준 지 오래다. 즉 위에서 묘사한 미래 카페의 풍경 속의 나는 여전히 테이블에 앉아있을 수는 있지만, 실체가 아닌 모니터 속에서 여자 친구와 이야기 나누고 있게 될지도 모른다. 에스프레소 향을 싫어하는 그녀라면 좋아할지도 모르겠다. 하지만 머지 않아 보다 사실적으로 (3D 영화관이나 4D 영화관에서처럼) 뉴런 네트워크의 외부세계 재창조를 컴퓨터 기술이 모방하고 거의 따라잡게 될지도 모른다. 어쩌면 울고 있는 그녀의 눈물을 아바타로 변신한 내가 닦아주는 순간이 올 수도 있을 것이다.

이 장의 끝에서 언어에 대해 논의를 하게 된 이유는 언어가 인간의 자아의식 형성과 가지는 관련성 때문이었다. 이 문제에 대해 간략히 검토해보자면 다음과 같이 정리할 수 있다. 인간의 자아의식은 인간의 욕구가 그 핵심에 놓여 있으며 이 욕구의 본질은 정신적 기쁨이다. 또한, 인간이 언어를 사용하게 된 이유는 뉴런의 전기신호를 보다 잘 느낄 수 있기 위해서였음을 앞서 살펴보았다. 따라서 이를 종합하면 인간의 욕구, 가령 정신의 기쁨을 인간이 더욱 정밀히 의식해가는 과정에서 언어가 사용되기 시작했고 자아의식도 그에 따라 완성되게 되었다고 말할 수 있다.[21] 여기서 중요한 것은 인간의 자아의식이 완성된 후에 이 자아의식이 언어를 만들어내거나 욕구와 기쁨을 느끼게 된 것이라기보다는, 그 모든 것이 병행하며 상호 보완하는 역할을 하였다고 보는 것이 인간 뇌의 진화에서 나타난 참 모습에 가깝다. 결국, 인간의 자아의식은 더욱 선명하게 보다 구체적으로 인간의 진화와 역사 과정을 통해 탐험 되어 온 것이며, 이는 현대의 문학 사조를 보면 쉽게 알 수 있다. 뫼르소는 우리 자신 안에 욕구 및 정신적 기쁨과 관련된 내면의 방들이 매우 다양하게 많음을 보여주는 대리인이었다.[22] 결국, 우리는 알게 된 것이다. 선한 자와 악한 자가 따로 있는 것이 아니며 우리 자신이 평면적인 성격의 존재가 될 수 없음을. 우리 안의 다양한 방들 속에 갖가지 종류의 다양한 자아를 구성하는 나 자신들이 들어가 살고 있음을 보게 된 것이다. 좀 혼란스럽겠지만, 이 정도면 오스트랄로피테쿠스나 중세시대 신학자들과 대면한 자리에서 그들이 나를 이해하는 것보다 훨씬 내가 그들을 더 잘 이해할 수 있을 것이다.

침팬지가 거울에 비친 자신을 알아보고 물감 자국을 만지거나 다른 친구들을 자신과 구별할 줄 안다는 실험은 침팬지의 자아의식과 관련이 깊긴 하지만, '나는 살고 너는 죽는구나'를 구별하여 의식해봤자 그 자체만으로는 아무 의미가 없을 수도 있다.[23] 중요한 사실은 '나는 죽고 싶지 않다'는 욕구가 나의 자아의식의 출발점이라는 사실이며, 거기서 나 자신의 욕구를 바탕으로 '너도 죽고 싶지 않아 하겠지'로 의식이 확대되는 것이다. 즉 자신의 욕구를 바탕으로 나와 다른 인간의 마음을 이해하게 되는 것이고 결국 나를 더욱 정확히 인식함으

        우리 안의 개인주의와 집단주의

로써 자아의식의 경계가 명료해지는 것이다. 혹성탈출 2011년판 영화에서도 주인공 침팬지가 가장 먼저 내뱉은 단어는 'I'도 'YOU'도 아니고 NO였다(당연히 내가 시나리오를 썼어도 그렇게 했을 것이다).[24] 아마 인간이 처음 구별하여 만든 단어는 '나'나 '너'가 아니라 '좋다'나 '싫다'였을 것이다. 아기가 옹알이를 넘어서 처음으로 내뱉는 '엄마'라는 단어는 '당신이 저의 어머님이시군요'의 의미가 아니라 안아달라거나 업어달라는 욕구의 외침이다. 언어의 기원 그 자체는 자아의식에 연결되는 것이라기보다는 인간의 욕구와 연결된다.

즉 욕구와 관련된 '나는 기쁘다'라는 문장에서 '나는'이라는 주어는 뒤늦게 붙게 된 것이며 늦게라도 이를 의식하게 되는 것이 자아의식의 출발이자 기반이다. 이후 언어의 발달 과정에서 언어는 자아의식과 깊은 관련성을 가지게 된 것으로 보인다. 통사론적으로 봤을 때 언어가 자아의식과 깊은 관련성을 맺게 된 이후에 자아의식과 관련된 주어가 맨 앞으로 소환돼 나오고 욕구와 관련된 목적어와 동사가 뒤에 밀리게 되었을 것이다. 이후 나와 다른 존재를 구별하여 지칭하게 되면서 언어를 보다 복잡하게 발전시키게 되었고, 이를 통해 인간은 다른 존재의 생각을 보다 섬세하게 읽어내려고 노력하는 가운데 인간의 두뇌 역시 더욱 발전하게 되었다고 볼 수 있다. 이는 우주와 같이 복잡한 기능을 가지는 뇌가 연주할 오페라의 화려한 서곡이 울려 퍼지는 순간이기도 하다. 언어학자 가이 도이처(Guy Deutscher)는 언어와 자아의식의 관계에 주목하여 인간이 '나'와 '타잔'을 구분해서 의식하고 명명할 수 있게 된 것을 '언어의 지속적 진화 과정'이 열리는 순간으로 표현하였다. 언어가 이처럼 자아의식과 관계를 맺고 간소화와 재구성으로 요약될 수 있는, 나름의 진화과정을 밟아가게 되면서 인

간의 뇌는 이전보다 더욱 발달하게 되었을 것이다.[25]

　　로빈슨 크루소나 표류하는 김씨 아저씨라면 인간의 자아의식에 관한 지금까지의 논의에서 이야기가 끝날 수 있겠지만, 매일매일 사회적 상호작용을 해나가는 우리의 자아의식은 다른 인간들과의 상호작용 속에서 자신의 정신적 기쁨을 도모하기 위하여 보다 효율적인 태도 전략을 채택하게 된다.[26] 다음 장부터 살펴보겠지만, 이러한 사회적 상호작용 속의 태도 전략은 이성과 감성 활동을 통한 인간의 자아의식 속에서 선택된다. 자아의식은 자신의 정신적 기쁨을 극대화하기 위해 상대의 반응을 예상하고 보다 효율적인 선택의 가능성을 합리적으로 계산하는 이성적 활동을 수행하기도 하지만, 동시에 상대와 또는 집단에서 유대감과 일체감을 느끼고자 하는 감성적 성향의 영향을 받기도 하며, 개인 간에 다양한 편차로 존재하는 집단주의나 개인주의의 성향적 전략은 개인의 인생에 더 나아가 집단적인 규모로는 인간의 역사에서 크나큰 영향력 혹은 지배력을 미치게 된다.

- 게으른 뇌
  - 목적을 달성하거나 스트레스에 대처하는 과정에서 뇌는 상당량의 ATP를 소모하며 활동한다.
  - 세포는 혈액으로부터 영양분을 공급받아 ATP를 생성하며 이 ATP는 세포의 에너지원으로 쓰임으로써 세포가 항상성을 유지할 수 있게 한다.
  - 체내 기관들은 공급받은 한정된 영양분으로 최대한 효율적으로 기능하도록 DNA에 의해 프로그래밍 되어 있다.
  - 인간의 뇌는 물리학적인 효율성 보다는 최적화된 나름의 방식으로 생리적 효율성을 추구한다.
  - 인간의 뇌는 게으르고 효율성을 추구하지만, 감성에 의한 예측 불가성을 띤다.

- 정신적 기쁨의 극대화를 초래하는 요인들
  - 인간에겐 욕구에 보다 민감하게 반응하게끔 하기 위한 욕구에 대한 뇌의 구체화 능력이 발달하였다는 점이 첫 번째 요인이다.
  - 중독성 체내 메커니즘인 인간의 생애 내에서의 경험과 기억에 의한 감작이 두 번째 요인이다. 우리 안의 모든 선호 체계 (preference system)는 우리의 경험과 기억의 결과이며, 인간은 이전의 기억과 동일한 정신적 기쁨을 느끼기 위해서는 상대적으로 더 강렬한 경험, 즉 정신적 기쁨을 위한 더 큰 투자행위를 시도하게 된다

- 중독성 체외 메커니즘이라 할 수 있는 문화적 요인이 세 번째 요인이다. 개인의 선호체계는 사회의 선호체계를 따라가는 편이며, 개인은 생물학적 시장 속에서 자신의 가치를 높이려고 경쟁하게 된다. 그 과정에서 기본적 욕구 충족이 아닌 정신적 기쁨을 위한 인간의 투자량이 극단적으로 늘어난다.
- 자극에 수동적으로 좌우되지 않는, 자아의식의 능동성이 네 번째 요인이다. 이는 인간이 욕구로부터 중독으로부터 완전히 벗어난 것은 아니지만, 그로부터 조금은 더 "자유롭게" 됨을 의미하며 보다 더 의식적으로 정신적 기쁨을 추구하게 한다.

■ 종이쪽지에 적힌 숫자

- 타인과 나를 구분하는 자아의식의 형성은 진화적으로 인간이 자신의 욕구를 인식하고 이를 충족해 나가는 과정에서 발달한 뇌의 감성과 이성활동에서 비롯된다.
- 인간은 자신의 욕구나 기쁨의 크기를 정량화하는 경향을 보이며 이는 뇌의 감성 활동의 생리학적 기전 및 감성을 제어하려는 이성 활동에 기인한다.
- 근본적으로 정신적 기쁨의 정량화 및 구체화는 뇌 신경세포 상의 환상일 뿐이다.
- 대부분 사람들은 그러한 정신적 기쁨의 허상에 대해 직시하기보다 사회 문화적으로 실체성을 부여해왔다.

■ 언어와 자아의식

- 언어는 뉴런의 전기 신호 전달 기능을 모방하는 것이 그 본질이다.
- 말과 글, 즉 전화나 편지를 통한 사회적 상호작용은 언어가 뉴런의 기능을 대체할 수 있음을 시사한다.
- 인간의 자아의식은 언어에 지나치게 의존하게 되었으며 이 때문에 인간은 자신의 뉴런의 전기 신호를 제대로 해독하지 못하기도 한다.
- 최근의 기술적 발전은 이러한 뉴런의 자극에 대한 인간의 오독을 조장하는 측면이 있다.
- 언어는 먼저 인간의 욕구와 관련되어 발생하였고 이후 자아의식과 관련을 맺으면서 더욱 복잡하게 발달하였다.

우리 안의 개인주의와 집단주의

4. 사회적 상호작용 속의 태도 전략

그녀들은 일시적으로 왔다가 사라지는 존재로 만족하는 것이 아니라 영원히 사라지지 않는 존재가 되고 싶어 하지요. 그리고는 너무나 이상적인 여성이어서 당신들이 접근도 하지 못하게 겁을 준 다음, 자신이 유혹한 사람의 간청을 마지 못하는 척 들어주는 것이지요. 이렇게 자신과 상대방의 간격을 완전히 없애 놓은 다음에는 대체 어떻게 다시 추슬러서 둘 사이의 간격을 적절히 조절하려는 것인지요?

Jean Grenier의 〈Voir Naples[1]〉 중에서

정신적 스트레스

세상에는 1시간에 100만 원을 버는 사람도 있고 1년에 100만 원을 버는 사람도 있다. 하지만 그 누구든 상관없이 정신적 스트레스와 정신적 고통에 관한 메커니즘은 동일하게 적용된다. 사람들의 정신적 기쁨을 앗아갈 수 있는 치명적인 적수가 바로 정신적 스트레스임을 주지하게 된다면 (특히 육체와 정신을 일원론적으로 설명할 수 있게 된 현대 생물학적·의학적 관점에서 볼 때) 정신적 스트레스는 한 인간 개인의 건강과 인생에서 총체적 중요성을 띤다고 할 수 있다. 따라서 정신적 스트레스가 뇌의 생리학적 관점에서 볼 때 뇌의 활동에 어떠한 영향을 미치는가에 관한 연구도 매우 활성화되어 있으며, 지금도 어딘가의 실험실에서는 수많은 선량한 쥐들이 실험적 가설의 검증을 위해 생을 마감하고 있다(그 불행한 쥐들의 명복을 이 자리를 빌려 진심으로 빌어주고 싶다). 서점에 가면 다양한 책들이 이 문제를 다루고 있으며, 이 정신적 스트레스를 화를 냄으로써 직접적으로 풀어야 한다는 주장도 있고 종교에서는 다른 주장을 펼치고 있으며 그 외 상당히 다양한 주장들이 존재한다. 하지만 대부분 각 영역들 간에 정확한 용어의 통일조차 되어 있지 않다. 여기서는 잠시 정신적 고통과 정신적 스트레스에 대해서 논해본다. 이 책의 앞 장에서 대략 이러한 용어들을 언급하긴 하였으나 (특히 정신적 고통과 육체적 고통) 좀 분명히 개념을 정리하고 넘어갈 필요가 있을 것 같다.

먼저 스트레스(stress)에 대한 정의는 매우 다양하지만 여기서는 인체의 항상성에 지장을 초래하는 외부적 자극으로 인한 체내 반응으로 스트레스를 정의하겠다.[2] 따라서 말초신경계의 감각적 통증 자극에 대한 생존을 도모하는 차원의 즉각적 자율반사 반응부터 시작하여 배고픔, 대표적인 정신적 고통인 불안, 독성 물질에 대한 노출로 인한 체내 반응에 이르기까지 모두 스트레스라 부를 수 있다. 이런 의미에서 보면 인간은 항시 스트레스 상황에 놓일 수 있는 조건에서 살아가며, 발생한 스트레스가 장기적으로 이어지지 않도록 하는 – 독성학적으로 말하면 위해성(risk)을 낮추는 – 것이 관건이다.[3]

스트레스를 육체적 스트레스와 정신적 스트레스로 나누는 경계는 불명확하지만, 자극 요인에 따라 구분할 수 있으며 (우리 사회에서 스트레스는 일반적으로 정신적 스트레스를 의미하지만), 망치로 손가락을 찧었을 때나 음식을 먹지 못함, 바이러스의 침투 등의 물리적인 외부 자극에 대한 반응을 제외한 나머지 경우(주로 시각이나 청각적 자극에 의한 경우)를 정신적 스트레스로 생각할 수 있다. 우리가 사회적으로 정신적 고통이라고 부르는 상태는 스트레스를 인지하는 과정에서 통증으로 인식되기도 하며 이후 스트레스의 결과로 나타나기도 한다.[4] 일반적으로 육체적 스트레스보다 정신적 스트레스는 뇌가 정신적 고통으로 인지하지 못한 채 체내에 해소되지 못하고 누적되

  우리 안의 개인주의와 집단주의

는 경우가 많다. 이는 마치 반감기가 긴 무색무취의 미세한 독성물질에 지속해서 노출 됨으로써 체내에 그 물질이 누적되는 경우와 비슷하다. 그리고 뇌가 정신적 스트레스를 적절히 표출하거나 승화시킴으로써 단기간에 이를 처리하지 못하는 경우 (독성학적으로 말하면, 반복노출로 인한 생리적 역치 한계를 웃도는 혈중 농도를 지속해서 보이는 만성 독성 상태에 빠지는 경우) 조직학적 뇌의 변화뿐 아니라 극단적인 경우 분열증적인 증세, 즉 자아의식이 무너지는 상태 및 고통을 초래할 수 있다. 이는 마치 말초신경계의 통증 유발요인이나 신경손상을 적절히 치료하지 못하고 방치하는 경우 중추신경계의 통증 회로가 감작되어 뇌가 신체적 자극 요인 없이도 통증을 느끼게 되는 것과 유사하다.

먼저 육체적 스트레스의 경우를 예로 들어가면서 일반적인 스트레스에 대한 인체의 반응을 알아보는 것이 보다 (스트레스의 바다 위에 유유히 노를 저어가는 인간의) 상황을 구체적으로 이해하는 데 도움이 될 것이다. 일단 가장 기본적으로는 육체적 스트레스를 초래하는 자극이 주어진 경우 (정신적 스트레스의 경우도 마찬가지) 신체는 빨리 이를 해소할 수 있도록 이에 대항하는 시스템이 가동되기 시작한다. 즉 스트레스 상황에 들어가는 것인데, 가령 시상하부-뇌하수체-부신의 3 부위로 이루어진 HPA 축 (Hypothalamic-Pituitary-Adrenal Axis)이 그러한 시스템의 대표적인 예이다. 이 세 부위는 정해진 메커니즘에 따라 상호 작용하며 활성화되는데 시상하부로부터는 자율신경계 (autonomic nervous system)의 교감신경이 활성화되고, 뇌하수체와 부신에서는 다양한 내분비계(endocrine system)호르몬이 분비된다. 참고로 자율신경계는 뇌와 척수의 직접적인 지시 없이도 자체적으로 작동하는 말초부위의 신경계로써 긴장은 교감신경이, 이완은 부교감신경이 담당하면서 서로 길항작용을 통해 체내 항상성을 유지한다. 스트레스 상황에서는 교감신경의 신경전달 물질인 아드레날린(adrenaline)이 활성화되어 혈관에 작용하며 일반적으로 혈압을 올린다.

반면 호르몬은 신경세포로 이어진 신경계처럼 전기화학 신호의 전달에 의존하지 않고 자신이 직접 혈류를 타고 멀리 있는 조직의 세포에 가서 그 세포의 막이나 세포질에 작용하여 특정한 기능을 그 세포가 수행하게끔 하는 물질이다. 스트레스 상황에서는 대표적인 스트레스 호르몬인 노르아드레날린, 아드레날린, 코르티졸(cortisol) 등의 혈중 농도가 높아지게 되며 일반적으로 혈당량을 올린다.[5] 스트레스 호르몬의 혈중 농도 변화가 의미하는 바는 될 수 있는 대로 빠른 시간 내에 이 스트레스 상황의 원인이 되는 문제를 해결(정면대응 혹은 회피)할 것을 촉구하는 신호를 게으른 뇌에 보낸 것이다. 실제로 스트레스 호르몬의 분비와 함께 체내 면역체계는 약화한다. 하지만 만약 뇌가 이 문제를 적절히 해결하지 못하여 스트레스가 장기적으로 이어질 경우 당연히 고통이 뒤따르게 된다. 마치 전쟁이 휩쓸고 지나간 자리에 여러 가지 사회문제가 발생하고 삶의 질이 저하되는 부작용들이 나중에 나타나듯이, 인체의 항상성을 지키기 위한 전시체제가 길어지는 경우 다양한 신체 증상(불면증이나 우울증 등)이 나타나고 결국 여러 가지 이름의 질병(과민성 대장 증후군이나 긴장성 두통 등)으로 진단되기에 이른다.

정신적 스트레스는 일상적인 사회생활의 매 순간에 찾아온다. 인간은 사회생활 속에서 자신의 언어로써 온갖 문제를 해결해 나가거나 주도권을 놓고 다른 인간과 경쟁을 해나가는 상황에 처해 있다. 그리고 그 속에서 자신의 정신적 기쁨을 조금이라도 극대화해 나가야 하는 상황이다. 이는 마치 신체가 항시 수많은 바이러스나 세균에 노출되어 있는 것과 비슷하다. 그러나 강력한 인체의 면역체계는 이들이 조직의 세포 속에 기생하거나 체내를 마음대로 돌아다니지 못하도록 적절히 방어한다. 면역 반응 역시도 혈관 내외에 존재하는 여러 세포 및 효소, 항체 등의 여러 단백질 분자들이 주도하는 것처럼 보이긴 하지만 본질에서는 육체적 스트레스에 대한 예방을 담당하고 있는 셈이다. 그러다가 면역체계가 약화하기라도 하면 곧 육체적 스트레스가 발생하게 된다. 예를 들어 바이러스가 상기도 조직 세포에 집단 기생하면 여러 가지 염증 증세(발열,발적,통증 등)가 나타나며 이는 감기로 진단된다.

　스트레스 상태의 지속은 콘스탄티노플 성과도 같은 인체의 막강한 면역체계를 점차 약화시킨다. 위에서 비유로 들었던 감기를 생각해보자. 감기바이러스라는 특정한 외부자극에 대해 인체는 특이적 면역 반응(Specific Immune Response)을 이끌어낸다.[6] 뇌에서 도저히 쉽게 처리가 되지 않는 감정적인 문제에 직면하여 스트레스 상태에 놓이게 되었을 때에도 교감신경의 활동으로 기도 점막의 분비선에서 점액의 분비량이 감소하여 호흡기 점막이 마르게 된다. 그 결과 항원 및 항체가 관여하는 체액성 면역의 기능이 약화하여 바이러스가 조직세포 내로 쉽게 침투할 수 있게 된다. 바이러스가 일단 성공적으로 세포 내부로 들어가버리면 더는 체액성 면역 반응이 아닌 이제는 세포 매개성 면역 반응이 작동하게 된다. 바이러스 측면에서 볼 때는 자신들의 특이한 피부 냄새에 선택적으로 작용하여 힘도 못 써보고 죽게 만드는 무시무시한 화생방 공격으로부터 어느 정도는 자신들의 몸을 숨길 수 있는 은신처를 확보하자마자, 곧 다시 공공의 적으로 몰려 이제는 자신들이 숨어들어 간 숙주 세포와 함께 거대한 청소부들에 의해 통째로 먹혀버릴 위험에 처하게 된 셈이다.[7] 일종의 자기 파괴적인 성격을 갖는 이러한 처단 과정을 수행하는 청소부들은 사실은 체내의 수많은 백병전(염증과 같은 비특이적 면역반응)에서 잔뼈가 굵은 용사들인 백혈구이다. 이 용맹한 전사들은 매우 다양한 모습과 기능을 하고 있는데, 면역학자들은 그 각각의 종류를 일일이 세세하게 구분해서 서로 다른 이름을 붙여 주고선 여러 가지 연구를 해왔다. 그런데 그들의 용맹스러움은 사실상 자율신경계[8]와 호르몬[9]의 통제를 받음이 밝혀졌다. 아드레날린이나 스트레스 호르몬들은 백혈구의 활동도 저하시킨다. 전시체제를 맞이하여 사회 내부의 치안은 약해지는 셈이다.

즉 경미한 감염과 같이 국소 부위에서 발생하는 스트레스에 대해서 조차도 자아의식의 개입 없이 효과적으로 스트레스를 처리해나갈 수 있어 보이지만, 이러한 면역 반응의 과정에서도 뇌는 잠자고 있는 것은 아니며 (대통령이 군통수권과 행정권을 함께 행사하는 것처럼) 전선의 상황과 민생 치안을 종합적으로 조율해 나간다. 이 경우 호르몬이 뇌와 면역계를 연결시켜 주는 매개체로서의 기능을 충실히 수행하게 되어 상호간에 혈류를 통한 화학신호로 세포 차원에서의 의사소통을 활발히 해나가는 것으로 밝혀져 있다.[10] 실제로 스트레스와 관련된 질병들에 대한 치료는 생리학적으로 면역체계와 내분비계, 뇌의 중추신경계와 자율신경계가 하나의 설계도 상에 맞물려 돌아가는 기전을 보다 세밀히 밝혀냄으로써 앞으로 새로운 지평을 열게 될지도 모른다.[11]

문제는 이 스트레스를 처리하는데 있어서의 최종적인 주인공도 역시 정신적 기쁨을 자각하는 주체인 자아의식이라는 사실이다. 스트레

　　　　　　　　　　　　우리 안의 개인주의와 집단주의

스 반응을 전체적으로 조망해 보면 호르몬과 교감신경이 전신적인 스트레스 반응을 통해 몸 전체를 각성시키며, 뇌는 이에 대해서 시간을 갖고 반응하는 것처럼 보인다. 그런데 스트레스 반응을 다시 두 단계로 나누어 정리해 보면, 첫 번째 단계, 즉 전신적인 스트레스 반응 단계 – 한스 셀리에(Hans Selye)가 말한 전신적 적응 증후군의 경고 단계 – 역시도 뇌가 적극적으로 상황을 주도하는 가운데에 일어난다. 즉 뇌의 감성 기능과 밀접한 관련이 있는 시상을 둘러싸고 있는 대뇌변연계의 편도체에 의해 자극이 스트레스를 유발하는지 여부를 판단함으로써 시상하부에서 호르몬이 분비되거나 교감신경이 활성화되어 몸 전체가 스트레스 대응태세에 돌입하게 된다. 그 다음 두번째 단계인 셀리에가 말한 저항 단계에서는 의식이 주도하는 저항 혹은 회피 등의 적응 활동이 일어난다. 피하 혈류량은 감소하고 근육 내 혈류량이 증가된 상태에서 일어나는 이러한 문제 해결을 위한 행동적 시도는, 당연히 의식이 주도하는 행위이다. 하지만, 의식이 스트레스를 성공적으로 다루지 못하거나 하여 스트레스가 장기적으로 이어지게 되면 다시 호르몬이 작용하여 반대로 면역체계를 강화하는 결과를 초래할 수도 있다.

이를테면 필요량만큼의 물을 섭취하지 못하는 경우를 예로 들어보자. 스트레스 호르몬이 증가하여 갈증을 느끼게 되고 갈증을 해소하기 위해 물을 찾는 행동이 나타나게 되는데 이는 몽유병 환자처럼 무의식적으로 기어가서 찾아 마실 수도 있겠지만, 일반적으로 목마름을 인식한 자신의 의식적인 행위로서 일어난다.[12] 물론 이러한 행위가 적절히 일어나지 못하고 스트레스가 장기적으로 이어지게 되는 경우 다시 호르몬이 총대를 메게 된다. 즉 아르기닌 바소프레신(AVP)이라는 호르몬이 뇌하수체에서 분비되어 신장의 수분 배출기능을 감소시키는데, 이러한 몸의 항상성을 계속 유지하기 위한 호르몬의 조절작용과 더불어 수분 부족으로 인한 면역체계 약화를 방지하기 위한 면역세포의 사이토카인(cytokine) 분비가 일어난다.[13]

그런데 특정한 외부자극을 스트레스 요인(stressor)으로 파악하는 전신적 스트레스 반응 단계에서 중요한 것은 한 인간이 주위 환경 속에서 상대적으로 처해있는 상황이다. 뇌의 편도체는 감성적으로 자신의 예민한 혹은 취약한 부분과 관련된 외부 자극요인에 대해 더욱 민감하게 반응하여 시상하부로부터 스트레스 반응을 촉발하게 될 것이다. 리처드 라자러스(Richard Lazarus)과 수잔 폴크만(Susan Folkman)처럼 스트레스를 개인과 환경의 상호작용 차원에서 파악하고자 한 심리학자들도 스트레스가 개인에게 미치는 효과는 스트레스 사건 그 자체보다는 그 사건이 가지는 위협성에 대해 그 개인이 상대적으로 가지는 대처능력 내지는 취약성과 관련이 깊다고 보았다. 그리고 이러한 개인적 특성(personal traits)이라 할 수 있는 것들은 뇌의 이성과 감성 기능과 관계된 의식과 무의식 차원에서 형성된다. 즉 똑같은 사건 혹은 행위에 대해 어떤 사람은 ear canal 내의 cerumen양이 극미량 늘어나는 것으로 그치겠지만 (그래서 한번 귀 후비고 끝나겠지만) 다른 어떤 사람은 vasovagal syncope에 빠질 수도 (뒷목을 잡고 쓰러질 수도) 있다. 이는 사회적으로 상호작용하는 인간 사이의 정신적 (심리적) 스트레스를 분석하는 데 있어서 매우 중요한 점이다. 그리고 이러한 분석은 현대에 와서 행동심리학을 극복하고 인지 행동이론이 제시될 수 있었던 배경과도 관계 깊다.

이 책의 주 관심 대상이 되는 스트레스도 시간을 가지고 뇌가 대

     우리 안의 개인주의와 집단주의

응해 나갈 수 있는 대표적인 정신적 스트레스 중 하나인 사회적 상호
작용으로 인한 정신적 스트레스이다. 이에 대해서 보다 자세히 분석해
보기 위해 이와 관련하여 하나의 가상 이야기를 전개해 보고자 한다.

첫 번째 가상 실험

　지금까지 한 개인 안에서, 즉 그의 뇌를 비롯한 신체 전반에서 어떻게 스트레스에 대한 반응이 일어나게 되는지를 신경생리학적으로 살펴보았다. 여기서는 좀 심리학적인 측면에서 이야기를 해나가겠다. 이는 이후 경제학적인 측면 그리고 더 나아가 정치학적인 측면에서, 최종적으로는 문화적 진화라는 측면에서의 인간 행위를 살펴보기에 앞서 좀 더 기초 작업을 확실히 해두기 위한 단계이기도 하다. 인간 사회 집단 내부의 사회적 상호작용 속에서 개인은 정신적 스트레스를 어떻게 경험하고 대응하는가. 이를 분석하기 위해 가상 실험 혹은 가상의 이야기를 진행하고자 한다. 이야기에 앞서 이 실험에서는 먼저 한 사람의 존재를 가정하고 그가 몸담은 사회에서 그의 수많은 상호작용 가능성을 우호적·중립적·적대적 세 가지 태도로 범주화 해본다. 즉 그는 의도하든 않든 간에 우호적·중립적·적대적 태도를 선택지로서 가지는 셈이다. 적대적 태도는 그 태도의 대상이 되는 상대에게 정신적 스트레스를 초래할 것이라는 가정을 해본다.

여기서 용어를 간략히 정리하고 넘어가자면, 주로 우리는 하나의 태도가 사회적 상호작용 상에서 지속적인 파급 효과를 발휘할 때에 태도라는 단어를 쓴다. 다시 말해 그 태도가 자신을 표현하는, 즉 자신의 자아에 대한 하나의 상(像) 혹은 이미지를 형성시키거나 그 상과 부합되어 갈 수 있는 경우에 태도라는 단어를 쓰며 그러한 효과가 유지될 것으로 보이지 않는 경우에는 태도라고 하기보다는 행동이라는 단어를 쓰는 경우가 많다. 탈콧 파슨스 (Tallcott Parsons) 같은 학자는 마음의 평온을 되찾겠다는 의미 있는 의도를 가지고 목표를 성취하기 위한 과정으로서 오디오 음악을 선곡하는 "행위"를, 집에 돌아와서 냉장고에 있는 청량음료를 목젖의 율동을 만들어내며 들이키는 단순하고 본능적인 "행동"과 구분할 것이다. 하지만 여기서는 이러한 – 행위이든 행동이든 – 일시적인 상황의 행동 선택을 대상으로 하지는 않으며 태도에 주목하고자 한다.

인간이 자신의 "태도"를 (전략적으로든 아니든) 선택하는 경우는 주로 자신의 행동이 어느 정도의 기간에 걸치는 파급 효과를 초래할 수 있는 상황에서이다. 더욱 엄밀히 시간적 관점에서 얘기하자면 "일회적이지는 않으며 장기적으로 얼마나 길게 될지 모르겠지만, 상호작용이 지속할 가망이 있는 상황"이라 하겠다. 다시 말하면, 사회적 상호작용의 상황 속에서 단기적인 일회성 차원에서 행동을 선택한다면 자신의 태도에 관한 결과를 생각할 필요도 없고 전략도 필요 없겠지만, 장기적인 관점에서 보면 태도의 선택은 더욱 신중한 접근을 필요로 하므로 뇌세포의 에너지 소모를 많이 필요로 하는 행동이다. 따라서 여기서도 뇌는 이 에너지 소모를 줄이고 보다 효율적으로 선택을 하기 위한 생리적 필요에서 태도에 대한 일종의 전략을 만들어내게 될 가능성이 높다.

스피노자 등의 철학자에게 고견을 자문 받을 수도 있겠지만, 상호작용적 태도는 전술한 바대로 크게 세 부류로 나누었다. 그리고 각각의 태도와 관련된 전형적인 (그리고 포괄적인) 사회적 행동 예들을 몇 가지 문구로 정리해 보았다. 우리 자신은 각 선택지 내의 다양한 문구로 표현된 몇 가지 행동 중 한 가지를 매 순간 취하면서 다른 사람들과 항시적으로 상호작용해 나간다. 단순화한 감이 있지만 이 정도면 일반 성인들의 사회적 상호작용을 설명하는 데에는 충분하리라 본다.

- 우호적 태도 : 도와준다. 상대방을 바라보고 미소 짓는다. 말 걸고 친해지려고 한다. 상대방의 자아를 긍정적으로 평가한다.
- 중립적 태도 : 대면하기를 피한다. 자신의 권리와 관련하여 필요한 사항을 설명한다. 자신의 권한이나 책임을 행사한다.
- 적대적 태도 : 상대의 권리를 침해한다. 표정이나 말로 화를 낸다. 상대를 비웃는다. 상대방의 자아를 부정적으로 평가한다.

위의 각 태도에 해당하는 전형적인 행동을 보여주는 문구들은 사회적 맥락에 따라 융통성 있게 변용 및 해석 될 수 있도록 작성해 본 것이다. 그리고 자신과 상대의 가장 기본적인 권리는 신체와 소유물에 대해 행사될 수 있을 것이다. 예를 들어 법에 호소하는 것은 자신의 권리와 관련하여 필요한 사항을 설명한다에 해당한다. 실험의 규

   우리 안의 개인주의와 집단주의

칙들을 보다 소상하게 설명하는 의미에서 추가적인 예들을 덧붙이자면 다음과 같다. 물질적인 측면에서 선물제공은 도와준다에, 물리적인 공격은 역시 상대의 권리를 침해한다에 해당한다. 약속을 어기는 말이나 행동을 하는 것은 합의된 (그로 인해 예측되는) 미래에 맞추어 자신의 전략을 수립해 나가려는 상대의 의도를 방해하는, 즉 상대의 권리를 침해한다에 해당한다. 애인에게 이별을 통보하는 것은 대면하기를 피한다에 해당한다 하겠다(애인에게 차인 지구상의 많은 사람들은 이 점을 인식할 필요가 있다). 이는 현대 사회가 아닌 중세나 고대, 혹은 선사시대에도 제한적으로 적용해 볼 수 있다. 가령 어느 네안데르탈인 사회에서 다른 원시인이 사냥한 먹이를 가져가려고 하는 것은 상대의 권리를 침해한다에 해당한다(그것이 상대의 권리라는 인식도 없을 테지만). 안 뺏기려고 겁주는 표정을 짓는 것은 표정이나 말로 화를 낸다에 해당한다. 원시인은 적대적인 태도를 훨씬 지금 현대인보다 많이 나타내고 살았을지 모른다.

이들 세 가지 태도는 각기 서로 중첩될 수 있다. 방에서 나갈 때 불을 끄고 나가라는 부모의 잔소리에 아들이 무시하고 방을 나가버린 상황을 생각해보자. 부모의 행동은 자신의 권한을 수행하는 것이라 볼 수 있지만 (한 가족 안에서 부모가 자식에게 충분히 그럴 권한이 있다고 가정하는 경우에 한 함) "방에서 나갈 때 내가 불끄고 나가랬지!!" 하고 고함지르는 것은 표정이나 말로 화를 낸다에 해당한다.[14] 왜냐하면, 중립적인 태도는 적대적 태도와 함께 섞일 경우 물에 빨간 물감을 풀면 빨간 물이 되는 것처럼 적대적 태도로 인식된다. 거칠게 항의하는 경우도 같은 경우라 할 수 있으며. 결국, 표정이나 말로 화를 낸다에 해당하는 셈이다. 마찬가지로 회의에서 한 발표자가 웃으며 자신의 발표를 하면 우호적 태도와 중립의 태도가 혼합되어 우호적 태도로 인식된다. 자신의 의견을 말하는 것은 허락된 때에 있어서 자신의 권리와 관련하여 필요한 사항을 설명한다에 해당하지만, 그 의견의 내용에서 누군가의 자아를 긍정적으로 혹은 부정적으로 평가하는 경우는 중립의 태도를 벗어난다.

한 개인은 어쨌건 다른 사람들과 상호작용하게 되며 다종다양한 상호작용의 양상을 위와 같이 단순화시킨 것은 나름대로 의미가 있을 것이다. 그리고 위의 태도 선택지들에 대해서 가령 그가 어떤 태도를 보이기로 했을 때 그 태도가 그 자신이 속한 사회적 맥락 속에서 우호적 태도로 비칠지 적대적 태도로 비칠지를 사실상 그는 관습적으로 이미 자연스럽게 알고 있다. 그리고 우리 대부분은 자신이 선택하는 태도에 의해 상대가 정신적 기쁨을 누리게 될지 침해받게 될지 까지도 예측 혹은 계산하면서 행동하게 된다.[15] 사실상 이 점은 우리가 사회에서 다른 인간과 상호작용을 해나가는 데 있어서 가장 기본이 되는 전제이며, 심리학적으로 표현하자면 그가 그 사회에서 양육되는 과정 속에 어렸을 때부터 발달시켜온 마음의 한 모습이기도 하다.

자, 그러면 이러한 실험 조건과 실험 가정하에서 실제 이야기를 시작해보자. 사회심리학의 전형적인 영역에 발을 들여놓게 된 셈이다. 여기서 "졸지에" 씨를 다시 초대 하자.[16] 그리고 그의 친구 "이때다" 씨도 불러올 생각이다. 둘은 죽마고우지만 성격은 180도 다르다고 말할 수 있다. "졸지에" 씨의 직장엔 그에게 적대적인 태도의 사람도 있고 호의적 태도의 사람도 있다.[17] 그런데 회사에서 "졸지에" 씨는 보고서를 꼼꼼히 검토하다가 평소 자신과 껄끄러운 관계였던 "이때다" 씨가 그의 책임을 자신에게 떠넘기는 일을 저질렀음을 알게 되었다. 이

  우리 안의 개인주의와 집단주의

는 상대의 권리를 침해하는 적대적 행위를 취한 것이다. "졸지에" 씨는 불쾌감을 느꼈고, 즉 정신적 스트레스가 발생하는 상황에 직면하게 된 셈이다. 다시 말해서 이씨의 적대적 태도가 졸씨의 신체의 항상성을 깨뜨리는 상황이다. 두뇌는 일할 것을 요구받는다. 일단 졸씨는 생각할 것이다. 이가가 감히 나한테 이런 짓을 해? 혹은 나에게 왜 이런 스트레스를 주는 걸까? 때로는 답이 나오는 경우도 있겠지만, 답이 나오지 않는 경우도 많으며 답을 알아낸다고 해서 상황이 바뀌지 않는다고 가정하자. 사람과의 상호작용에서 직면하는 문제들은 실제의 그 원인이 우리 생각과는 전혀 다른 곳에 있는 경우도 있다. 이러한 이른바 오해의 경우에 대해서는 나중에 언급하도록 하겠다.

결국, 스트레스를 받는 상황에 직면한 "졸지에" 씨는 이 시점에서 우호적인 태도를 취할 것인가 중립을 지킬 것인가 적대적인 태도를 취할 것인가를 선택해야 한다. 두뇌는 이때 시간을 갖고 반응한다. 이는 망치로 손가락이 내려 찍힌 자율반사 반응 차원의 상황이 아니며, 귀를 후비다 잘못해서 중이염이 생기게 된 순수한 면역 반응 상황과도 다르다. 허기나 갈증의 상황과 비슷하게 일단 전신적인 스트레스 반응이 일어나면서 교감신경의 활동성이 증가하고 스트레스 호르몬이 분비되지만, 이 스트레스를 해소하기 위해 결국 뇌의 의식이 나서야 한다. 이때 그의 의식은 호르몬의 요구에 즉답을 거절하고 이 스트레스 상황을 어떤 식으로 해소해나갈 것인지 스스로 결정하기 위해 잠시 시간을 가진다. "졸지에" 씨와 같은 진중한 인물이라면 이 시간은 좀 더 길어질 수도 있다. 복잡한 두뇌 활동을 시작하여 여러 가지 고려할 사항들(자신이 처한 조건들과 자신이 맺고 있는 회사의 인간관계 등)을 따져서 그는 자신의 정신적 기쁨(이것이 평온함의 유지이

든 유쾌함 혹은 깨달음의 추구이든 간에)이 최대가 되도록 하는 방향
으로 태도를 선택할 것이다.

20세기를 풍미했던 (그래서 다양한 형태로 변용되었던) 게임이론
에서 애초에 예로 들었던 것은 딜레마에 빠진 (곧 죄수가 될 운명에 처
한) 용의자 두 명이었다. 보통 사람에게 죄수로서 수용되는 것은 그 형
량 동안 정신적 기쁨을 누릴 가망성을 아예 박탈당하는 것을 의미하며
특히 형량이 몇 년 또는 수십 년 정도로 길어지게 될 경우는 죽음과도
견줄만한, 즉 생존을 위협당하는 수준의 정신적 스트레스를 경험하게
된다. 일반적으로 스트레스 상황은 추상적인 정신의 기쁨, 즉 행복과
는 달리 매우 사실적이고 직접적이다. 애초에 기쁨은 두뇌의 자아의
식 안에 갇혀 있는 것으로서 단지 중독성이 강할 뿐 상징성이 매우 강
하다고 할 수 있는 반면, 스트레스는 그 자아의식 자체를 사라지게 하
는 (인간의 두뇌 기억 혹은 어딘가에 각인되어 있는) 죽음의 공포심과
근원적으로는 관련되어 있으므로 매우 사실적으로 인식한다. 따라서
게임이론에서 죄수는 오로지 스트레스를 몰아내는 것만 생각할 수 있
을 뿐이다. 정신의 기쁨을 고려할 여유가 없다.[18]

이러한 육체적 생존에 대한 직접적 두려움이 아니더라도, 많은 학
자들이 실험을 통해 밝혀낸 바로는 인간은 "행복을 찾기보다 불행을
줄이려고 애쓰는" 두뇌 신경학적 특성을 가지는 것 같다.[19] 심리학자
들은 그런 이유에서 인간이 우연과 불확실성을 될 수 있으면 기피하
려는 행동패턴을 보인다고 분석하기도 하고, 행태경제학에서는 그런
이유에서 인간이 이득보다 손실을 줄이는 데 있어서 더 적극적인 경
제적 행위 패턴을 보임을 설명하기도 한다. 실제로 사람들에게 있어
마음의 평온은 그들이 느끼는 정신적 기쁨에서 상당히 중요한 비중을

   우리 안의 개인주의와 집단주의

가지는 것으로 보인다. 즉 정신적 기쁨보다 이 기쁨을 위협하는 스트레스에 훨씬 민감하게 반응하는 인간은 이 상황에서 일단 스트레스를 몰아내고자 행동할 것이며 스트레스를 몰아내는 방법이 찾아지면 그다음에야 정신적 기쁨을 최대로 하는 방법을 찾을 것이다. 이러한 생물학적인 전제에 바탕을 두고 인간은 다음 세 가지 중 하나의 태도를 선택한다고 볼 수 있다.

앞서 졸씨는 내가 잠시 게임이론을 들먹이는 사이 직접 이씨와 만나 얘기를 나눈 후 사라져버렸다. 이씨는 그 모든 일의 배후에 내가 있음을, 즉 내가 설계한 실험을 위해 시켜서 한 일임을 정직하게 말함으로써 실험 과정을 관찰하려던 나를 실망시키고 말았다. 그래서 그들의 도움 없이 혼자서 가상 실험을 A와 B의 가상 인물을 앞세워 계속 전개해 나가겠다. 나는 실험용 쥐의 명복을 빌었으므로 실험용 동물을 쓸 수도 없는 형편이다. B가 A를 위협할 수 있는 존재라고 인식하면 A는 중립의 태도를 선택할 가능성이 가장 높다. 적대적 태도를 선택하는 경우 A는 B로부터 또 다른 적대적 태도가 닥쳐올 각오를 해야 하기 때문이며, 즉 싸움을 해야 하므로 적대적 태도를 선택하는 것 자체가 스스로에게도 스트레스를 유발할 것이다. 그렇다고 우호적 태도를 취하면 앞으로 B가 A에 대해 마음대로 위협할 수 있도록 격려하는 결과를 초래하므로 좋지 않은 전략이 될 가능성이 높다. 이 상황에서 중립적인 태도는 A가 B에게 '이런 상황을 당신이 나에게 요구할 권리가 없으며 자신은 이러한 상황을 받아들일 수 없다'고 화내거나 비난하지 않고 자신의 의사를 표현하는 것이다. 상당히 이성적인 그리고 어려운 작업이며, 그래서 시중의 서점에는 이런 작업을 도와주는 책들이 인기가 많다.[20]

　　다음의 가능성으로 (주로 B가 A를 위협하긴 힘든 존재라고 인식하는 경우에 쓸 수 있는 방법이며 혹은 너무나 절박한 경우거나 다른 여러 가지 이유로) A는 적대적 태도를 선택할 가능성도 있다.[21] 쉽게 생각할 수 있듯이 A가 침해당한 자신의 권리가 포기할 수 없다고 인식하고 그것을 잃지 않으려고 하는 것과 자신에게 그러한 종류의 적대적 태도를 상대가 되풀이하여 쉽게 선택하지 못하도록 하는 것이 반격의 주된 이유이다. 표정이나 말로 B에게 화를 내거나 주변 사람들의 공조를 얻어내길 시도하면서 B에 대한 적대적인 태도에 주변 사람들이 동참하게 하는 방법 등을 취하게 된다. 학창시절 힘들었던 지난 날들이 기억날 수도 있겠다.

　　그리고 반대로 그럴 가능성은 높진 않지만, A가 우호적인 태도를 취할 가능성도 존재한다. 정신적 기쁨을 유지해 나갈 수 있는 여유가 생긴 경우이거나, 혹은 원래부터 그런 여유가 큰 강물처럼 대지를 촉촉이 적실 만큼 흘러 넘치는 경우에 한해서이다. 전자는 가령 누군가 나에게 인신공격을 했을 때 즉각적으로 화가 났는데 알고 보니 그 사람이 그럴 만한 이유가 있어서였음을 알게 되었을 때 화가 풀어지는 것과 비슷하다. 'B는 요즘 자신의 아내가 병석에 누워있어 도저히 제정신이라 볼 수 없는 상태로 망가져 가고 있어. 오히려 내가 위로해 주어야 할 상황이야.'라고 생각한 A가 마치 사고를 저지른 학생을 감싸는 담임 선생님처럼 행동할 수도 있는 것이다. 후자는 당신이 종교인이라면 "그분"을 생각하면 된다.

　　따라서 관건은 B가 A에게 보복성 위협을 가할 가능성이 높은 상황인지 아닌지에 달려있다. 물론 보복성 위협을 가할 가능성을 정확하게는 A는 알 수가 없다. 사실 우리 모두 그렇게 살아간다. 우리의 머릿속에 일

　　　　　　　　　　　　　　　　　　우리 안의 개인주의와 집단주의

반적으로 떠올리는 뭔가 위협 상황의 가능성, 그리고 그에 이어지는 걱정과 두려움은 대부분 알 수 없는 미래의 가정에 의한 것이며 많은 인지과학자가 우리 뇌의 우반구에 그 책임을 묻고 있지만, 어쨌건 본질적으로 아직은 일어나지 않은 상황에 미리 스트레스 반응이 일어나는 것이다. 그건 동물들도 마찬가지인 것 같다. 시카고 대학의 심리학과에서 집쥐를 대상으로 실험을 했다. 다른 대자연에서 뛰놀던 쥐들이 낯선 환경을 호기심 있게 탐색하는 반면 소심한 집쥐들은 다 자란 뒤에도 낯선 우리에 데려다 놓으면 얼른 구석으로 숨어버렸다고 한다. 그리고 이때 집쥐의 혈액에는 다른 쥐들이 고양이를 보았을 때에 버금가는 스트레스 호르몬이 분비되었다고 한다. "집쥐의 수명이 다른 쥐들에 비해 더 짧은 것은 이런 성향의 결과로 보인다."[22] 사실상 이러한 스트레스 요인과 관계된 불확실성은 불안의 원초적인 바탕이기도 하다. 인간은 다양한 정보를 취합하여 불확실성을 최대한 제거하려고 노력하며, 안되면 우연에 맡기는 전략을 취한다. 계속된 불안에 휩싸여 스스로 수명을 단축하는 집쥐들처럼 되지 않기 위해서는 불안을 가급적 단기간에 해소할 수 있도록 적절한 전략을 구상할 필요가 있다. 그렇다면 보복성 위협을 가할 가능성은 대략적으로 어떻게 예측할 수 있을까. A의 입장에서 볼 때, B가 가진 힘(사회적 권력)과 A 자신이 가진 힘을 비교해 봄으로써 일반적으로 예측할 수 있다. 한 예로, 친구 혹은 조력자가 많다는 것은 권력이 강한 것이고 적을수록 권력이 약한 것이다. 혹은 그 사회집단 내에서 지위가 어떻게 되느냐와 관련이 있을 것이다. 사거리 교차로에서 접촉사고를 낸 상대와 맞닥뜨린 경우가 아닌 이상 우리는 이러한 정보 취합 및 그를 바탕으로 한 즉각적 행동 선택을 사회적으로는 거의 반사적으로 해낸다. 마치 모든 건 다 우연이지 라고 말하며 용감하게 행동하는 사람에 있어서도 말이다.

태도 전략의 수립

　엄청나게 다양한 상황 속에서 우리 인간이 취하는 수많은 행동을 몇 가지 태도의 범주로 묶을 수 있을 때 그러한 행동의 원인 내지는 의도성을 생물학적 스트레스 반응의 연장선에서 살펴본 것이 지금까지 한 일이라면, 지금부터 이 장의 끝까지 하게 될 일은 간단히 말하면 사회적 지능이 극도로 발달한 사회적 동물인 인간이 어떻게 몇 가지 태도 전략으로 자신의 의도를 구체화하는지, 그리고 더 나아가 그러한 사회적 의도성은 더 깊숙이 들어가면 인간의 자아의식 차원에서의 어떤 점들과 연관되어 있는지를 탐사해 들어가는 일이다. 우리의 마음속 심연에 있는 방을 방문하기 위해 깊이 더 깊이 들어가게 될 것이다.

　스트레스를 일차적으로 해소하기 위한 즉각적인 행동이 이루어지고 난 후에는 자신의 정신적 기쁨이 또다시 방해받지 않기 위해서(자신의 정신적 평온함이 B의 적대적 태도에 다시 침해받는 일을 방지하기 위해), A는 장기적으로 볼 때 방어 차원에서 일종의 태도 전략을 수립하게 된다. 이는 의식적인 결과일 수도 있고 잠재의식적인 자연스러운 태도 변화로 나타날 수도 있다. 그리고 여러 가지 비슷한 상황에서의 태도 선택에 있어 일관되게 적용할 수 있는 보다 적은 수의 태도 전략은 인간이 자신에 관해 그리고 상황에 대해 인식하는 모종의 틀(frame)을 바탕으로 한다. 심리학적으로 볼 때 우리는 다른 인간과 상호작용하는 가운데 실체로서 눈에 보이지 않는 어떤 상(像)과도 같은 틀을 만들어 내려는 경향이 강하다. 우리는 일상의 사회적 대화 속에서도 정보 교환을 통한 의사소통과 별개로 이러한 프레임 싸움을 무의식적으로 해나가고 있다. 이러한 틀을 사람들이 자신의 무의식 속에 형성시키는 이유는 진화적으로 볼 때 불확실하거나 혼란한 상황이 초래하는 불안 자체가 인간에게는 큰 스트레스가 되기 때문에 자신과 자신의 상황을 어떤 추상적 구조 내에 위치시켜 버리는 것이다. 달리 보면 그 큰 틀 내에서 벗어나지 않도록 자신을 스스로 제한하고 있는 것으로도 볼 수 있다. 그리고 한 개인의 두뇌 활동 속에서 이러한 틀에 따라 세워지는 태도 전략은 보다 의식적으로 외부를 향해 표출되기도 하지만 자신의 의지와는 거의 관계없이 내면에서 형성될 뿐 외부적으로는 표출되지 않을 수도 있다.

실험 상황에서 생각해볼 수 있는 첫 번째의 태도 전략은, B가 자신을 더는 위협할 수 없도록 하기 위해 A가 자신의 사회적 권력을 강화하는 외부적인 방어 전략을 세우는 것이다. 이른바 외교 전략이다. 예상되는 B의 적대적 태도에 대응하여 A는 자신의 주변 사람들에게 의도적으로 우호적인 태도를 보이는 전략이다. A가 여성이라면 이는 매우 보편적으로 나타나는 전략이라고 할 수 있다.[23] 두 번째로 좀 더 공격적인 방어 전략을 취할 수도 있다. 이른바 보복 전략이다. 이 경우 다른 사람들과 공모를 할 수도(외교전략과 병행할 수도) 안 할 수도 있지만, 중요한 것은 자체적으로 적대적 태도를 가할 준비를 한다는 것이다. 이는 끝없는 적대적 태도의 순환 고리를 초래하여 지금보다 더 높은 스트레스 상황 속에서 살아갈지도 모르는 부담이 있다. 잘하면 미래에 몬테규가와 카풀렛가의 두 가문이 연출하는 아름다운 사랑 이야기를 기대해 볼 만한 비극적 배경이 만들어질 수도 있다. 또한, 두 번째와 반대되는 방어전략이 세 번째 전략으로 세워질 가능성도 있다. B와의 오해를 풀고 우호적인 태도를 서로 간에 취할 수 있도록 노력해 보는 것이다. 이른바 협상 전략이다. 물론 잘되지 않을 가능성도 높긴 하지만, 둘 간의 관계에서 예상하기 어려워 보였던 친밀감이 형성됨으로써 A의 정신적 기쁨을 가장 극대화할 수 있는 전략이긴 하다. 네 번째 전략으로는, B를 피하는 이른바 회피전략이다. 이는 중립적 태도를 고수해 나가기 위한 과정이며 스트레스로부터 가장 빨리 벗어날 수 있고 뇌의 에너지 소모를 절약할 수 있는 방법이기도 하다. 이는 B와 앞으로 정말로 만나지 않을 수 있는 상황에선 가장 효과적일 것이다.

　다른 한편 스트레스가 계속되는데 적절한 태도 전략을 수립하지 못하거나 수립할 수 없는 상황의 경우에는 정신적 기쁨에 관한 기준을 낮추는 또 다른 방어 전략을 세울 수도 있다. 이는 외부적인 행동으로 분명히 표출되지 않는 내부적인 태도 전략이다. 실제로 A가 의식하지 않아도 그 기준은 자연히 내려갈 수 있으며, 이를 (자극이 계속되면 감각이 무뎌진다는 말처럼) 순응 전략이라고 부를 수도 있겠다. 이는 절망적인 상황에서 중립적 태도를 고수해나가기 위한 과정이다. 하지만 위에서 설명한 전략적 행동 패턴(태도 전략)들은 복수로 혼합되어 취해지기도 하며, 시간이 바뀌면서 혹은 상황이 바뀌면서 점진

우리 안의 개인주의와 집단주의

적으로든 급격하게든 선택된 양상이 변화해 나갈 수 있다. 사회적 상호작용에서 가장 적절한 장기적 전략은 기본적으로 A와 B가 처한 보다 구체적인 상황에 따라 좌우될 것이다.

위에서 설명한 5가지의 적대적 태도와 관련된 방어 전략 중에서 어떤 종류의 태도 전략을 취하든 그것과는 별개로 A는 애초의 자극에 의한 스트레스로 소모되는 에너지 수준을 훨씬 넘어서는 보다 효과적인 방어 전략을 세우느라 예상보다 훨씬 더 많은 에너지 투자를 하게 될 수 있다. 가령 사회적 권력을 강화하기 위하여 애쓰는 경우 그는 뇌의 정신적 에너지를 훨씬 많이 필요로 할 수 있다. 또는 사회적 권력을 강화해나가기 위한 상호작용 속에서 적대적 태도를 가하는 또 다른 사람을 만날 확률도 있으며 이는 또 다른 스트레스를 초래할 수 있다. 이러한 에너지 투자는 한 개인의 내향성(introverted personality traits) 혹은 외향성(extroverted personality traits)과 크게 관계되며, 전자는 에너지 투자의 방향이 내부(자신의 정신)로 향해지고 후자는 에너지 투자의 방향이 외부(타인의 정신)로 향한다. 내향성 및 외향성은 개인 차원의 개인주의와 집단주의 (문화심리학적 개념 도식에 따르면 개인 중심성과 집단 중심성)와 혼동되기 쉬운 성향이다. 실제로 공유되는 요소도 많아서 구분하기 어렵기도 하다. 가령, 둘 다 타인과 나 혹은 사람과 사람 사이의 관계적인 측면에서 매우 중요한 의미가 있는 개념들이다. 실제로 트로비스(Trobis)가 제안한 집단중심성을 뜻하는 allocentricism은 보다 일반적인 의미로는 타인중심성, 즉 다른 사람을 중심에 놓는다는 의미로 쓰이기도 한다. 하지만 개인주의와 집단주의는 뒤에서 더 자세히 다룰 것이지만 기본적으로는 집단 내지는 집단의 동질성을 개인이 어떻게 받아들이느냐는 것에 주된 의미 기준을 두고 쓰이고 있다. 즉 집단이 있어야 생각할 수 있는 개념이므로 일반적으로는 개인 차원보다는 문화적 차원에서, 주로 비교문화 연구에서 많이 논의되어온 개념이기도 하다. 반면 외향성과 내향성은 집단과는 상관없이 우리 자신의 뇌 에너지가 어떤 방식으로 활용되는지에 관한, 융(Carl G. Jung)에 의해 정의되어 쓰여 오고 있는 정신분석학적인 개념이다. 내향성과 외향성은 의식보다 무의식에 더 영향받으며, 이 책의 관점에서 보면 가령 내향성은 대상을 자신으로부터 분리하려는 인지 활동과도 일정한 관련성을 가진다. 즉 타인을 나 자신으로부터 분리하고 거리를 둠으로써, 타인과의 상호작용에 투자될지 모르는 에너지 소모를 차단하려는 시도의 일환으로 볼 수 있다.

실제로 누구도 자신을 위협할 수 없도록 하는 외부적 방어 전략을 세우는 것은 상당한 에너지 투자 또는 에너지 소모를 요한다. 이러한 대표적인 경우의 하나는 내향성을 가진 한 개인이 외부적인 스트레스 자극에 지속해서 노출될 상황에 놓이는 것이다. 혹은 특정한 상황에서 누군가가 자신의 생존을 직접 위협하는, 가령 죽이려고 하는 것을 경험한 경우이다. 사회심리학적으로는 두 가지 경우 모두가 의미 있는 분석의 대상이 될 수 있다. 선사시대 이래로 이는 사회적 상호작용에서 주된 문제 상황이었을 것이다. 에너지 투자는 한 개인이 자신의 사회적 권력을 강화하는 방향이나 사회적 지위를 높이거나 기타 다양한 방법으로 나타날 수 있는데, 가령 내향적인 사람이라면 조용히 학력을 높이는 방법을 선호할 것이고 외향적인 사람이라면 사회성을 발달시키는 방법을 선호할 것이다. 진화적으로는 후자의 방법이 더욱 일반적이었고 예나 지금이나 사회적 권력을 강화하는 가장 쉬운 방법은 자신의 동맹을 만드는 것이다. 물론 동맹을 구축하고 유지하

    우리 안의 개인주의와 집단주의

는 과정에서 새로운 스트레스를 받을 수도 있다. 실제로 인간의 진화 과정에서 사회 집단은 전체적인 규모도 커지는 방향으로 발전해왔지만, 그 속에서 개인이 소속되는 소집단들이 다양하게 오버랩 되며 불어나는 방향으로 발전해 왔다. 현대 도시의 지극히 복잡한 사회집단의 내면을 보게 되면 다양한 많은 소집단들이 중층적으로 연관을 맺고 있음을 볼 수 있으며, 이러한 사회 활동 속에서 새로운 성격의 크고 작은 스트레스를 선물 받게 된 인간은 더욱 활발한 두뇌 활동을 통해 영리하게 발전해왔다.

위의 가상 실험의 이야기 전개는 사실상 잔가지들을 다 쳐내고 가장 개연성 높은 이야기 흐름을 선택하여 서술한 것이다. 이 가상 실험의 상호작용 태도 선택지에 대해 문화적 맥락이 위와 전혀 다른 상황에 놓여 있는 사람들은 동의하기 어려울 수 있다. 어느 사회나 그 사회의 관습은 그 사회 구성원의 이성적인 뇌의 활동과 관련된 실용성의 측면뿐 아니라 감정적인 면과도 깊숙이 결부되어 있다.[24] 스트레스를 발생시키기도 하고 해소시키기도 하는 개인 상호 간의 적대적 태도나 우호적 태도는 뇌의 이성적 분별 기능뿐 아니라 감정과 보다 깊이 관련되어 있으므로 특정 문화가 가지는 행동이나 태도에 관한 선호체계와 밀접한 관련을 가진다. 즉 문화적 맥락에 따라서 특정한 적대적 태도나 우호적 태도가 문화권마다 전혀 다른 감정을 불러일으키고 그 결과 상이한 스트레스 상황을 초래할 수 있다. 대표적인 예가 집단주의 문화와 개인주의 문화의 차이인데 각각의 문화 속에 살아가는 개인은 이성적으로 의식해서 행동하기 보다는 자신의 문화적 특성을 단순히 내면화하여 살아간다. 개인이 장기적으로 취하게 되는 태도 전략의 차원에서도 우리는 자라면서 의식하거나 의식하지 못하거

나 간에 사회적 관습을 모방하며 내면화하게 되고 이렇게 내면화된 관
습 또는 전략들을 많은 경우 별다른 의식적인 이의 제기 없이 우리 자
신의 태도 전략으로 받아들여 활용하게 된다. 누군가는 우리에게 "당
신은 아무 생각 없이 다른 사람의 행동 양식을 이미 좇아서 선택하고
있는 중"이라고 자각시키려 할지도 모르겠다.[25] 문화인류학적 관점에
서 보면 그러한 사회적 행동 양식은 그 사회가 역사적으로 오랫동안
형성해온 성과물이라고 보고 그 사회의 문화적 특질을 보여주는 현상
으로 인식할 것이다. 상호작용 속 개인의 태도 및 전략의 선택은 문화
적 맥락에 크게 좌우된다.

그런데 사실 이 가상 실험이 펼쳐진 조건과 동일한 맥락의 문화
와 사회에 사는 사람이라 해도 가상이 아닌 실제 현실에서는 위의 이
야기 흐름대로만 전개되지는 않으리라는 것을 쉽게 알 수 있다. 기본
적으로 사람들은 같은 문화권이라 해도 의사소통의 과정에서 타인의
태도를 오해해서 받아들이기 쉽다. 그 결과로 상호작용 속 인간의 태
도 및 전략은 오해에 의해 좌우되기도 한다. 그리고 이러한 항시적인
오해의 발생 가능성을 고려하면, 스트레스를 발생시키는 상황이라는
것은 예측하기 어려운 면을 가진다. 실제로 혐오나 증오뿐만 아니라,
호감이나 사랑의 감정까지도 반은 서로가 가진 오해에 기인하기도 한
다. 인간이 어떤 태도를 선택하고 전략을 만들어 나가는 데 있어서 거
의 상수적으로 영향을 미친다는 점에서 이러한 의사소통 상의 오해의
문제에 대해서는 잠시만 언급하고 지나가겠다.

이 책에서 편견과 오해라는 단어를 본의 아니게 많이 사용하게 되
는데 이 책의 첫 장에서 언급한 "오해"는 더 근본적인 차원에서, 즉 인
간의 행복에 대한 철학적 문제 제기 및 그에 대한 해답을 찾는 과정에

　　　　　　　　　　우리 안의 개인주의와 집단주의

서 이를 방해하는 하나의 장애물의 개념으로서 언급한 것이다. 이러한 장애물은 인간이 스스로에 대해 가지고 있는 몇 가지 혼란에서 연유하는데 이와는 달리 더 피상적인 차원의 인간의 의사소통 과정에서 나타나는 오해의 몇 가지 이유를 여기서 언급해보고자 한다.[26]일단은 사람들이 사용하는 언어의 속성이나 구조 자체로 이미 오해의 가능성은 시작한다고 볼 수도 있다.[27] 또 타인에 대한 정보가 부족해서도 그런 일은 흔히 일어나며 기타 많은 상황적 요인들이 있을 수 있을 것이다. 하지만 여기서 가장 주목하고 싶은 부분은 진화생물학적인 관점에서 고려할 만한 점들이다. 바로 인간의 의식의 차원에서 일어나는 일이다.

인간은 자신의 욕구를 분명히 인지하는 능력이 발달하였고 욕구를 보다 효율적으로 해결하기 위한 뇌의 이성 활동이 발달하였다. 다른 한편으로 욕구와 관련하여 외부 대상과의 애착 혹은 혐오를 섬세하게 느끼거나 다른 인간의 욕구 및 감정에 대해서도 반응하는 뇌의 감성 활동도 발달하였다. 즉 욕구의 해소를 위한 시도와 노력 과정에서 다른 인간 혹은 주변의 대상과 비교하여 타인을 인식하고 의식하듯 자신을 의식하게 된다. 비유하자면 뇌의 이성과 감성이라는 두 개의 프로젝터가 자신의 모습을 벽에 투사해 만들어 내는 하나의 상(imagery)이 형성되는데 이것이 자아이다. 인간은 자신에 대한 자아의식을 가지게 되었을 뿐만 아니라, 타인의 자아를 흐릿하게나마 감지할 만큼 뇌의 기능이 발달해왔다. 하지만 여기에는 어쩔 수 없는 한계가 존재하는 것 같다. 우리 뇌의 프로젝터는 지극히 주관적으로 자신의 자아 및 타인의 자아를 비추게 된다. 마치 보고 싶은 것만 비추고 관심 없는 것은 비추지 않는 것과 같은 식이다. 감성의 공유 능력 자체에도 한계가 있으며, 자신의 자아의식에서 한 발짝 떨어져 나와 객관적으로 자신이나 주변을 이해할 수 있는 이성 기능도 많이 부족하다. 그런 이유로 실제로 인간 대부분은 다른 인간의 자아를 자신의 자아에 비해 하찮게 생각하거나 불만족스럽게 생각하는 경우가 많다. 우리는 다른 사람의 행동에 대해 지긋이 이해해주려는 태도를 보이지 못하는 경향을 일반적으로 가진다. 우리 모두의 뇌 기능은 진화적으로 우리가 서로의 자아의식을 불완전하게 투사할 수밖에 없이 살아가게 하였음에도, 아니 그런 이유로 다른 인간의 행동에 대해서 극도로 참을성이 없거나 비현실적인 기대를 하는 경우가 많다.

이른바 소통불능은 우리의 일상적 상호작용에서 자주 겪게 되는 일이다. 우리가 함께 얘기하는 사람 중에 누군가는 자신이 바라는 데로 바로 상대방이 생각을 바꿔주지 않는 것에 답답해하는 행동을 하기도 한다. 이 역시 자신이 상대방의 입장이라면 어떻게 느낄까 생각하는, 타인의 의식에 대한 뇌의 투사 능력 부족에 기인한다. 내 생각이 이성적으로 더 합리적이라고 판단하는 것과 상대가 그런 내 이야기를 듣고 자기 생각을 바꿔주기를 바라는 것은 나의 뇌에서 이루어지는 별개의 활동이다. 그런데 보통 사람들의 생각 속에서는 전자가 후자를 덮어 버린다. 시험문제의 답안을 틀리게 쓴 학생에겐 왜 오답을 적게 되었는지에 대해 전혀 귀 기울일 필요가 없다는 생각과도 같다.[28] 후자의 생각이 현실화되기 위해서는 설득 내지는 교육, 혹은 시간이 필요하다. 내 생각 속의 전자가 바로 "즉시" 후자의 현실화를 초래하리라는 기대는 사실은 비합리적인 기대 내지는 신념이다.

우리의 의식 속 전자와 후자의 생각은 현실 속에서 전혀 일치되지 않게 오히려 더 어그러져 나타날 수 있다. 그 상황이 시사하는 바는, 전달 방식이 잘못되었거나 (가령 모멸감을 준다거나 위압적인 방식이

　우리 안의 개인주의와 집단주의

었을 수 있다) 비효과적으로 설계되었거나 시간이 부족했다는 의미이다. 즉 그 즉시 바로 이해하기를 바라는 태도 자체가 상대에겐 적대적으로 인식되어 소통을 힘들게 하고 갈등을 증폭시키는 결과를 초래한다. 제한된 뇌의 기능 상 에너지를 소모하여 두뇌가 필요한 활동을 수행하게 하기 위해서는 현실적인 시간이 필요하다. 우리는 서로를 이해하고 이해받기를 바란다. 이는 소통의 기반이자 출발점이기 때문이다. 하지만 그 이해하고 이해받고자 하는 이 출발점에서 뭔가 어긋나기 시작해버리는 것이다. 인간이 우호적인 태도로 상대를 이해하고자 하는 노력은 매우 높이 평가받아야 한다. 그리고 그에 상응해서 이해받고자 하는 욕구 또한 당연히 인정되어야 한다. 그런데 실제 우호적인 태도로 시작된 두 인간 사이의 상호작용은 "상대를 이해할 수 없다". "상대로부터 이해받지 못한다."는 결과를 초래하고 상대에게 적대적인 태도로 우리 자신의 태도가 변화되는 결과를 초래하기도 하는것이다. 그 이유 중의 하나는 우리가 두뇌의 활동에 대하여 비합리적인 기대를 하고 있기 때문이다.

우리가 우리의 사고를 좀 더 단련시켜 나와 타인의 자아상을 명확히 인식하게 된다면 우리의 전망은 어떨까. 아쉽게도 후천적으로 발달한 뇌의 감성과 이성 기능은 유전될 가능성이 없다. 하지만 다행히 인간은 자신의 의식을 말이나 글로 자신의 문화 속에 아로새길 수 있다. 가령 1781년 출간된 칸트의 〈순수이성비판〉은 유전적 진화로는 불가능했던 문화적 진화를 통해 인류의 자아의식 수준을 격상시키는 데에 영향을 미쳤다. 어쨌든 인간은 자기 자신을 의식하고 타인을 의식하며 이를 비교해가면서 태도 전략을 취하는데, (개인주의나 집단주의와 같은 의도된 성향적 전략으로 빚어지는 편향성뿐 아니라) 그 과정

에서 자신이 인지하지도 못하는 실책(mistake)을 범하게 된다. 이것
이 진화생물학적으로 설명할 수 있는 의사소통 상의 한계라고 볼 수
있으며, 그 결과 우리는 자신의 의도와는 다르게 자신의 태도가 상대
에게 스트레스를 초래하는 상황을 초래하거나 (드물게는) 정신적 기
쁨을 초래하는 상황을 만나기도 한다.

  우리 안의 개인주의와 집단주의

성향적 전략 (개인주의와 집단주의)

오해의 측면 외에도 이 가상 실험의 결과에 대해 아직 중요한 문제가 남아있으며 이에 대해 지금부터 이야기를 시작해 볼까 한다. 앞에서 우리는 A가 사회적 상호작용 속에서 어떠한 태도를 선택하는 과정을 가상 이야기를 통해 가상 실험이라는 이름으로 살펴보았다. 그런데 이는 적대적인 태도에 직면한 스트레스 상황의 예였다. 하지만, 스트레스와 반대로 우호적인 태도에 직면한 예에서도 인간은 적대적 태도 · 중립적 태도 · 우호적 태도 중 한 가지를 선택한다. 인간은 일반적으로 우호적 태도에는 우호적 태도 전략을 선택할 확률이 높다. 이 책에서는 이러한 사실에 대해 경험론적인 논리를 전개할 생각은 없으나 수많은 문학과 예술의 소재들이 이 주제를 다루어 왔음을 우리는 알고 있다. 한 가지 예를 들자면 우리가 일상에서 느끼는 호감의 감정 더 나아가 사랑의 감정도 대부분 사회적 상호작용에서 비롯되며, 슈테판 클라인의 말을 빌리자면,[29] "두 사람이 동시에 안테나를 세우고는 다른 사람의 제스처를 칭찬으로 알아듣거나 착각하기만 하

면 두 사람은 결국 가까워진다.” 어쨌든 우리는 우리의 자아의식 차원
에서 언제든 적대적 · 중립적 · 우호적 태도의 행동들을 필요로 선택
할 수 있으며, 자신의 정신적 기쁨을 침해받지 않고 계속해서 누리기
위해 일종의 효과적인 행동 패턴, 즉 태도 전략을 수립하여 활용하고
있다고 말할 수 있다.

언젠가 객석에 앉아 연극상연을 기다리던 중 데이트를 하던 여자
에게 내가 했던 물음은 이런 것이었다. 만약 당신에게 당신이 원하는
나이로 가서 다시 살 수 있게 해준다면 몇 살로 가고 싶은지 물었다.
단 그 나이로 가게 되면 그 이후부터 지금까지 살아오면서 갖게 된 모
든 기억은 사라지는 것으로 조건을 걸었다. 그 여자는 대답했고 난 그
대답을 여기 적을 이유는 못 느끼겠다. 단지 그날 함께 본 연극은 매
우 인상 깊었다. 현실의 우리 자신들은 각자의 경험에 따른 지울 수
없는 과거 기억을 가지고 있다. 그리고 이와 관련되어 형성된 특정한
감정 혹은 생각 등을 바탕으로 저마다 다른 전략적 태도를 선택하게
된다. 여러 가지 이유로 우리는 똑같은 스트레스 상황에 놓인다 해도
앞선 실험의 A와는 다른 흐름을 따라갈 가능성이 높으며, 각자 자신
만의 전략들도 언제나 일관되기는 어렵다.

또 다른 차원에서 보면 우리 자신의 과거 태도 전략들로 만들어
진 경험과 기억이 한순간 사라진다 해도 우리의 선택은 그 같은 상황
에서 어쩌면 비슷하게 이루어졌을 것이라고 (성향 귀인적 관점에 선)
누군가는 말할 수 있다.[30] 설사 광유전자 기법으로 우리 뇌의 기억들
을 실험적으로 변화시키는 데 성공한다 해도 한 개인의 태도 및 전략
의 선택은 그 이전에 뭔가 더 깊은 차원의 영향 요인에 의해 좌우될 수
있다. 다시 말해서 한 개인의 사회적 상호작용에서 특정한 태도 전략

　　　　　　　　　　　우리 안의 개인주의와 집단주의

이 선호되는 데에는 보다 심층에서 편향성을 제공하는 몇 가지 원인이
존재할 가능성이 높다. 이는 어쩌면 그 개인의 생애 경험과 기억에도
지배적인 영향력을 미쳤을지 모르는 유전 정보에 기인하는 측면이 클
것이다. 유전적·태생적 특성과 그 후 경험 및 기억을 통한 성격의 발
달(personality development)에 대해서는 지금껏 융 (Carl G. Jung)이나
에릭슨 (Milton H. Erickson)을 비롯한 많은 학자들의 논의가 있었다.

어쨌든 우리는 각자가 속한 문화적 환경 속에서 겪게 되는 구체적
이고도 일상적인 경험과 기억을 통해 다른 인간과 이해와 오해를 주
고받으며 상호작용을 해나가는 과정에서 자신 만의 성향이 만들어진
다고 봤을 때, 한 개인이 사회적 상호작용 속에서 선택하는 태도 전략
들은 그의 성향을 구체적으로 드러내 보여준다고 볼 수 있다.[31] 개인
의 자아의식이 가지는 편향성을 성향이라고 본다면 개인의 성향과 그
로 인해 드러나는 태도 전략들은 그를 다른 개인과 구별하게 하여 주
는 주된 지표가 되기도 한다. 우리가 우리 자신을 보다 분명히 자각하
는 것은 그런 측면에서 볼 때 사회적 상호작용을 통해서이다. 타인들
은 내가 사람들과 상호작용 속에서 취하는 각종 태도 전략들을 보고
나의 성향 혹은 성격(personality)을 단정 짓거나 유추하며, 일부(정신
분석가들이나 심리치료사들)는 나의 자아의식을 역추적해 들어오기
도 한다. 실제로 다른 사람은 내 행동과 태도를 통해 내 성향을 유추할
수 있을 뿐이지만, 나는 그들이 유추해낸 나의 성향에 대한 인식이나
평가를 단박에 깨뜨리고 그들을 혼란에 빠뜨릴 수도 있다. 또한, 앞에
서도 얘기했듯 우리는 상대방의 성향과 자아를 적절히 해석하고 존중
하는 데에는 아직 서툰 편이다. 그럼에도 진화적으로 그리고 역사적
으로도 인간의 뇌에서 사회적 상호작용을 담당하는 지적 모듈이랄 수

있는 사회적 지능은 급격히 발달해 왔다. 신경체계를 보완하는 언어의 도움 때문이었다. 자신의 의도 등을 숨길 줄 안다거나 자기편을 확보하려고 시도하는 침팬지 수준을 예전에 졸업하여 자신의 성향을 자각하고 상대의 의식을 보다 섬세하게 읽어내며 효과적인 태도 전략을 미묘하게 구사할 줄 아는 수준에까지 발달해왔다. 고등학교 영어 독해문제 지문으로 발췌될 정도로 저명한 로버트 그린의 저서 〈유혹의 기술〉에는 다음과 같은 글이 나온다.[32]

"모든 유혹은 두 가지 요소를 가지고 있다. 우선은 자신의 매력을 찾아야 한다. 다시 말해 자신의 어떤 점이 사람들을 유혹할 수 있는지를 파악해야 한다. 둘째는 목표물에 관해 알아야 한다. 상대방의 방어선을 무너뜨리고 항복을 얻어내려면 어떤 전략과 행동이 필요한지 알아야 한다. 이 두 가지 요소는 똑같이 중요하다. 만일 자신의 성격이나 매력을 알지 못한 채 유혹의 전략을 세울 경우에는 유치한 아첨을 하거나 속임수를 사용한다는 인상을 줄 수밖에 없다. 반대로 상대방을 이해하지 못하고 자신의 매력에만 의지할 경우에는 심각한 실수를 저지를 가능성이 높고 자신의 잠재력을 충분히 발휘할 수 없다."

우리는 마치 사회적 상호작용 속에서 다른 사람들과 합의한 듯이 자신의 자아상이 많이 흔들리지 않도록 그래서 마치 다른 사람들이 그 상을 제대로 못 보는 일이 일어나지 않도록 배려하기도 한다. 이 역시 사실은 앞 장에서 설명했듯이 우리 자신의 뇌가 생리적 효율성을 추구한 결과이기도 하다. 또한, 우리는 눈에 보이는 것에 특별히 민감하게 행동하는 것처럼 이러한 자신의 자아상이 다른 사람들의 자아상과 얼마나 차이 나는지에 대해서도 매우 민감하다. 사실은 초라하게도 이것이 무수히 많은 뉴런을 흐르는 전기신호의 총합으로 그려진 하나의 상에 불과할지라도 말이다. 늘 노심초사하며 우리는 자신을 타인과 비교하려고 시도하고, 그 비교를 통해 가끔은 나에게 뭔가 (사람들은 아는데 나만 모르는) 문제가 내 자아의식 속에 숨겨져 있는 것은 아닌지 걱정하기도 한다. 의식의 흐름을 쫓아가며 글을 쓰는 소설가들의 문장에 사람들이 공감을 하게 되는 것에는 이런 이유도 있을 것이다.

여기서 우리는 자신의 전략적인 태도 선택 행위와 관련된 우리가 의식하지 못한 더 깊은 전략의 틀이 인간의 마음 상에 진화적으로 발달하여온 건 아닐까 하는 물음을 던져볼 수 있다. 쉽게 말해 우리의 성향이 진화적으로 형성되어온 측면에 관심을 두고자 한다. 특히 한 인간이 타인 혹은 집단과 관계 맺는 방식과 관련된 성향에 초점을 맞출 것이다. 이는 개인의 자아의식을 유전과 진화, 문화의 관점에서 사회적 관계에 초점을 맞추어 분석해 보고자 하는 시도이다.

정신의학계에서는 하인츠 코후트(Heinz Kohut)를 비롯한 많은 학자가 기존의 개인의 내면 분석의 차원을 벗어나 한 개인이 타인과의 상호작용 속에서 그 자신의 자아의식을 어떻게 유지해 나가는지를 면밀히 분석해왔다.[33] 앞서도 언급했던 융의 내향성과 외향성 개념도 그러한 분석의 결과이다. 개인과 집단 간의 사회적 관계는 정신의학뿐 아니라 사회심리학이나 문화인류학 등의 분야에서도 많은 학자가 연구해왔다. 하이만(Herbert H. Hyman)의 소속집단·준거집단 개념은 집단을 개인이 어떻게 의식하는지에 대한 분석의 결과이다. 이 책에서는 인간의 문화를 크게 집단주의 문화와 개인주의 문화로 비교 연구를 했던 홉스테데(Geert Hofstede) 와 트리안디스(Harry C. Triandis)

의 분석에 주목해본다. 이는 집단 속에서 개인이 자신을 어떻게 의식하는지에 대한 분석을 그 본질로 하고 있다(물론 그들은 집단적 의식이라 할 수 있는 문화의 측면에서 주목하였지만). 개인주의와 집단주의는 진화적으로 발달한 인간의식의 보편적 두 성향 축이기도 하다. 앞 장에서 이성과 감성을 설명하면서 언급한 바 있듯이 인간은 두뇌신경학적으로 외부 대상을 인지하는 방식에 두 가지 패턴을 활용한다. 연합과 분리가 그것이다. 인간은 외부의 인간 집단에 자신이 직접 소속되어 그 안에서 다양한 감정을 체험하고자 하는 성향이 있으며(관계 즐기기), 반대로 외부의 인간집단으로부터 거리를 두고 자신에게 미칠 영향을 분석하고자 하는 성향도 있다(강 건너 불구경하기). 가령 심리학자들은 인간이 치장하고 화장하고 꾸미는 행위를 이렇게 분석하기도 한다. 인간이 자신이 속한 집단에 애타게 받아들여지기를 바라는 마음, 즉 자신이 그들로부터 이해받고 유대감의 형성 대상이 될 수 있기를 바라 마지않는 마음과 또 동시에 그 집단의 몰개성이라는 탁류에 휩쓸리기를 거부하는 마음, 즉 차신만의 독특하고 유일한 자아를 온전히 독립시키고 싶어하는 마음이 화장하는 행위 속에 병존한다고 말한다. 즉 화장하는 인간을 통해서 우리는 인간이 가지고 있는 이중적인 모습을 발견할 수 있다고 말하고 있다. 이는 미용 학과나 의상디자인학과의 학생뿐 아니라 우리 모두에게 중요한 시사점을 알려준다. 우리 자신 안에 대립하며 존재하는 개인주의와 집단주의의 두 성향을 정확히 보여주고 있기 때문이다.

그다지 진화론적 측면에 관심이 없었던 심리학의 지배적인 풍토상, 개인주의와 집단주의는 개인 심리보다는 비교문화적 관점에서 보다 주목되어 왔는데, Hofstede를 비롯한 학자들은 문화수준에서 개인

우리 안의 개인주의와 집단주의

주의 사회와 집단주의 사회를 고찰하는데 초점을 맞추었으며, Trian-dis를 비롯한 학자들은 문화수준의 양극차원을 개인에 대입하여 집단중심성 혹은 개인중심성으로 논의를 발전시켰다.

Hofstede의 경우 개인주의적 사회는 개인 간의 연계성이 느슨한 사회로 보았다. 주로 북미나 북유럽 등에서 그러한 경향이 높은 것으로 보았고 사람들이 집단의 이익보다 개인의 이익을 우선으로 하는 사회라고 정의했다. 반면 집단주의 사회는 개인들이 태어날 때부터 줄곧 강하고 단결이 잘 된 내집단에 통합되어 있으며 평생 내집단(in-group)이 개인을 계속 보호해주는 사회로 보았다. 그리고 동아시아 국가들에서 그런 경향이 높은 것으로 보았다. 그의 개인주의·집단주의 논의의 핵심에는 삶의 기본 단위가 개인 자신인지 아니면 그들이(자의적으로 선택했든, 자연적으로 주어졌든) 소속하고 있는 집단인지에 대한 인식의 차이가 놓여 있다고 볼 수 있다.[34]

Triandis의 경우도 비슷하지만 Hostede의 논의를 발전시켜 좀 더 개념적으로 명확히 이론화하는 작업에 심혈을 기울였다.[35] 문화적 차원에서 집단주의 문화의 특징을 관계(relationship)에 대한 특별한 의미부여 또는 관심이라고 보았다. 수평적·수직적 도식을 사용하여 권위에 기대는 수직적 집단주의문화와 그렇지 않은 수평적 집단주의문화로 구분하기도 하였다. 개인주의 문화는 그 반대되는 특징을 가지며 이 역시 수평적·수직적 도식으로 세분하기도 하였다. 이어서 그는 하나의 문화 내부의 개인의 차원에서 개인중심성(idiocentrism)과 집단중심성(allocentrism)을 말하는데, 가령 개인중심성향자는 자기확신, 경쟁, 독창성, 쾌락주의, 내집단과의 감정적 거리 두기 등을 특징적으로 보인다. 반면 집단중심성향자는 상호의존, 사교성, 가족 무결성(family integrity) 등을 특징으로 하며 사실상 내집단과의 감정적 일체성을 보인다. 그는 개인주의 문화 속에서 집단중심성향자들은 갱단, 공동체 조직, 노동조합 등에 개인중심성향자들에 비해 가입률이 높고 반대로 집단주의 문화 속에서 개인중심성향자는 억압과 구속을 느낀다고 보았다.

이 외에도 개인주의와 집단주의에 관한 연구 및 논문들은 수없이 존재한다. 최근에 연구된 성과만 해도 여기에 소개하기엔 공간이 부족할 것이다. 대부분 집단주의와 개인주의 각각의 성향이 가져오는 문화 차원과 개인 차원의 구체적인 현상들에 대해 표본집단을 추출하여 실증적으로 연구하고 있다.[36] 그들 대부분은 개인주의와 집단주의를 이렇게 저렇게 개념적으로 비교한 결과로 생각해낸 지표 항목을 표본집단에 적용해보고 그 결과로 흥미로운 현상을 발견하고자 하는 방식이다. 마치 뷔트겐슈타인과 아리스토텔레스가 만나서 만들어 놓은 개념 가설로 꽁트(Auguste Comte)가 열심히 조사하는 모습을 떠올린다. 예를 들면 집단주의에 비해 개인주의는 사랑의 만족감 자체에 더 큰 몰입을 하는 편이지만 배우자에 대한 애정이 낮고 배우자의 요구에 덜 민감하다고 관념적으로 비교한 지표 항목을 사람들을 대상으로 검증한 후 개인주의 문화권에서 이혼율이 높게 나오는 현상과 관련을 시도하는 연구도 있다.

개인주의적 성향과 집단주의적 성향을 개인의 차원에서 주목해볼 때, 문화적 차원의 개인주의, 집단주의와 그 개념적 기준은 유사하다. 집단 혹은 내집단과 개인의 관계에 대한 인식을 구분 기준으로 하지만, 집단과의 관계에서 구체적으로 어떠한 태도를 척도로 삼느냐는 연구자마다 다양하며 그 내용을 언급하는 건 불필요해 보인다. 이러한 도식에 따르면, 개인 안의 개인주의와 집단주의는 문화의 개인주의 혹은 집단주의와 상호작용하며 개인의 행위나 태도 전략을 구성하는 귀인성향 역할을 하게 된다.[37] (지금까지는 문화적으로 의미 있게 분석되어왔지만) 집단주의와 개인주의는 개인 차원에서 일종의 전략적 성격을 띠고 다양한 태도 및 행위들로 표현될 수 있는 성향이다. 집단주의 문화와 개인주의 문화도 단순한 문화의 성향이 아닌 (진화론적 관점에서 볼 때) 생존을 위한 전략적 차원에서 발달 및 내면화된 문화적 진화의 흔적이다. 따라서 개인의 집단주의와 개인주의 역시 최종적으로는 정신적 기쁨의 극대화를 위해 취해지고 체화되는 성향적 전략(dispositonal strategy)으로 볼 수 있다.

사실상 이런 관점에서 보면 모든 태도 성향이 전략적 측면을 가지지만 여기서는 개인주의와 집단주의를 가장 본질적인 성향으로 보고자 한다. 왜냐하면, 이 두 가지는 인지의 진화 과정에서 인간이 대상과 자신을 인지하는 방식에서 드러내는 가장 기본적인 두 특성, 즉 연합과 분리와 직접적인 연관을 맺고 있기 때문이다. 그뿐 아니라 정서적 반응의 여부를 토대로 한 인지기능인 감성과 이성과도 간접적으로 관련을 가진다. 즉 애착을 바탕으로 연합을 추구하는 것이 집단주의와, 혐오나 무감정을 바탕으로 한 분리를 고수하는 것은 개인주의와 상관이 있다. 결국, 의식과 무의식으로 이루어지는 자아의식 상에서, 의식을 지배하는 이성과 무의식에 상당 부분 기대고 있는 감성은, 각각 인간이 주변 환경을 객관적으로 인식하느냐, 아니면 그 속에 들어가서 주관적으로 체험하느냐의 차이를 낳는다. 그리고 이 차이는 우리가 수립하는 사회적 관계를 본질에서 좌우하게 된다. 여기서 중요한 점은 개인주의와 집단주의가 단순한 하나의 본인도 어쩔 수 없이 존재하는 성향으로 그치는 것이 아니라, 전략적 태도를 만들어내는 자아의식과 관련된 심층적 수준의 방향성 및 의도성으로 볼 수 있다는 점이다.

개인주의와 집단주의의 성향적인 측면은 대상에 대한 인간의 관계 정립 방식의 경향성에 바탕을 둔다. 이는 집단 및 그 집단에 소속된 구성원들을 하나의 외부 대상으로 보고 그 대상과 연합을 꾀하는가 분리를 꾀하는가를 지칭한다. 성향은 우리의 행위, 태도, 틀 등과 관계되는데 우리의 자아의식은 사회적 상호작용 가운데, 즉 특정한 상황에서 자신의 행위에 대한 틀을 만들어 내고 그 구속을 당한다. 그런 관점에서 개인주의와 집단주의는 그러한 틀과도 같다. 단순한 스트레스 반응 차원을 규정하는 틀보다 좀 더 정신적 기쁨을 추구하는 차원에서 확대된 틀이며 더 벗어나기 쉽지 않은 강한 틀이다. 자신이 개인주의자라고 생각하는 사람은 자신의 성향전략을 고수하는 경향을 보이며 자신 안에 선택한 개인주의와 집단주의를 쉽게 버리거나 변경하길 꺼린다. 즉 개인주의와 집단주의의 정적이고 수동적인 측면이다.

개인주의와 집단주의를 전략적인 측면에서 보면, 기본적 욕구 충족 및 스트레스를 관리하고 자신이 속한 문화적 맥락 속에서 정신적 기쁨에 관한 경험과 기억을 축적해나가며 자아를 실현하는 과정과 관련이 있다. 즉 그러한 정신적 기쁨의 극대화 과정에서 우리의 자아의식이 변화되는데 영향을 미치는 보다 심층적 요인이다. 또한, 우리가 선택하는 사회적 전략들의 방향성을 결정짓는 보다 근본적 요인이기도 하다. 이는 개인주의와 집단주의의 동적이고 능동적인 측면이다.

기존의(현대언어철학적인 범주화를 시도하며 만들어낸) 개인주의와 집단주의에 관한 행동 및 태도 상의 관찰되는 특성들은 다양한 상황에서 우리 자신 내부의 전략에 바탕을 두고 외부적으로 나타나는

 우리 안의 개인주의와 집단주의

태도들을 경험적 언어로서 해석하고자 하는 시도라고 할 수 있다.[38] 반면, 이 책에서의 개인주의와 집단주의의 성향적 전략은 대상에 대한 인간의 관계 정립 방식(연합 혹은 분리)에 그 본질적 기준을 둔다. 그리고 여기에 진화적으로 의도된 전략적 측면이 연관되어 있음을 통해, 단순히 나타나 보이는 특성들에 대한 구분이나 특정한 행동 방식에 대한 규명이 아닌 행동의 의지와 방향성에 대한 규명을 돕기 위한 목적성을 가진다.

개인주의는 간단히 말해 집단으로부터 떨어져 나오려는 성향적 전략이다. 자신을 집단에 소속시키기보다는 떨어져서 객관적으로 자신과 자신의 집단을 보고자 하는 태도를 취한다. 일반적으로 집단에 대한 소속감이 약하며, 인간에 대한 관념적인 이해와 통찰은 더욱 뛰어나게 된다. 감성적 애정이 부족하지만, 집단과 연계되지 않은 개인 혹은 아예 내집단을 초월하는 전체 사회와 감성적 교감을 나누고자 하는 모습으로 나타나기도 한다.[39] 개인의 자유로운 연애, 지적 성취, 물질적 성취 등에서 정신적 기쁨을 느낀다. 역사적으로 알렉산드로스 제국의 대도시들이나 당나라 수도 장안을 비롯한 실크로드의 상업도시들, 근대 서양의 메트로폴리탄(metropolitan)처럼 개방적이고 (국제성을 띠기도 하는) 다양성을 가진 사회 문화적 환경 속에서 매우 유리한 전략으로서의 의미가 있다. 하지만 서양의 많은 현대 철학자와 예술가들은 극단적 개인주의가 만들어내는 서구 사회의 우울한 그림자에 대해 우려를 나타낸 바 있다. 그들은 개인주의가 현대 서구인들의 우울 및 고독과 관련이 깊다고 본다. 자유주의 경제학자들은 반대로 개인주의를 현대적으로 완성시킬 날이 오기를 기다리고 있다. 극단적인 예는 여행하는 인간이다.

반대로 집단주의는 집단에 소속되려 하는 성향적 전략이다. 집단의 구성원들과 유대감 혹은 일체감을 느끼려 하는 태도를 취한다. 일반적으로 이타적인 측면이 부각되기 쉽지만, 자신이 속한 집단 속에서 자신의 의도를 관철하기 위한 주도권 확보에 신경 쓰는 모습으로 나타나기도 한다. 집단 속에서의 친밀감, 인정(명예), 권력 등에서 정신적 기쁨을 느낀다. 진화적으로 수렵채집 시대의 소규모 집단에서 나타나기 시작했으며 사냥과 방어 등의 육체적 생존의 필요성에 기반을 둔다. 역사적으로는 중세 기독교가 지배하던 유럽의 개별 장원들, 동아시아의 역대 중앙집권적인 왕국들처럼 배타적이고 폐쇄적일 수밖에 없는 정치 경제적 상황 속에서 매우 유리한 전략으로서의 의미를 가진다. 폐쇄적인 집단주의 사회 문화들이 만들어내는 다양성은 역설적으로 개인주의의 동경의 대상이 되기도 한다. 국가주의자나 민족주의자들은 집단주의를 현대적으로 복원하기를 소망한다. 가장 뚜렷한 예는 노동조합의 리더들이다.

한마디로 집단을 자전하는 지구로 보았을 때 구심력의 힘을 극복하고 화성 탐사선처럼 뛰쳐나오는 것이 극단적 개인주의 전략이라고 비유할 수 있다. 반대로 지구 표면에 착 붙어 있는 상태가 극단적 집단주의 전략이라고 비유한다면, 실제로 인간은 화성까지 가기도 어려우며 대부분 달과 같은 어정쩡한 거리에서 지구의 구심력과 자신의 원심력 사이에 각자의 균형을 찾아 나가는 경우가 대부분이다. 개인주의와 집단주의는 이항 대립하는 두 주된 개념이다. 사회적 상호작용을 하며 살아가는 개개인은 생애의 어떤 한 시점에서 상대적으로 보다 개인주의 혹은 집단주의적인 어느 지점에 자신의 위치를 두게 되는 것으로 파악된다. 그리고 이때 그 위치 지점은 자신도 어쩌지 못하는 일종의 성격의 편향성에 영향을 받게 되긴 한다. 하지만 자신의 위치가 고정불변하는 것은 아니어서 자신의 성향으로부터 달아나려는 (자신의 전략을 근본적으로 수정하려는) 시도를 우리는 종종 의도적으로 행하기도 한다.[40] 맥락은 전혀 다르지만 시오노 나나미(Nanami Shiono)의 대중적 역사해설서인 〈로마인 이야기〉에 나오는 아래 묘사가 설명에 도움이 될 듯하다.

"아우구스투스가 그 다음에 착수하는 일도 그의 균형감각이 얼마나 뛰어난가를 보여주게 되었다. 균형감각이란 서로 모순되는 양 극단의 중간 점에 자리를 잡는 것은 아니다. 양 극단 사이를 되풀이하여 오락가락하고 때로는 한 쪽 극단에 가까이 접근하기도 하면서, 문제 해결에 가장 적합한 한 점을 찾아내는 영원한 이동 행위가 아닐까. 자유와 질서는 서로 모순되는 개념이다."

물론 위 내용은 내가 설명하고 있는 개념과 다르지만, 표현이 소설가답게 생생하게 구체적이긴 하다. 분명한 차이점이라면 아우구스투스의 성향적 전략은 자신의 정치적 균형감각과 달리 자신도 어쩌지 못하는 편향성에 일정 부분 구속 받는다는 점이다. 하지만 개인주의와 집단주의의 양극단 중 어느 한 쪽에 자꾸만 이끌리는 (내가 보기에는 중간 지점에서 개인주의 쪽으로 훨씬 넘어간) 자아를 의식하면서도 균형감각을 갖춘 정치적 태도들을 취해 나갔을 것이다. 즉 정치적 활동이라는 일종의 사회적 상호작용 속에서 아우구스투스는 다분히 개인주의의 성향적 전략을 바탕으로 정치공학적 작업을 전개해나갔으며 이는 결국 제정 로마 시대가 이전 시대보다 개방적이고 국제적인 성격으로 변모하는데 일정 역할을 했을 것이다.

이처럼 성향적 전략이란 기본적으로는 어느 한 시점에서 한 개인의 성격에서 찾아볼 수 있는 경향성으로 나타나기도 하지만, 이러한 성향에 기대어 그 자신에게 맞는 태도 전략을 취하게 하는 강력한 요인으로서 의미를 가진다. 집단주의와 개인주의는 이를 정적으로 구분하기 위한 세밀하고 다양한 많은 척도를 동원할수록 오류를 발생시키기 쉽다. 그보다 인간은 개인주의와 집단주의의 성향적 전략을 사회적 상호작용 속에서 다양하게 발현시킬 수 있음을 인식하는 것이 중요하다. 또 한 가지 중요한 것은 앞서 천체물리학적인 이상한 비유를 들긴 했지만, 화성이나 지구와 같은 두 극점 사이의 절대적인 위치나 거리보다 사회적 상호작용을 하는 상대방과 혹은 자신이 속한 문화나 사회집단 내에서의 상대적인 위치가 결정적으로 중요한 의미를 가진다는 사실이다. 성향적 전략은 사회적 상호작용 속에서야 비로소 진정한 의미를 가진다.[41]

가상 실험에서 A가 극단적 개인주의의 성향적 전략을 가진 인물이라면, 그는 자신이 몸담은 회사에 대한 아무런 의미 부여를 하지 않을 것이다. 물론 이러한 성향적 전략에 따라 오로지 자신이 맡은 업무만 충실히 해나가는 생활을 지속해 나가는 경우는 스트레스 상황을 피할 수는 있겠지만 불행하게도 자폐적인 상황으로 내몰리게 된다. 이것은 A가 외로움에 대해서 거의 초연할 수 있는 뇌의 활동 패턴(감정 기능과 관련된 호르몬 분비나 뉴런의 시냅스가 많이 약화돼 있거나) 혹은 그것을 가능케 하는 문화적 환경 속에서나 일어날 수 있다. 편의상 개인주의와 집단주의의 양 끝을 두 점으로 하는 한 선분을 가정해 볼 때 이와 같은 극단적 개인주의의 성향을 선분 상에서 맨 오른쪽에 위치시켜보겠다.[42] 그리고 성향적 전략이 왼쪽으로 이동해 가는 경우를 예로 들어 설명해보고자 한다.

A가 사실은 좀 더 왼쪽의 성향적 전략을 띤 사람이었거나, 혹은 시간이 지나면서 자신을 더욱더 집단주의적으로 단련시켜 가는 경우를 생각해보자. 여기서 A는 그 집단에서 적절히 잘 지내기 위해 사교적 관습과 기술들을 익혀나갈 수도 있고 혹은 승진을 보장해주는 보다 효과적인 인맥을 새로이 구축하는데 자신의 에너지를 투자할 수도 있다. 이 경우 이 회사가 추구하는 가치 또는 이 회사의 존재의미가 A의 내면에 위의 경우보다 더 크게 자리 잡게 된다.

이 회사에는 위의 A와는 애당초 다른 성향적 전략을 가지는 사람도 많을 것이다. 그들 중에는 자신이 속한 집단 속에서 자신이 직접 집단을 주도하여 이끌어 나가는 위치에 서게 되길 바라는 욕심이 큰 사람도 있을 것이다. 혹은 다른 한 편으로 승진의 위계서열 속에 더 높이 올라가 그 집단 구성원들이 자신을 인정해주길 열망하는 사람도 있다. 이들은 대체로 (자신의 개인적인 지적 물질적 성취를 통해서 보다는) 집단 속에서 자신이 확보한 주도권 혹은 지위를 통해 세상과 상호작용하고자 하는 사람들이다. 이들은 자신의 주도권 혹은 지위와 같은 사회적 권력을 활용하여 다른 사람을 위협할 수도, 설득을 얻어내기도 쉬워진다.

마지막으로 왼쪽의 극단적 상황을 생각해보자. 노동조합의 지도자가 되었든, 회사의 경영자가 되었든, 그는 어떤 의미에서 그 집단 내의 구성원에게 최대의 행복 제공자나 최대의 스트레스 유발자가 될 수 있다. 또한 그 자신도 집단의 발전에 자신의 운명을 걸게 될 것이다.

현실적으로 대부분 사람은 두 가지 성향을 자신 안에 어느 정도는

다 가진다고 볼 수 있다. 다만 A가 구체적으로 어느 시기에 어떤 성향적 전략에 더 크게 기우는지와 관련해서는 크게는 유전적인 측면에서 A가 어떤 특정한 욕구를 얼마나 크게 인식하는가, 스트레스를 얼마나 예민하게 인지하는가, 어떤 스트레스에 특히 취약한가 등과 관련될 것이다. 반면 상황적인 측면에서는 자신의 내집단이 어떤 성격을 가지는지 자신의 사회적 지위와 경제적 조건 등은 어떠한지와 관련될 것이다. 행복에 관한 자아실현의 차원에서는 A가 정신적 기쁨인 행복을 어떻게 정의하는가 혹은 행복에 대해 어떤 태도로 접근하는가 등에 의해 결정적으로 좌우될 것이다. 마지막으로 문화적 측면에서는 A가 속한 문화가 단순히 개인주의 문화인지 집단주의 문화인지, 그리고 그 문화 속에서 A가 가지고 있는 과거의 경험과 기억도 관련된다.[43]

여기서는 A 한 사람의 회사 내에서의 사회활동을 살펴보았지만, 사회집단을 전체적으로 조망해보면 다양한 성향적 전략을 가진 사람들의 상호작용 속에서 개인 단위에서 살필 수 있는 것과는 다른 창발성의 현상을 살펴볼 수 있다. 이를 좀 더 다양하게 살펴보기 위하여 다음 장부터는 기존의 가상 이야기에 변수를 추가해볼 생각이다. 이제 심리학의 다리를 지나 경제학과 정치학의 세계로 들어가게 되는 차례이다.

 우리 안의 개인주의와 집단주의

■ 정신적 스트레스

- 스트레스란 인체의 항상성에 지장을 초래하는 외부적 자극으로 인한 체내 반응으로 정의할 수 있다.
- 인간은 항시 스트레스에 노출되어 있으며 스트레스가 장기적으로 이어지지 않도록 빠른 시간 내에 스트레스를 해소하는 것이 중요한 의미를 가진다.
- 스트레스 중에서 물리적인 형체를 가진 외부 자극에 대한 반응을 제외한 나머지 스트레스를 정신적 스트레스로 포괄할 수 있다.
- 우리가 고통이라고 부르는 상태는 스트레스 반응의 과정에서 인식되는 통증이거나 이후 적절히 해소되지 못한 스트레스의 결과(욕구 충족의 실패로 인한 신체 항상성 파괴)이다.
- 면역반응 역시 일종의 신체의 스트레스 해소 기전이며, 뇌와 면역체계, 자율신경계, 내분비체계는 긴밀하게 유기적으로 연계되어 스트레스에 대응한다.
- 일차적인 전신적 스트레스 반응과 함께 우리 몸은 크게 스트레스 요인에 대해 저항 혹은 회피반응을 보이며, 이는 뇌의 의식과 무의식 차원에 의해 이루어진다.
- 스트레스 사건 그 자체뿐만 아니라, 그 사건이 가지는 위협의 정도에 반응하는 개인의 의식적, 무의식적 차원의 특성들이 스트레스 반응을 좌우한다.
- 이 책의 연구 대상은 사회적 상호작용 속에서 나타나는 정신적 스트레스이다.

■ 첫 번째 가상 실험

- A라는 한 사람의 존재를 가정하고 그의 수많은 상호작용 가능성을 우호적, 중립적, 적대적 세 가지 태도로 범주화해보고 각각의 태도를 전형적으로 보여주는 행동 문구들을 규정해본다.
- 우호적 태도 : 도와준다. 상대방을 바라보고 미소 짓는다. 말 걸고 친해지려고 한다. 상대방의 자아를 긍정적으로 평가한다.
- 중립적 태도 : 대면하기를 피한다. 자신의 권리와 관련하여 필요한 사항을 설명한다. 자신의 권한 또는 책임을 행사한다.
- 적대적 태도 : 상대의 권리를 침해한다. 표정이나 말로 화를 낸다. 상대를 비웃는다. 상대방의 자아를 부정적으로 평가한다.
- 즉각적인 행위인 "행동"과 구분하여 일련의 행동들이 사회적 상호작용상에서 지속적인 파급 효과를 발휘할 때에, 즉 그 행위가 그 행위주체의 자아의식과 일정하게 관련이 있게 될 때에 "태도"라는 단어를 쓴다.
- 사회적 상호작용 가운데 적대적 태도에 의해 스트레스 상황에 놓인 A가, B의 보복성 위협 가능성 등을 가늠하여 자신의 즉각적인 행동(회피 혹은 저항)을 선택하게 되는 과정은 생리적 스트레스 반응과 사회적 스트레스 반응의 동시적 성격을 가진다.

■ 태도 전략의 수립

- 인간은 타인과 상호작용하는 가운데 타인과 구분되는 자아에 대해 가지는 상(이미지), 즉 자아의식을 바탕으로 다양한 상황 속의 자신의 행위에 대한 틀을 의식적으로든 무의식적으로든 구축하게 된다. 그리고 이 틀 안에 자신을 유리하게 가둔다.
- 이미지화한 자신과 자신의 상황에 대한 틀을 가지고 상호작용해나감과 동시에구체적으로 예상되는 스트레스 요인들에 대한 장기적 예방 차원에서 자신만의 효율적이고 전략적인 행동 패턴, 즉 태도 전략을 수립하게 된다.
- 스트레스에 대한 방어 차원의 태도 전략을 도식적으로 범주화하자면, 외교, 보

복, 협상, 회피, 순응 전략으로 나눠볼 수 있다.

- 태도 전략의 수립은 의식적인 차원에서 뇌의 에너지 소모를 많이 요한다. 이 에너지 투자는 한 개인의 내향성 혹은 외향성과 크게 관계되며 전자는 에너지 투자의 방향이 내부(자신의 정신)로 향해지고 후자는 에너지 투자의 방향이 외부(타인의 정신)로 향한다.
- 개인이 사회적 상호작용 속에서 다양한 전략적 태도들을 선택하고 활용하는 모습은 집단주의나 개인주의와 같은 문화적 맥락에 영향받으며, (사회적 상황에서 항상 벌어지는) 오해에 의해 좌우되기도 한다.
- 의사소통 상에 발생하는 오해의 요인 중 근본적인 요인으로서는 (진화적 관점에서) 뇌의 기능 및 자아의식의 형성과 관련된 한계를 들 수 있다.

■ 성향적 전략 (개인주의와 집단주의)

- 한 개인이 사회적 상호작용 속에서 선택하는 태도 전략들은 그의 성향을 구체적으로 드러내 보여준다.
- 개인의 성향을 유전과 진화, 문화의 관점에서 한 인간이 타인 혹은 집단과 관계 맺는 방식에 초점을 맞추어 분석해볼 수 있다.
- 집단주의 문화와 개인주의 문화도 단순한 문화의 성향이 아닌 생존을 위한 전략적 차원에서 발달 및 내면화된 문화적 진화의 흔적이다. 마찬가지로 개인의 집단주의와 개인주의 역시 최종적으로는 정신적 기쁨의 극대화를 위해 취해지고 내면화되는 성향적 전략으로 볼 수 있다.
- 개인주의와 집단주의의 성향적 전략은 뇌의 신경학적 기능을 토대로, 대상에 대한 인간의 관계 정립 방식에 그 본질적 기준을 둔다. 그리고 여기에 진화적으로 의도된 전략적 측면이 연관되어 있음을 통해, 단순히 나타나 보이는 특성들에 대한 구분이나 특정한 행동 방식에 대한 규명이 아닌, 행동의 의지와 방향성에 대한 규명을 돕기 위한 목적성을 가진다.
- 개인주의는 집단으로부터 떨어져 나오려는 성향적 전략이며, 반대로 집단주의는 집단에 소속돼있으려는 성향적 전략이다.

- 개인주의와 집단주의의 성향적 전략은 사회적 상호작용 속에서야 비로소 진정한 의미를 가진다.
- 성향적 전략이 실제적으로 발현되는 과정은, 유전적, 상황적, 문화적 차원 및 행복에 관한 자아실현의 차원에서 많은 요인이 관련된다.

5. 생물학적 시장

> "자본주의적 생산양식을 지배하고 있는 사회적 부는 거대한 상품 덩어리
> 로 나타나, 이 부를 구성하고 있는 것이 상품이다. 따라서 우리의 연구는
> 상품의 분석부터 시작한다."
>
> 칼 마르크스의 〈자본론〉

변수의 추가

　　앞 장의 가상 실험을 조금 더 복잡하게 만들도록 하겠다. 지금까지는 A를 비롯한 등장인물들에 남녀 구분이 없었다. 이제는 여기에 남녀를 분리해볼 계획이다. 편의상 이 회사에서는 사내 연애가 얼마든지 허용되는 정도가 아니라 A에겐 자신의 짝을 찾을 수 있는 유일한 길이 회사에서 구하는 것이라고 하자. 반면 이 회사가 유일한 생존을 위한 기반인 남자들과 달리 여자들은 이 회사를 그만두고 나갈 수 있다고 하고 이 회사 밖에서 남자를 얼마든지 만날 수 있다고 하자. 즉 남자가 여자의 마음에 들기 위해 애써 노력해야 하고 여자는 선택을 하는 상황이다. 그리고 A는 다른 남자 직원들과 마찬가지로 이 회사 여자 중에서 자신이 보다 성적 매력을 느끼는 여자에게 구애하고자 한다. 이 성적 매력의 정도는 주관적이긴 하지만 상대적이기도 하여 모든 남자는 이 여자보다 저 여자가 더 성적 매력이 있다고 비교할 줄 안다고 가정하자. (이 가상 실험에서는 변수에서 제외했지만, 그것은 여자도 사실 마찬가지이다) 남녀의 새로운 변수를 도입한 이유는 두 가지다. 한 가지는 번식을 추구하는 유전자를 가진 인간의 성욕이 인간의 사회적 상호작용에 어떠한 영향을 미칠지, 그리고 또 한가지는 이성 간의 짝을 찾는 것을 하나의 구애 시장으로 보고 시장에서의 인간의 상호작용을 분석해보고자 한 것이다. 실제로 구애 시장은 시장의 가장 원초적인 형태라고 생각할 수 있으며 이러한 관점에서 시장이라는 개념은 가장 중요한 문화적 맥락의 한 요소이다.[1] 하지만 이러한 구애 시장은 남녀의 연애와 결혼에 영향을 미치는 다른 여러 가지 요소들로 말미암아 현실에서의 의미는 극히 작아질 것이다.

이 경우 A는 위에서 논의한 태도 전략의 스펙트럼상에서 어떤 변화를 보일 것인가를 살펴보자. 먼저 남자인 A는 이 가상 실험의 회사가 유일하게 구애 시장이 된 상황 속에서 자신에게 성적으로 매력적인 여자를 찾을 것이다. 그리고 그 여자의 선택을 받으려 할 것이다. 하지만 그 여자가 선택을 하지 않으면? 그 다음으로 성적 매력이 있는 여자에게 갈 것이다. 하지만 그 여자도 A를 선택하지 않으면? 여하튼 이러한 과정에서 A는 자신이 배우자 감으로 생각하는 여자의 성적 매력에 대하여 기대의 수치를 낮출 수밖에 없게 된다. 성욕의 영향으로 인간의 연애 욕구는 매우 강하며 다른 무엇보다 큰 행복 (정신의 기쁨)을 선사하게 된다. 또한, 이 경우 정신의 기쁨은 상대화되기 쉽다. 즉 A는 자신에게 성적 매력이 더 적게 느껴지는 여자를 만나면서 자신의 정신적 기쁨이 감소한다고 느낀다. 즉 정신적 기쁨은 여자의 성적 매력 정도와 관련을 맺으며 상대적 성격을 띠게 된다.

시장의 관점에서 A의 행보를 다시 분석해보자. 구애 시장이 형성된다면 남자는 팔리는 물건을 만들려고 노력할 것이다. 즉 자신의 상품 가치를 높이기 위한 노력을 하게 된다. 남자가 자신의 가치를 높

                                          우리 안의 개인주의와 집단주의

이는 방법은 이 가상 실험에서는 승진 혹은 사회적 권력 강화를 통한 사회적 지능을 뽐내는 방향으로 일어날 수도 있고 지적·물질적 성취의 증대 및 과시 방향으로 일어날 수도 있다. 따라서 성향적 전략의 선분 상에서 왼쪽에 위치하든 혹은 오른 쪽에 위치하든 크게 상관은 없다. 실제로 구애 시장에서 A는 자신의 가치를 높이기 위해서 더욱 더 지적·물질적 성취를 추구하든 자신의 사회적 권력을 추구하든 자신 만의 성향적 전략의 기반 위에서 다양한 태도와 전략을 취하게 될 것이다. 단지 이 경우에는 앞 장의 가상 실험 상황과는 다르게 스트레스와 관계없이 정신적 기쁨을 직접적으로 추구하기 위해서 그러한 전략이 요구된다. 물론 이 역시 잔가지를 쳐낸 가장 단순 도식화한 분석이며, 복잡한 남녀의 연애사를 이런 가상 실험 따위로 대체할 수는 없을 것이다.

여기서 인간의 상품 가치라는 말이 주는 어감에 불편함을 느끼는 사람도 많을 것이다. 역사상 상품 가치라는 개념에 지극히 예민했던 칼 마르크스는 상품의 의미를 제대로 분석해서 자신이 살고 있는 시대인 상품생산 시대의 악마성을 비판하는 작업에 자신의 온 평생을 온전히 바쳤다. 그의 논리는 이렇다.

- 모든 상품은 사용가치와 교환가치의 일치되지 않는 이중성을 가진다.
- 노동자의 노동력도 상품이다(단지 이 경우 그 상품의 생산 주체인 인간 노동자로부터 그 상품 자체를 분리할 수 없는 일종의 특수한 상품이긴 하다).

노동력 상품이 가지는 두 가치 사이의 간극이라 할 수 있는 잉여

가치를 자본가가 가져가는 것이 노동자를 착취함으로써 작동하는 상품생산 시대의 특징이라고 마르크스는 생각했다.

그는 자신의 시대를 물신숭배의 시대로 보았고 그와 동시대에 생겨난 자본주의라(capitalism)는 단어는 마르크스와 비슷한 생각을 했던 사람들의 머릿속에서 만들어진 시대 비판적 용어인 셈이다.[2] 하지만, 모든 상품이 가지는 사용가치와 교환가치를 일치시키기 위해 자본가를 부정하고 상인을 부정하고 화폐를 부정하고 시장을 부정하는 것은 결국, 인간을 부정하는 것과 같다.

가령 노동력 상품의 사용가치는 상품 매수자인 자본가의 욕망을 충족시키는 정도를 의미하는데, 마르크스는 이를 노동자가 일한 노동시간으로 보았다. 즉 질적인 측면을 무시하고 양적으로만 접근했던 것이고 이는 산업혁명 초기의 특정한 공장 형태라는 테두리를 벗어난 현실의 시공간엔 적용될 수 없는 사고이다.[3] 질과 양을 모두 고려한 노동력의 사용가치란 구체적으로 규정하기 어려운 속성을 가진다. 노동력뿐 아니라 모든 상품도 마찬가지이며, 이론적인 사고 속에서 사용가치와 교환가치로 상품의 가치를 구분할 수 있다고 해서 그 사용가치와 교환가치의 괴리에서 오는 모순을 토대로 한 이론체계가 현실에서 작동하리라고 생각할 수는 없다.

이런 사용가치와 교환가치 사이에 위치한 분열증적인 관념의 골짜기에 빠져들기 전에 노동시장 속에서 노동자는 자신이 원하지 않는다면 자신의 노동력을 파는 선택을 하지 않을 것임을 기억해야 한다. 본질적으로 내가 원하는 뭔가를 가지기 위해 내가 가지고 있는 다른 뭔가를 교환을 위해 내놓을 수밖에 없다. 물론 자유시장에서 모든 거래는 양 당사자를 이롭게 한다는 사뮤엘슨(Paul A. Samuelson)의 경제원

                                   우리 안의 개인주의와 집단주의

리는 배고픔에 내몰린 인간에게 과연 자유와 선택이 무슨 의미가 있느냐는 좌파 경제학자들의 비난 대상이 되어왔다. 하지만 우리의 생산과 노동에 대한 가치는 시장에서의 교환 가치 외에 다른 물질적인 보상의 척도를 가지지 못한다는 엄연한 현실을 받아들여야 한다. 비물질적인 보상이라면 경제학의 범주를 벗어나는 이야기이기도 하지만, 과연 교환가치가 개입될 소지가 없는, 즉 시장이 없는 거래가 노동과 생산을 하며 살아가는 인간의 시간과 노력에 물질적으로든 비물질적으로든 보다 더 적절히 보상해줄 수 있을까에 대해 생각해 보아야 한다. 아마 돈은 없어질지 모르겠지만, 권력이 다시 주도권을 쥐게 될 것이며, 그것을 노동 해방을 제시하는 선한 권력이라 부르든 개인에 대한 억압을 초래하는 악한 권력이라 부르든 상관없이, 시장이 없는 거래 속에서 인간은 자신의 노동에 대한 가치와 의미에 결국 무감각해지게 된다. 이는 정신적 기쁨의 극대화를 추구하는 인간의 본성에 정면으로 배치되는 현상이다. 애당초 권력에 대한 인간의 욕구가 없었더라면 농경 사회조차 나타나지 않았을 것이라고 고고학자들은 말하기도 한다.[4] 그런 이유로 자유로운 교환이 일어나는 시장은 그것이 구애 시장이든 상품시장이든 노동시장이든 인간의 문명사에서 (그것이 지배적인 사회적 활동상은 아니었다 하더라도) 사라진 적 없이 근근이 함께 해왔다. 이론가 입장에서야 자신의 이론을 신봉하는 혁명가들이 고맙기야 하겠지만, 마르크스 자신은 이렇게 쓰고 있다. "한 사회에서 운동의 자연법칙이 파악되었다고 해도 이 사회는 자연의 발전단계를 뛰어넘을 수도 없고 그것을 법률로서 제거할 수도 없다. 그러나 다만 그 괴로움을 단축하고 완화시킬 수는 있다." 적어도 이론가는 자신의 이론에 대해 겸손했다. 네안데르탈인들에게 우리가 그랬던 것처럼 호모 사피엔스 사피엔스인 우리와 뇌의 신경학적 메커니즘이 매우 다른 신인류로 우리가 대체되는 날이 온다면 그의 이론이 현실화될 수 있을지 모르지만, 인간의 본성에 대한 고려가 없거나 이를 부정하게 되면 인간 자신에 대해 그리고 사회에 대해 이해하고자 하는 모든 논의는 철학적으로 무의미해진다.[5] 이것이 바로 새로운 시대 혹은 새로운 사회로의 개혁을 즐겨 외치는 자들의 주장에 담겨 있는 위험한 함정이다.

잠시 상품가치와 시장에 대하여 언급해 보았으나 다시 주된 논의로 돌아가서 구애 시장의 남녀의 상품 가치도 노동시장의 노동가치와 비슷한 방식으로 그 의미를 이해할 수 있다. 구애 시장의 남녀 역시 노동력 상품처럼 성적 매력, 사회적 지능과 권력 등을 통해 자신의 상품가치를 입증해 보여야 한다. 그런데 한 가지 눈여겨 볼 부분은 A의 정신적 기쁨이 여성의 매력에 비례하여 상대화된다면, 그 상대적 눈금 차이는 어떻게 매겨질까? 수치화할 수 없는 여성의 매력으로는 불가능하므로 이 경우에 구애 시장속에서 그 남자가 자신의 가치 상승에 투자한 에너지의 양과 관련을 가지게 된다고 볼 수 있다. 즉 본질적으로는 정량적 속성을 가지지 못하는 A 자신의 정신적 기쁨이 시장에서 자신의 상품가치를 상승시키기 위해 투자한 에너지의 양과 일정하게 정량적인 연관성을 맺게 된다. 그에 따라 상대 여성의 성적 매력 역시 보다 객관적으로 비교 가능한 정량화된 실체로 둔갑하게 된다. 그리고 이는 물질적 성취나 사회적 권력 획득이 단순한 육체적 생존의 수단으로 의미를 가질 뿐 아니라, 정신적 기쁨과 연관되는 메커니즘을 부분적으로 설명해준다. 이 책의 보다 앞에서 논의한 바 있듯이 인간의 정신적 기쁨이 구체화되는 과정에서 가장 거부하기 힘든 영향 요인이 문화적 맥락이었다. 특히 성욕과 관련된 구애 시장이라는 문화적 맥

     우리 안의 개인주의와 집단주의

락을 통해서 인간이 자신의 정신적 기쁨을 양적으로 어떻게 더 증대시
켜 나가려는 욕망에 빠지는지에 대해 실마리를 찾을 수 있을 것이다.

또 다른 가상 실험

시장의 본질적 요소라 할 수 있는 경쟁이 인간의 태도와 전략에 어떤 영향을 미칠지 분석하기 위해 이 실험의 환경을 바꾸어 다른 가상 실험실로 들어가 보기로 하자. 예전 〈공부의 신〉이라는 TV 드라마가 있었다.[6] 그 드라마에서 변호사이자 고등학교 교사로 온 주인공과 그 학교의 한 영어교사 간에 이런 대화가 오간다.

강(주인공 교사의 성) : 어떤 게 현실적인 거죠?

한(영어교사의 성) : 특별반 이런 거 말고요. 모든 애들이 매력을 느낄 수 있는 학교를 만드는 거요.

강 : 그렇다면 병문고가 지녀야 할 진정한 매력은 뭐라고 생각하십니까.

한 : 그거는..

강 : 병문고의 진정한 매력은 천하대 합격자 100명 배출입니다!

한 : 또 그 소리야. 아니 100명, 200명 이런 숫자가 어떻게 매력이

　　될 수 있어요?

강 : 숫자야말로 경쟁력의 증거입니다. 국가 대표팀이 몇 대 몇으로
　　이기는지, 올림픽에서는 몇 위를 하는지 밤잠 안 자가면서 지켜
　　보면서, 교육에서의 몇 위, 몇 점, 몇 명에는 왜 이렇게 알레르기
　　반응을 일으키는 겁니까? 속으론 제일 관심 있어 하면서 말이죠.
한 : 저는 스포츠 보면서 밤 안 세거든요. 그리고 그런 경쟁의 원리를
　　신성한 교육에 함부로 갖다 붙이지 마세요.

　　강 선생의 말대로 인간의 정신적 기쁨은 문화적 맥락 속에 특히
생물학적 시장 속에서 숫자와 밀접한 연관성을 가진다. 이 대화에서
인상적인 부분은 "매력 있는 학교"라는 개념이다. 그리고 학생은 자
신이 매력을 느끼는 학교에 당연히 입학하고자 한다. 예를 들어 학력
시장을 가정해보자. 이 시장에는 C 라는 고등학교와 D 라는 고등학
교가 있다고 가정해보자. 두 학교 모두 학생 성적을 상대 평가하며 등
수는 공개하지 않고 학생 개인에게만 성적표로 나눠주며, 성적에서 1
등 받은 학생에게는 상을 시상한다고 해보자. 여기서 등수는 매우 객
관적인 지표로 매겨진 성적에 기반을 두는 것으로 반박의 여지가 없
다고 가정하자. 만일 여기서 끝나지 않고 이제 E라는 대학교가 있고
F라는 대학교가 있다. 그리고 두 학교 모두 C고등학교와 D고등학교
학생들의 등수를 알 수 있다고 가정하자. 이 두 대학교는 등수가 뛰
어난, 즉 더 수학능력이 뛰어난 고등학생이 자신의 학교에 오길 바라
며, 그 때문에 대학 교육의 상품 가치를 높이는 경쟁을 할 것이다. 여
기서 시장의 상품은 더 좋은 교육여건이나 높은 교육만족도, 사회적
인지도나 취업률 등이 될 수 있을 것이다. E와 F는 각각 자신의 학교

가 상대 학교보다 학생들에게 더 큰 정신적 기쁨을 선사할 수 있음을 증명해 보이려 하게 된다.

여기서 잠시 경쟁의 양상을 보자. 먼저 고등학교 학생들의 경쟁에 대하여 살펴보자. 만약 E와 F 대학교의 신입생 정원수가 C와 D고등학교를 합친 수와 같다고 하고 전공할 학과를 결정하는 것은 대학교 2학년 때 결정한다고 치자. 상에 대한 욕심을 가진 소수 혹은 특별히 E나 F 대학교에 대한 선호를 가진 개별 학생들만이 공부를 열심히 할 것이므로, E와 F 두 대학교에 대한 고등학생의 일반적인 선호도에서 고정된 차이가 형성되지 않은 상태라면 고등학교 학생들의 전체적인 경쟁 열이 뜨겁진 않을 것이다. 다음은 학교들의 경쟁에 대해 살펴보자. E와 F 두 대학교의 경쟁에 대해서는 위에서 설명했으며 C와 D 두 고등학교의 경쟁에 대해 살펴보자. 만약 A와 B 두 중학교가 있고 중학생 재학생 수가 고등학교 입학생 수와 같다고 가정하고 중학생의 등수를 알 수 있다고 했을 때 역시 C와 D는 경쟁한다. 경쟁의 양상은 E와 F의 경우와 비슷할 것이다.

위의 학력 시장에 대한 가상 실험은 현실을 매우 단순화시키고 무엇보다 경쟁을 매우 완화한 모델이다. 가령 위의 예에서 E와 F 두 대학교 간에 고등학생들의 선호도의 차이가 일반화 · 고정화되어 E가 F보다 더 선호되는 대학이 된다면 이전보다 훨씬 강도 높은 경쟁이 이제 시작된다. 일단 C와 D 가릴 것 없이 고등학생의 전체적인 경쟁이 뜨거워진다. 그리고 C와 D 두 고등학교의 경쟁 양상도 달라질 것이다. 더 나은 교육여건이나 교육만족도가 아닌 E 대학의 합격률을 가지고 경쟁을 하게 될 것이다. 어찌 보면 이것은 무한 경쟁으로 치닫는 출발선에 들어서게 되는 순간일 수도 있다. 그런데 실제 현실은 위의

설명보다 더한층 복잡하며 이는 경쟁을 더 가열시키는 양상을 가져온
다. 일례로 개별 고등학생이 선택하는 대학교의 전공학과가 대학교 2
학년 때 정해지는 것이 아니라 고등학생이 대학교에 입학할 때 학과별
정원에 따라 지정되는 것이라면, C와 D를 가릴 것 없이 고등학생들은
각자 자신이 선호하는 대학의 선호하는 학과라는 좁아진 문에 들어서
기 위해 경쟁은 더욱 복잡해진다. 여기에 학과마다 선호도에 고정된
차이가 존재한다면 경쟁은 더욱 치열해질 것이다. 학생들은 자신들의
정신적 기쁨이 대학교와 학과에 의해 좌우된다고 느낀다. 그리고 이러
한 학력시장의 모습은 취업시장과도 많은 부분 비슷하다.

　　위와 같은 학력 시장의 예를 들어 본 이유는 경쟁의 다중성을 인
식하기 위해서이다. 그리고 이러한 경쟁의 다중성이 우리의 현실이기
도 하다. 가령 하나의 사회적 활동 분야인 학력 시장의 구조 속에서
그 시장의 구성원들인 학생과 학교에 얼마든지 변수를 조정하거나 추
가하여 시장을 다층화시키고 그 과정에서 경쟁의 강도를 조정해 나갈
수 있음을 살펴보았다. 그리고 그 과정에서 정신적 기쁨이라는 추상적
관념이 얼마나 섬세하고 세밀하게 정량화될 수 있는지도 느끼게 되었
을 것이다. 그뿐만 아니라 그러한 목표로 하는 특정한 정신적 기쁨을
달성하는 데 성공하기 위해 얼마나 자신의 에너지를 투자해야 하는지
도 매우 구체적인 정량적 파악이 가능하게 된다. 그런데 세상을 살아
가는 한 개인은 구애 시장이나 학력시장 외에도 여러 많은 시장에 겹
겹이 소속되어 살아간다. 가장 전형적인 시장이라 할 수 있는 경제적
상품시장은, 시장에서의 선택의 지침이라 할 수 있는 가격이 우리 눈
에 숫자로서 명확히 확인되는 화폐를 매개로 한 시장이라는 점에서
특수한 시장일 뿐이다.

시장의 본질

　이렇듯 경쟁을 장려하는 시장은 존재악인가. 이 질문은 그다지 의미 없는 질문이라 생각되며 (대부분의 생물학적 분석에서 선과 악은 아무 의미가 없듯이) 오히려 인간은 왜 시장을 필요로 하는가에 대하여 논하는 것이 더 의미가 있을 것이다. 이를 위해서 먼저 생물학적 시장을 구성하고 있는 여러 가지 특성들을 살펴보고자 한다. 여기에는 이 책에서 앞서 논의했던 뇌의 상반된 두 활동 방향인 감성과 이성, 욕구의 충족과 스트레스의 해소를 통한 정신적 기쁨의 극대화, 그리고 자아의식과 관련된 성향적 전략에 이르기까지 많은 내용들이 활용된다.

　시장의 본질은 무엇인가. 경제학적으로는 자발적 참여자들에 의해 재화나 서비스의 거래가 이루어지는 곳이며, 그 거래 과정 속에 가격이 결정된다는 점을 들 수 있을 것이다. 하지만 근대적 유통 경제 속에서 화폐가 거래의 매개체로 보편화되기 전에도 역사적으로 시장은 존재해 왔다.[7] 위의 구애 시장과 학력 시장은 가치와 매력이 비교·선택되는 곳이라는 의미에서 시장이라는 단어를 차용하였다. 생물학적으로는 시장을 개체들이 비교 가능한 대상을 두고 가치 혹은 매력이 보다 높아 보이는 대상을 선택함과 동시에 선택받는 곳이라고 정의하고 싶다. 구애 시장, 학력시장 등 여기서 시장의 예로 들었던 것은 이러한 성질을 충족시킨다. 경제학적인 상품시장도 이 개념으로 설명할 수 있다. 시장에 온 소비자는 생산자에 의해 만들어진 상품 중에서 마음에 드는 (가치 혹은 매력이 커 보이는) 상품을 구매한다. 여기서 구매하는 행위는 상품을 단순히 선택하고 그 가치에 해당하는 돈을 생산자에게 제공하는 의미뿐 아니라 자신이 그 상품을 살 수 있는 돈이 있음을 증명해 보여서 그 상품에게 선택된다는 의미도 있다(미술품 경매시장 등은 이러한 측면을 분명히 보여준다). 물론 생물학적 시장이든, 화폐나 가격이 매개하는 경제적 시장이든 경쟁이 일어난다는 점은 동일하다. 경제적 시장에서는 재화나 서비스의 가격이 경쟁을 조절하는 기능을 자동으로 하게 되며, 생물학적 시장은 – 마치 물물교환처럼 – 선택하고 동시에 선택받아야 하는 과정 자체가 경쟁을 조절하는 기능을 하게 된다.

생물학적 시장의 주체는 자신이 선택하고자 하는 대상(시장의 객체)으로부터 선택을 동시에 받아야 거래가 이루어지는데, 다시 말해 생물학적 시장에서의 주체는 자신에게 가치나 매력을 보여주는 대상을 선택하는 입장이며, 또 동시에 자신의 높은 가치나 매력을 대상에게 보여줌으로써 선택받고자 하는 입장이기도 하다. 이는 미시경제학에서 경제주체(가계 혹은 기업)가 경제객체(상품 혹은 노동력)를 바라보는 관점을 기업 혹은 가계를 떠나 인간과 사회적 실체에 확대 적용한 개념이다. 생물학적 시장 개념에서도 시장주체는 시장객체의 상대적 시장가격을 매기는 셈이며, 미시경제학에서 고용자와 피고용자 사이에 즉, 주체와 객체 사이에 상호작용이 일어나듯이 시장객체가 시장주체의 가격책정에 반응 혹은 영향을 미치고 시장주체와 상호작용한다.[8] 또한, 시장주체와 시장객체는 시장에 대한 관점에 따라 주체와 객체의 입장이 뒤바뀌기도 한다. 따라서 고정된 시장주체가 사실상 존재하지 않는다. 시장을 바라보는 관점에 따라 주체가 객체가 될수도 있다. 단지 선택에서 누가 더 유리한 위치에 서게 되는지의 차이가 있을 뿐이며, 누가 더 능동적인 주체성을 더 강하게 가지는지의 차이가 있을 뿐이다.

　한마디로 말하면, 화폐를 매개로 삼는 경제학적 시장이 교환과 거래가격에 중점을 둔다면 생물학적 시장 개념은 선택과 가치에 중점을 둔 것이다. 하지만, 생물학적 시장에서도 결국 선택하고 선택받음으로써 정신적 기쁨(효용)이 교환된다. 위의 첫 번째 가상 실험 회사에서 남자를 구애 시장에서의 주체, 여자를 객체로 보는 시각으로 분석해보자면, 여성이 가지는 번식의 능력은 모든 남자에게 매력적인 가치를 가지며 (그 능력 자체가 실제 성적 매력과 비례적 관계를 맺는지에 관계없이) 남자는 여성의 성적 매력을 번식 능력의 지표로 삼아 여성을 선택한다. 실제 인간에서는 다른 동물과 달리(혹은 다른 동물에서도 그런지도 모르겠으나) 성적 매력을 번식능력과 적어도 의식적으로는 무관하게 생각하기도 한다. 어쨌든 남자는 자신이 매력을 느끼고 그래서 선택하고자 하는 여자에게 동시에 선택받기 위해 자신의 가치를 보여주기도 하고 자신의 가치를 상승시키기도 한다. 자신의 가치가 모자라는 경우에 선택받지 못하게 되면 자신의 애초의 선택을 포기해야 하는 상황이 벌어지기도 한다. 하지만 모두가 알 듯이 이 시장은 경제적 시장만큼 그다지 합리성이 지배하는 공간은 아니며, 뇌의 감성 기능에 의한 인간행동의 예측 불가성을 가장 공공연하게 보여주는 - 정도가 아니라 오히려 보여줄 수 있어야 현실에서는 자신의 진실성이 입증받을 수 있는 - 공간이다. 그리고 남자와 여자의 주체와 객체 관계는 뒤바꿔서도 설명 가능하다.

학교를 무대로 한 학력시장에서 대학교를 주체, 고등학생을 객체로 보는 시각으로 분석해본다면 대학교는 뛰어난 수학능력을 보여줄 학생을 선택하고자 하며 이를 위해 자신의 교육 및 졸업장의 가치를 높일 방안을 강구할 것이다. 그래서 최종적으로는 자신이 원하는 학생들의 선택을 받으려고 경쟁할 것이다. 하지만 대학교의 학생 선택은 수동적인 한계성을 가지므로 (현실에선 학생이 대학교에 지원하는 형식이므로) 이러한 분석보다는 고등학생을 주체, 대학교를 객체로 보는 시각이 더 생물학적 시장 개념에 어울릴 것이다. 학생의 입장에서는 일단 자신이 원하는 대학교를 선택하기 위해 자신의 가치를 높일 것이다. 그리고 그 학교를 선택하게 될 것이고 최종적으로는 그 대학교로부터 선택을 받아야만 시장에서 자신의 거래를 성사시킬 수가 있게 된다. 만약 대학교의 졸업장이 자신에게 가치가 없으면 고등학생은 대학교에 가기 위해 공부할 이유가 없으며 그는 학력 시장 자체에 진입하지 않게 될 것이다. 물론 우리 사회에서 학력시장은 더 큰 시장, 소위 취업시장 내지는 사실상 경제학적인 노동시장에 중첩되어 맞물려 돌아가고 있다.

학자들의 지식으로 이루어지는 지식 시장이라면 보다 합리적이고 창의적인 주장을 담은 논문은 주체이며 이를 싣는 유명 학술지들은 객체로 보고 분석할 수 있다. 매우 우수한 논문을 쓸 능력 있는 학자는 명망 있는 저널을 자신의 논문 투고 대상으로 선택할 것이고 그 저널은 논문을 심사하여 역시 그 논문을 선택할지 말지를 결정하게 될 것이다. 이러한 지식 시장도 역시 학력 시장과 맞물려 돌아가고 있을 것이다. 경제적 상품 시장뿐 아니라 구애 시장, 학력시장, 지식시장, 노동시장 등은 모두 생물학적 시장 개념으로 설명 가능하며 그 본질을 공유한다.

우리 안의 개인주의와 집단주의

인간은 왜 시장을 필요로 하는가

그렇다면 왜 인간은 시장을 필요로 하는가. 물론 이 질문이 "모든 인간은 시장을 필요로 한다"는 단정을 정당화시켜줄 수 없지만, 이 질문에 대해 생각할 수 있는 대답 중 첫 번째는, 선택할 수 있다는 것은 그렇지 못한 것보다 더 나은 것이기 때문이다.[9] 당신이 시장에 참여하지 않으면 (먼저 어떤 대상을 선택하기 위해 다가가서 자신의 가치를 그 대상에게 보여주지 않으면) 당신은 정신적 기쁨을 조금이라도 더 높일 기회를 잃게 될 가능성이 높아진다. 인간의 가장 기본적인 생리적 욕구인 (보다 적응력 있는 자손을 번식시키려는) 성욕을 바탕으로 하는 구애 시장을 예로 설명해보자. 하지만 그 본질적 속성은 다른 생물학적 시장에도 적용 가능하며 물론 경제학적 시장에도 적용 가능하다. 아무런 선택의 기회가 없이 이성을 만나 그를 일생의 배우자로 정해야 (양쪽 가문의 의사에 의해 두 남녀의 결혼이 성사되는 경우처럼) 하는 경우보다는 이 세상엔 자신이 볼 때 더 매력적인 혹은 자신에게 매력을 느끼는 다른 이성이 존재한다는 것을 경험하는 쪽이 (생존이 절박한 경우가 아닌 이상) 인간의 정신적 기쁨을 보다 극대화할 수 있는 기회를 제공한다.

구애 시장에서 이성을 선택하고 동시에 선택받는 행위는 혼인(결혼)과 같은 사회적 제도와는 별개의 차원이지만, 쉽게 예를 들어 혼인을 앞두고 경쟁자가 나타났을 때, 혼인하고 싶은 여자가 아닌 혼인 해야 하는 여자를 빼앗기지 않으려고 생명을 담보로 결투를 벌일 남자는 드물다. 그가 마상 결투 시합을 즐기는 중세 시대 기사가 아닌 이상 설령 어쩔 수 없이 그가 그런 이벤트를 감수하게 된다 해도 그의 유전자는 그 상황을 받아들이기 곤란해할 것이다. 여자의 경우를 생각해보아도 자신의 의지와 상관없이 혼인하게 될 남자를 위해 도박하듯 목숨을 걸 여자는 없다. 세헤라 자데 조차도 그녀가 샤푸리 야르 왕에게 결혼을 자청한 것이었고 샤쿤탈라 역시도 두샨타 왕의 청혼을 자신이 받아들이지 않았다면 왕비로 받아들여질지 아닐지 알 수 없는 먼 길을 떠나지 못했을 것이다.[10]

보다 현실적으로는 A라는 남자와 B라는 여자가 있을 때, 아마도 A는 자신이 선택하지도 않은 B을 위해서 B의 배우자가 되기 위해 목숨을 걸기보다는 과감히 포기하고 다른 이성을 찾게 될 가능성이 크다. 즉 구애 시장 속에서 자신의 상대를 직접 선택하는 것을 인간이 더 선호하는 것이다. 인간의 역사에서 살펴볼 수 있는 혼인과 관련된 풍속도는 당연해 보이는 이러한 행위를 오히려 억압해온 측면이 있다.[11] 그런데 A가 자신의 배우자 후보 B를 버리고 구애 시장으로 진입하는 것은 더 큰 생물학적 구애 시장의 관점에서 볼 때 B의 매력에 더 큰 가치를 부여하는 다른 이성, 가령 C에게 B가 갈 수 있게 길을 터주는 셈이다. 한편 A는 구애 시장의 이성들로부터 선택받을 가능성을 높이

   우리 안의 개인주의와 집단주의

기 위해 자신의 가치를 높이거나 자신의 기대치를 낮추어 (예상되는 정신적 기쁨의 수준을 조정하여) 더 "쉬운" 상대를 찾거나 하는, 본격적인 생물학적 시장의 주체다운 행위를 해나가게 될 것이다. 물론 A는 자신의 가치에 따라서 선택받기가 어려운 상황이 닥칠지도 모르겠으나 (어쩌면 B를 포기한 것에 대한 후회감이 엄습할 수도 있다), 어쨌건 또 다른 선택의 가능성을 시도하며 상호 선택의 가능성을 높이는 쪽으로 노력해보는 것이 더 정신적 기쁨을 높이는데 유리하다. 구애 시장을 예로 들어본 가상 설명은 남자를 너무 비열하게 만든 감이 있으나, 중요한 것은 남녀의 현대적 연애 속에서도 (생물학적) 시장이 필요한 이유를 찾을 수 있는 요소가 존재한다는 점이다.

인간이 생물학적으로 시장을 선호하는 두 번째 이유는 인간이 한정된 생존의 기간을 가지는 유한한 생명체라는 한계에 있다. 한정된 수명, 특히 생애 주기 상에서 왕성하게 활동할 수 있는 길지 않은 시간 내에서, 번식이나 다른(자신에게 정신적 기쁨을 선사하는) 목적을 달성하기 위해 소모하는 에너지 및 시간은 효율적으로 활용되어야 하며, 이를 위해서는 경제적인 결정이 필수적이기 때문이다. 즉 게으른 뇌가 효율성을 추구한다는 점이다. 생리적 효율성을 추구하는 뇌의 속성은 뇌의 기능 중 특히 이성적 활동과 깊은 관련이 있다. 감성에 비해 이성은 대상을 객관화시켜 바라보려는 뇌의 활동이다. 시장에 가면 내가 최고를 선택할 수는 없다 하더라도 최소한의 투자로 최대의 성과를 얻을 수 있는 길은 보인다. 이 때문에 인간은 시장을 선호한다고 볼 수 있다. 그 개인이 생물학적 시장에서 객체이든 주체이든 간에 사실상 관계없다. 다시 말하면 생물학적 시장은 인간이 자신의 두뇌 능력 (정신적 기쁨을 구체화하는 능력)을 바탕으로 최소투자 최대효과를 바라는 인간의 생리적 효율성 추구 본성에 기반을 두어 생겨난 셈이다. 짝에게 구애를 하기 위해서는 구애에 얼마의 투자를 하면 구애가 성공할 수 있는지를 예측하고 계획해야 한다. 그리고 이러한 뇌의 작업은 우리 자신이 계산기를 두드리며 티를 내며 일하지 않아도 신경 생리적 차원에서 무의식적으로 일어날 수 있다. 뇌의 이성과 감성은 "대략적으로 계산" 해내는 것이다.

마지막으로 세 번째, 인간이 시장을 선호하는, 아니 시장에 열광하게 하는 가장 중요한 요인이 있다. 우선 선택이 정신의 기쁨을 더 증가시켜줄 확률이 높다고 말했을 때 인간의 뇌는 비교를 할 줄 안다는 전제가 선행된다는 점도 주목할 필요가 있다. 영장류를 포함한 포유류 중 일부는 하나의 대상과 다른 대상을 비교 평가할 줄 안다. 이것은 선택 행위를 위한 사전 조건이다. 유사점이 무엇인지 차이점이 무엇인지 알아내게 되는 것이다. 욕구를 해소해나가는 과정에서 대상과 자신을 연합 혹은 분리하는 뇌의 이성과 감성 기능은 어떠한 대상을 자신과 특정한 방식으로 관련시키게 만든다. 불에 손을 갖다 대면 아프구나(뜨겁구나), 저 동물이 나를 물어뜯어 죽이려고 하는구나, 저 인간은 나를 보고 왜 화내는 걸까, 저 인간은 나를 해치지 않을 거야 등등. 뇌는 주변의 대상을 의식하고 그 행동을 기억하고 유추하는 능력을 발전시켜 왔는데, 특히 그 중에서도 같은 종의 개체와 상호작용을 일으키는 사회적 지능은 영장류들이 특출하게 발달시킨 의식 내지 지능 영역이다. 인간 역시 사회적 지능의 발달 과정에서 자아의식과 다른 존재에 대한 의식이 섬세하게 진화해온 셈이다. 그리고 인간이 다른 인간의 행동을 모방하고 다른 인간의 감정을 공감하는 지능을 침팬지에 비해서도 탁월하게 발달시켰다면, 그와 함께 다른 인간의 행동

          우리 안의 개인주의와 집단주의

과 감정을 나의 그것과 비교하는 능력 역시도 다른 영장류와는 비교할 수 없을 정도로 세밀하게 발달하게 되었을 것이다.

이렇듯 발달한 비교의식을 활용하여 인간은 다른 구애 경쟁자들 속에서 자신의 상품 가치를 스스로 가늠할 수도 있게 된다. 그리고 구애 시장 외에도 생존을 위해 어차피 한정된 자원을 놓고 경쟁할 수밖에 없는 인간의 조건은 인간으로 하여금 이 자아의식 속의 비교의식을 통해 자신의 가치 혹은 자신이 가지고 있는 것의 가치를 의식하고 자신의 행위 및 태도를 선택하게 된다. 시장은 인간의 이러한 비교의식을 자극한다. 비교의식은 더 나아가 시장에 참가한 인간으로 하여금 자신의 가치를 끌어올리려는 경쟁심을 더욱 불태우게 하는데 일조한다. 이 단계에 오면 경쟁 자체가 정신적 기쁨을 지배하게 된다. 경쟁에서 우위를 차지함으로써 얻는 희열이 다른 정신적 기쁨을 대체하게 되는 것이다. 사회학적으로 이러한 경쟁심이 생리적으로 게으를 수밖에 없는 인간이 자발성을 가지고 뭔가 찾아서 일하고 싶게 만드는 가장 효과적인 동기부여라고 볼 수도 있지만, 내가 볼 때는 비교의식은 중독성에 물든 자신의 뇌에 의해 인간이 빠지기 쉬운 가장 어리석은 함정을 제공한다. 즉 인간의 뇌는 비교를 할 줄 안다기보다는 비교를 즐긴다. 이 책의 앞에서도 거론했듯이 시장은 이러한 기전을 통해 뇌를 중독시키는 중요한 문화적 요소이다. 유전자-문화 공진화 이론을 주장하는 학자들은 문화적 진화의 중요성을 강조하는데, 인간의 진화를 이끌어온 추동 요인으로서 문화적 맥락에서 볼 때 시장은 가장 큰 영향력을 발휘한 것으로 보인다. 이른바 생물학적 시장의 존재를 수긍할 때 우리는 인간 사회 문화의 전 영역을 그물망처럼 드리운 복잡하게 다층화된 경쟁의 본질을 파악할 수 있게 된다.

어쨌든 생물학적 시장은 보다 정신적 기쁨을 원하는 인간의 본성 및 인간의 생리적 효율성의 욕구, 그리고 그가 가진 자아의식 특히 비교의식의 결정체이다.

우리 안의 개인주의와 집단주의

시장 속 인간의 태도와 전략

생물학적 시장에서 인간은 여러 가지 전략을 쓰게 된다. 앞 장에서 논의한 개인주의와 집단주의의 성향적 전략과 생물학적 시장과의 관계는 다음 장에서 역사적으로 고찰해보도록 하겠다. 여기서는 성향적 전략보다는, 행동과 태도 수준의 전략들을 논해보고자 한다. 시장에서 인간은 우선 모방의 전략을 선택할 가능성이 가장 높으며 이는 신경학적으로 특정한 세포체계(거울 뉴런)의 발달과 관계가 깊은 것 같다. 하지만 이에 대해 우리는 아직 잘 알 수 없다. 이 외에 인간은 우연의 전략 (아무 생각할 필요 없이 운에 맡겨서 한번 해보고 통하면 그대로 계속해나가는 습성)도 갖고 있다. 사실 우연에 맡기는 것은 생물체의 탁월한 생존전략 중 하나이기도 하다.[12] 그리고 사실은 경쟁을 가능한 피하고자 하는 시도도 전략이 될 수도 있다. 블루오션 (blue ocean)이라는 경영학 용어가 등장하기 이전에도 이미 인간은 특정한 경쟁에 들어가는 정신적 육체적 시간적 소모가 너무 많다고 판단될 경우 아예 그 경쟁 자체를 회피하려는 전략을 추구해왔다. 하지만 현실에서는 전술한 바대로 시장이 워낙 다중적으로 중첩되어 있으므로 경쟁을 안 할 수가 없다. 이 경우 두 가지 방안이 있다. 하나는 단지 경쟁이 덜하거나 나에게 유리한 특정한 시장(가치의 척도가 다른 시장과 다른)을 찾는 것이다. 다른 하나는 생물학적 시장의 본질인 상호 선택의 관점에서 특정한 시장 내에서 다른 시장 주체들이 관심을 두지 않는 시장 객체를 주로 탐색하는 것이다.

생물학적 시장에는 많은 인간이 참가함으로써 개개의 인간이 가지는 태도나 전략들이 모여 집단의 수준에서 새로운 현상이, 즉 창발성이 나타나게 된다. 먼저 어떤 집단은 시장을 필요로 하지 않을 수도 있다. 시장을 거부하는 집단의 존재는 나중에 서술하겠다. 일반적으로 가장 중요한 한 가지 현상은 시장이 커질수록 개인의 투자 절대량은 증가한다는 것이다. 시장은 끊임없이 비교가 일어나는 곳이고 경쟁이 일어나는 곳이기 때문에 무엇이든 상대적이다. 그러나 여기서 가치 상승을 위한 투자의 절대량이 증가한다는 것은 무슨 말일까. 한 개인이 투자를 하고 시장에서 그에 대한 성과를 기대하게 되는데 시장 규모가 커지면 그 개인은 자연히 투자의 절대량을 늘리고자 하는 유인을 가지게 (motivated) 된다는 뜻이다. 이를 "투자 절대량 증가 현상"이라고 하나의 용어로 규정할 수도 있겠다. 실제로 큰 시장일수록 더 매력이나 가치가 높은 시장 참가자가 나타날 확률이 높게 된다. 그리고 사람들은 그러할 것이라는 기대를 하고 사람이나 작품을 대하기도 한다. 가령 경북 영양군의 고추 아가씨 선발대회에 나온 여자들보다 미스 유니버스 선발대회에 나온 여자들이 더 예쁠 가능성이 크다. 또한, 서울의 어느 초등학교 교장 공모에 지원하는 사람의 이력보다 UN 사무총장에 지원하고자 하는 사람의 이력은 더 인상적일 것이다.

한마디로 더 뛰어난 작품은 더 큰 대회에 출품되고자 하는 원리와 같다. 인간은 자신의 가치가 높다고 생각되면, 즉 자신이 가진 가치를 어디선가 사람들이 간절히 원하거나 높이 평가해줄지 모른다는 생각을 하게 되면 더 큰 (생물학적) 시장을 찾는다. 소위 "더 큰물로" 떠나고자 하는 것이다. 실제로 한국의 어느 가수가 세계적으로 훨씬 큰 시장을 가지고 있는 한 웹 사이트에서 주목받자 한국 사람들은 그 가수의 매력을 높이 평가하기 시작하였고 경제신문지들은 그의 가치를 천문학적인 금액으로 언급하기도 하였다.

경제적 상품시장에서도 이 원리는 마찬가지로 적용된다. 단지 이 경우는 양상이 복잡하게 전개된다. 먼저 단순히 한 사람이 뛰어난 상품을 만들어서 파는 경우를 생각해보자. 가령 매우 뛰어난 음식을 만들 수 있는 요리사 "이때다" 씨가 있다. 그가 제공하는 음식은 너무나 환상적이어서 이내 소문이 나는 바람에 멀리서도 사람들이 찾아오게 되었다. 이렇게 되면 자연스레 곧 그의 음식은 사람들에게 비싼 값에 팔리게 될 것이며, 그는 아마도 자신의 가게를 동네 골목이 아닌 시내 번화가로 옮기게 될 것이고, 일하는 사람을 고용하게 될 것이다. 그런데 시내에서도 자신의 음식 솜씨를 인정받게 되어 장사가 호황을 누리자, "이때다" 씨는 체인점을 모집하고 사업을 확장해 나간다. 어럽쇼, 그런데 체인점마다 활황인 것 아닌가. 그는 더 나아가 베이징과 도쿄에 지점을 내고 글로벌 경영을 추구하게 되었다. 그의 머릿속에는 아내와 자식들에 대한 생각의 비중은 줄어들고 글로벌(global) 비즈니스를 위한 구상과 사업현황에 대한 생각들로 스트레스 상황에 놓이게 된다. 그럼에도 그는 멈출 수 없다. 교과서적인 차원에서 이는 수요 공급의 법칙에 따라 가격이 오른 현상과 자본의 계속적 투자로 기업이 활성화되는 모습을 전형적으로 보여준다. 레닌이라면 보다 싼 원자재와 노동력, 넓은 시장과 더 많은 이윤을 위해 투자 대상을 찾고 있는 것이라며, "이때다" 씨의 행보를 제국주의적 착취에 비유할지도 모른다. 반면 자유주의 경제학자들은 "이때다" 씨의 이기심에 기인한 모험적 투자가 일자리를 확대했으며 결국 시장 경제를 통해 인류의 편익을 증진해가는 모습이라고 볼 것이다. 생태환경론자들은 "이때다" 씨와 그의 음식을 사 먹으려 비싼 돈을 지불하는 사람들을 함께 비판하며, 인간이 기본 욕구가 충족된 뒤에도 소비를 극대화해 나가는 모습이 종국에 과연 어떠한 결과를 인류에게 초래할 것인가에 대해 깊은 시름에 잠길지 모른다. 여기에 폴 스위지(Paul M. Sweezy) 같은 마르크스 경제학자는 "자본주의가 소비재에 대한 수요의 증가보다 더 빠르게 소비재를 생산할 수 있는 능력을 키워가는 내재적인 속성을 갖고 있음"을 증명하는 것이라고 냉소적으로 한마디 거들 것이다.[13]

　물론 "이때다" 씨의 모습이 매우 자본주의적이라는 것에 동의한다. 자본주의 경제체제는 생태 환경학자 폴 에얼릭의 말대로 "자원을 동원하고 상품을 생산하는 데 있어 기적과도 같은 효율성을 지닌 것으로 판명"되었으며 "이때다" 씨가 그러한 자본주의적 합리성으로 자신의 상품 생산을 추구해 나간 것은 사실이다. 하지만 좌파 경제학자들이 주장하듯 결국 "이때다" 씨가 개인의 이익을 극대화하기 위해 사람들의 노동력을 착취한 것으로 그를 매도하고 싶진 않다. 내가 아는 "이때다" 씨는 성품이 매우 성실하고 친절한 사람이며, 그는 자신의 번 돈의 상당 부분을 장학금과 기부금으로 바치기도 했다. 그리고 내가 아는 한 그는 자신의 직원들에게 항상 비전을 제시하고 그들과 열정을 나누려 하며, 자신 스스로는 절제를 생활화하는 모습으로 살아

　　　　　　　　　　우리 안의 개인주의와 집단주의

간다. 사실 우리 주위에 이런 "이때다" 씨와 같이 살아가는 사람은 흔히 볼 수 있다.

사회적 정의에 관심이 높아진 현대 사회, 특히 최근의 한국 사회는 스스로의 모진 고생으로 창업을 일군 사람들의 기업에 대해서조차 그가 뉴레나크 직물공장의 오웬 정도가 아닌 이상 그들로 인해 초래될 사회적 부작용, 가령 영리 위주로 변화되는 경쟁적 사회분위기나 빈부 격차 등에 대해 예전보다 한결 민감해졌다. 또 이와 같은 부작용을 일종의 그들로 인해 초래된 사회적 비용으로 간주하여 기업이 이를 보상 해야 한다는 일종의 기업에 대한 사회적 책무론이 주장되고 있다. 서점가에선 시장원리에 입각한 경제에 대해 언제든 도덕적 내지 윤리적 심판대 위에 올려놓고 재단할 수고를 아끼지 않으려는 많은 책들이 출판 시장을 주도하고 있다. 물론 위의 "이때다" 씨 경우라면 듣는 사람들도 나의 전후 설명에 감명을 받아 그의 사업 확장에 오히려 응원의 미소를 보내줄 가능성이 크다. 하지만 이것이 나를 더 혼란스럽게 만든다. "이때다" 씨 한 개인을 평가하는 것이 중요한 것은 분명 아니며, 우리는 우리와 같은 인간에 대해 그렇게 쉽게 평가를 하고 판단을 내릴 위치에 있지 않다는 점을 생각해야 한다. 하지만 사람들은 자신의 일상적인 소규모 경제 행위에 대해서는 눈을 감고는 타인의, 특히 큰 규모로 두각을 나타내는 이들의 경제 행위에 대해 배심원과 같은 눈초리로 판단을 내리려 든다. 선한 기업가와 악한 기업가로? 서늘한 기분이 든다.

다시 논의의 중심으로 돌아와서 더 근원적으로 보면 사실 "이때다" 씨의 사업 확장은 위에서 말한 투자 절대량 증가 현상을 잘 보여준다. 즉 시장이 더 커지면 사람은 자연히 자신의 투자량을 늘리고자 하는 것이다. 사실상 경제적 상품시장에서는 이러한 현상을 질보다는 양적인 측면에서 더 보편적으로 관찰 가능한데, 큰 시장일수록 가격 경쟁력이 높은 상품이 나타날 확률이 높은 것이 그것이다. 이는 규모의 경제(economics of scale)의 당연한 결과이기도 하다. 19세기 제국주의 시대 식민지 무역은 이러한 가격 경쟁력을 바탕으로 이루어졌으며, 인류사의 어두운 과거로 규정되어 왔다. 하지만 이를 단순히 선과 악의 이분법적인 판단의 대상으로 치부해버리는 것은 전혀 우리 인류에게 도움이 되지 않는다. 특정한 인간의 행위나 현상을 선과 악으로 매도하고 비판하려 들기 전에 왜 그런 일이 일어날 수밖에 없었는가를 철저히 이해하는 것이 더 중요한 것이다.

투자 절대량 증가의 현상은 "이때다" 씨가 돈에 인생의 모든 것을 두는 인생관을 가지고 있든, 애당초 경영학적 마인드로 무장된 사람이었든 관계없이 생물학적 시장의 원리에서 나온 설명이다. 구애 시장부터 학력시장, 취업시장, 지식시장 등에서도 보편적으로 나타나는 이 현상은 경제적 상품시장에서도 예외가 아닐 뿐이다. 왜 학교나 동네 장기자랑엔 흥미가 안 가지만, TV 공중파 방송의 오디션 프로그램은 수많은 경쟁과 수많은 관심을 불러일으킬까를 우리 자신 자신에게 반문해보자. 왜 일이 이렇게 될까. 투자 절대량 증가 현상의 근본에는 정신적 기쁨의 극대화를 추구하는 인간의 본성이 자리 잡고 있기 때문이다. 즉 경제학적인 용어로 표현하자면 효용의 극대화이다. 결국, 크리스트교나 불교가 지역을 벗어나 세계 종교가 되기까지 투자된 숭배자들의 열정 및 노고와, 시공간 상의 거대한 시장 수요를 염두에 두고 천문학적인 투자가 이루어지는 신약 개발사업은, 생물학적 시장의 관점에서는 "이때다" 씨의 경우와 그 본질상 다를 게 없다. 기독교와

 우리 안의 개인주의와 집단주의

면직물은 대항해 시대 이래 인류 역사에서 온갖 동서양 간의 충돌을 부추겨왔는데 이 역시 정신적 기쁨의 극대화를 추구하는 인간의 본성과 큰 시장이 만나서 초래된 결과이다. 계몽주의 지식인들과 조선 후기 실학자들은 비슷하게 당시 사회문제를 해결하고자 하는 노력을 기울였지만, 전자가 인쇄술의 보급확대를 낀 훨씬 큰 시장에서였다면 후자는 중국의 한자를 붓으로 쓰는 작은 시장에서였다.

장기적으로 특정 상품들이 시장을 독점하려 하게 될 때 어떤 현상이 나타날까. 생물학적 시장의 관점에서 보면, 시장 내의 정신적 스트레스가 상승하면서 시장 구성원들 간의 적대적 태도가 상승하므로 투자를 감행하는 시장의 주체들에겐 이 적대감 해소를 위해 노력해야 할 필요성이 생긴다. 경제적 시장의 경우를 예로 들자면 이러한 적대감은 현실적으로 사회 대중의 부정적 시각과 여타 경쟁사들의 살벌한 견제 전략 등으로 나타날 것이며 따라서 사회적 이미지 개선(오늘날 대부분의 대기업은 이미지 광고에 상당한 투자를 한다.)의 필요성이 증가한다. 또한, 기업들은 기업 규모가 커지면서 그 내부 구성원들 간의 적대감이 증가할 가능성이 높아지는 것에도 신경 써야 한다. 따라서 투자의 절대량은 커지면서 투자의 효율성은 여러모로 하락하게 된다. 이 비효율성 증가의 난제를 극복하지 못하는 투자 주체는 시장에서 추월당하거나 도태된다. 그럼에도 전체적으로 시장이 발달할수록 전체 투자의 절대량은 늘어나는 추세를 보인다는 점은 분명하다.

■ 변수의 추가

- 구애시장에서 A는 자신에게 매력적으로 보이는 여자들을 찾고 그 여자의 선택을 받으려 노력하게 된다.
- 구애 시장의 남녀는 성적 매력, 사회적 지능과 권력 등을 통해 자신의 상품가치를 입증해 보여야 한다.
- A 자신의 정신적 기쁨은 시장에서의 자신의 상품가치 상승에 투자한 에너지양과 정량적인 연관성을 맺게 된다.
- 시장이 없는 거래 속에서 인간은 자신의 노동에 대한 가치와 의미에 결국 무감각해지게 된다.
- 구애 시장을 통해 우리는 물질적 성취나 사회적 권력 획득이 단순한 육체적 생존의 차원을 넘어 정신적 기쁨과 정량적으로 어떻게 연관되는지를 부분적으로 설명할 수 있다.

■ 또 다른 가상 실험

- 시장의 본질적 요소인 경쟁이 인간의 태도와 전략에 어떤 영향을 미칠지 분석하기 위해 학력 시장을 예로 분석해본다.
- E와 F 두 대학교에 대한 고등학생들의 선호도에 고정된 차이가 존재하지 않는다면 단지 두 대학교 간의 경쟁이 제일 치열할 것이다.
- 경쟁의 다중성과 시장의 중첩성에 의해 사람들은 자신의 정신적 기쁨 및 이 기

우리 안의 개인주의와 집단주의

쁨을 위해 투자해야 할 자신의 에너지 수준을 보다 세밀하고 구체적으로 형상화하게 된다.

■ 시장의 본질
- 생물학적 시장이란 개체들이 비교 가능한 대상을 두고 더 가치 혹은 매력이 높아 보이는 대상을 선택하고 또 선택받는 곳이라고 정의할 수 있다.
- 경제학적 시장이 교환과 거래가격에 중점을 둔다면 생물학적 시장 개념은 선택과 가치에 중점을 둔 것이다.
- 생물학적 시장의 주체는 자신이 선택하고자 하는 대상(시장의 객체)으로부터 선택을 동시에 받아야 거래가 이루어진다.
- 생물학적 시장에서는 시장객체가 시장주체의 가격책정에 반응 혹은 영향을 미치고 시장주체와 상호작용한다. 하지만 미시경제학과 달리 고정된 시장 주체나 시장 객체가 존재하지 않는다.
- 구애 시장, 학력시장, 지식시장 등은 모두 생물학적 시장 개념으로 설명 가능하며 화폐를 매개로 하는 경제적 상품 시장 역시 생물학적 시장의 원리가 적용된다.

■ 인간은 왜 시장을 필요로 하는가
- 선택은 정신의 기쁨을 더 증가시켜줄 확률이 높기 때문이다
- 한정된 생존의 기간을 가지는 유한한 생명체로서의 인간의 한계 때문이다.
- 시장은 인간의 자아의식 속에 진화적으로 발달된 비교의식을 자극한다.
- 인간의 진화를 이끌어온 추동 요인으로서 문화적 맥락에서 볼 때 시장은 가장 큰 영향력을 발휘한 것으로 보인다.

■ 시장 속 인간의 태도와 전략
- 생물학적 시장에서 인간은 모방, 우연, 경쟁 회피 등 여러 가지 전략을 선택하

게 된다.

- 생물학적 시장에는 많은 인간이 참가함으로써 개개의 인간이 가지는 태도나 전략들이 모여 집단의 수준에서 창발성이 나타나게 된다.
- 시장이 커질수록 시장 참가자의 투자절대량은 증가한다.
- 사회적 정의의 관점에서 기업을 선한 기업 악한 기업으로 나누는 시각은 위험을 내포한다.
- 투자 절대량 증가 현상의 근본에는 정신적 기쁨의 극대화를 추구하는 인간의 본성이 자리 잡고 있다.
- 투자의 절대량이 커지면 투자의 효율성은 하락하게 된다.

6. 인간의 역사 속 개인주의와 집단주의

We don't look for territories. We don't want to govern any other nations. We like to see our neighbors enjoying life, enjoying peace, and we are convinced the better they will have it, the better neighbors we shall have.

Shimon Peres, (BBC TV Doha Debates[1] 에서)

기존의 연구

역사 속의 개인주의와 집단주의에 관한 연구를 수행했던 대표적인 연구가로 사회학자 페르난트 퇴니스(Ferdinand Tönnies)가 있다. 그는 공동사회(Gemeinschaft)와 이익사회(Gesellschaft)라는 개념으로 인류의 역사 흐름 속에 개인주의와 집단주의가 어떤 모습으로 표출되는지를 규명하고자 했다. 자급자족 경제체제라 할 수 있는 공동사회가 시장 경제체제인 이익사회로 변모하는 과정에서 집단주의에서 개인주의로 사회의 무게중심이 이동했다는 이론이 그것이다. 사회학자 니스베트 (Richard E. Nisbett)는 서구인과 동아시아인의 개인주의와 집단주의의 역사적 배경을 설명하는 이론을 제시하기도 하였다. 그가 말한 바로는 서구인들의 개인주의적 특성은 서구문화의 뿌리에 자리 잡은 고대 그리스의 문화적 특성에서, 마찬가지로 동아시아인들의 집단주의적 특성은 동아시아 문화의 뿌리에 자리 잡은 고대 중국의 문화적 특성에서 기원한다는 것이며, 이 두 문화적 전통의 상이성에서 두 사회 구성원들의 특성의 차이가 기원한다고 본다. 전자는 바다와 좁은 평지로 이루어진 지형적인 조건 속에 해상무역이 발달하였고 그 결과 자신을 남과 구별하고 개별 사물을 전체 맥락에서 떼어내어 변하지 않는 본질을 추구하는 논리적, 분석적 사고가 발전하였다. 후자는 역시 비옥한 평원이라는 또 다른 지형적 조건 속에서 안정된 농경 사회 및 위계화된 정치 질서가 발달하였고 그 결과 협동과 조화를 추구하는 집합적이고 상호의존적인 사고가 발전하였다. 니스베트 처럼 문화적 배경의 차이가 각각의 문화에 속한 사람들의 인지 습관에 일정한 영향을 미친다는 설명은 어느 정도 수긍이 가면서도, 좀 더 자세히 고찰해 볼 부분이 있다.[2]

우선 각 문화가 내적으로 형성시킨 인지 구조(cognitive structure) 상의 특징이 집단주의적인지 개인주의적인지에 따라 그 문화 안에 사는 개인의 성향에도 영향을 미치게 됨은 Triandis가 문화 차원의 개인주의, 집단주의를 개인차원으로 대입하면서 주장했던 도식이기도 하다. 앞의 〈육체와 정신〉에서도 논의한 바 있듯이 인간이 대상을 인지하는 방식은 종합 혹은 분석의 크게 두 가지 방향성의 축을 가진다. 니스베트의 경우 서구인은 대상을 인지하는 방식이 분석에, 동아시아인은 종합에 가깝다는 것으로 생각할 수 있다. 그리고 이를 앞에서 논의한 Hofstede의 통계적 조사결과인, 서구 문화에서는 개인주의가, 동아시아 문화에선 집단주의가 특징적이라는 주장과도 연관 지어 볼 수도 있겠다. 또한, 내가 성향적 전략으로 제시한 개인주의와 집단주의의 인지 개념과 조합시키면 다음과 같은 결론이 나온다. 결국, 대상을 종합적으로 인지하는 동아시아 문화에선 대상과 자신을 연합하여 인지하는 집단주의가, 대상을 분석적으로 인지하는 서구 문화에선 대상과 자신을 분리하여 인지하는 개인주의가 발달하게 되었다는 도식

  우리 안의 개인주의와 집단주의

이 이루어지는 셈이다.

　생각해보면 개인주의와 집단주의의 성향적 전략은 한 개인의 인지습관과 일정하게 간접적으로라도 관련을 맺는다고 볼 수 있다. 예컨대 사물을 인지하는 습관이 주로 주변 맥락을 통한 파악보다는 개별 사물 자체의 특성이나 본질에 천착하는 편이라면, 매우 이성적으로 환경적 조건을 잘 통제하며 자신의 사회적 상황과 사회적 관계를 바라보게 될 것이다. 그리고 내집단(in-group)과의 정서적 연합보다는 거리 두기를 통해 개인주의적 성향 전략, 즉 적절한 회피나 협상을 통해 주고받을 것을 챙기는 전략을 취하게 될 확률이 높을 것이다. 반면, 그와 반대되는 인지 습관을 지닌 경우에는 자신을 둘러싼 주변 환경적 조건 속에서 자신의 상황을 유동적으로 파악하며 자신을 내집단에 맞춰가려는 집단주의적 성향 전략, 가령 감정적인 동맹 관계를 구축하여 외교적으로 보다 안전한 방어나 보복 전략을 선취해 나갈 것이다.

　하지만 이건 어디까지나 정형화된 가설일 뿐이며, 세상 속의 한 개인을 위와 같은 식으로 틀 속에 몰아가듯 몇 가지 문구들로 패턴화한다는 것은 현실적이지 못하다. 전술한 바 있듯이 개인의 성향적 전략이 실제적으로 생물학적 시장을 위시한 문화적 조건속에 사회적으로 표현되는 과정은 여러 가지 복합적인 변수들 (경험과 기억, 추구되는 행복의 성질 등)에 의해 영향을 받는다. 즉 한 개인이 과거에는 개인주의적 성향 전략을 취했지만, 사회적 상호작용 속에서 자신의 경험을 통해 원하는 자아상이 새로이 변화되고 그에 따라 자신이 추구하는 바가 바뀐다면, 그에 맞춰 다른 성향 전략, 즉 집단주의적 성향 전략을 취하게 될 수도 있으며, 그를 바탕으로 자신의 원하는 모습에 가까워지려 할 것이다. 그는 어쩌면 이전보다 자신의 감정을 사람들과 더 많이 교류하거나 자기 생각을 사람들에게 더 열심히 전하고 사람들을 설득하려 하게 될 수도 있다(실제로 이러한 개인주의적 개인과 집단주의적 개인은 한 인간의 자아의식 속에 병존하는 셈이다). 사람은 자신이 무엇에서 정신적 기쁨을 느끼는가에 따라 자신의 인지 습관과는 다른(자신의 인지습관을 변화시켜서라도) 태도 전략을 가져갈 수 있으며, 사회적인 혹은 문화적인 차원의 집단주의와 개인주의 역시도 시대에 따라 그 사회가 정신적 기쁨, 즉 행복을 어떻게 정의하는가에 결국 좌우된다. 앞으로 하게 될 이야기는 특히 역사 속에서의 개인주의와 집단주의의 모습에 대해서이다.

고대 그리스의 철학은 개인주의의 성향적 전략을 대변할지 몰라도 고대 그리스 사회는 정치 경제적 조건과 맞물려 결코 개인주의적이지만은 않았다. 좀 과장해서 묘사하면, 플라톤은 개인주의자였을지 모르지만, 아테네인들은 지독한 집단주의자들이었으며 이 점에서 전성기의 주나라 수도 호경에 살던 백성에 견주어도 결코 지지 않았을 않았을 것이다. 어떤 하나의 사상 혹은 문화적 특성은 대개 정치 · 경제적 조건과 맞물려 그 사회가 원하는 요소를 헌납하고 사장되거나 추앙받는다. 아카데미아에서 평생 칩거한 듯 보이기만 하는 플라톤이지만 그의 이데아론은 당시 아테네의 상황에서 지극히 정치적 성격을 띠었으며 이후 교부철학 시대에도 사실상 정치적으로 복무한 셈이었다. 정치성은 집단주의의 가장 두드러진 전략이다. 마찬가지로 동아시아의 유교나 불교의 운명 역시 이후 숱한 정치세력들과 밀접한 관계를 맺는 과정에서 지극히 정치성을 띠게 되었다. 또한, 이후의 서양사의 정치 · 경제적 굴곡 속에 서구인들의 성향적 전략은 (그리스와 로마의) 고전 문화와는 동떨어지는 역사적 체험을 하게 된다. 민주 정치와 해상 무역의 정신 따위는 성당 앞마당에 파묻어버렸던 중세시대 서유럽에서 고전 문화 속에 미약하게나마 깃들어있었던 개인주의는 자연히 잊혀질 수밖에 없었다.

　실제로 한 사회에 새로운 정치사상 및 경제 체제가 전파됨으로써 기존(의 지배계층이 후원했던) 문화의 핵심적 성격이 서서히, 하지만 완전하게 뒤바뀌는 일은 비일비재하며, 정치적 파란 속에서 한 시대 문화의 핵심이 변함없이 기억되고 보존되리라는 생각은 (출판과 인터넷의 홍수 속에 문화가 살아 숨 쉬는) 현대적 관점에서 과거를 바라봄으로써 생기는 환상이라 할 수도 있다(옛 문화의 편린들이 언어를 통해 부분적으로 잔존하는 것은 가능하겠지만).[3] 여기서 한 가지 언급해두고자 하는 것은 정치와 경제는 문화적 전통이나 관습보다 훨씬 더 한 사회 구성원들의 행복에 직결된 영역이라는 점이다. 인간이 자신이 몸담고 있는 문화적 전통과 관습 속에서 살아간다는 사실은 자명하다. 하지만 인간은 그 시대의 정치·경제적 조건 속에서 새로운 전략을 취하고 새로운 사상을 개발하려는 시도를 늘 한다. 우리가 알고 있는 문화는 그러한 수동적인 면과 능동적인 면의 총합, 즉 관습과 이에 대응하는 전략의 결과물이다. 성향적 전략으로서의 개인주의와 집단주의에 관한 역사적 이해는 이러한 문화의 가변성과 이중성에 맞닿아 있다.

　사실상 집단주의는 정치경제사적인 측면에서 볼 때 동서양의 보편적인 현상이었으며, 가령 고대 그리스의 폴리스들도 집단주의적 사회에 가까웠다고 보는 것이 정확한 설명이다. 아테네의 민주정치는 그냥 민주주의였지, 자유민주주의는 아니었다. 흔히 계몽주의 시대의 지적 토양의 철학적 근원으로 고대 그리스 철학을 지목하는 경우가 많다.

하지만 이는 매우 자연스러운 해석이면서도 특별한 의미를 부여하기
엔 미흡한 해석이기도 하다. 플라톤이나 소크라테스 정도의 철학적 수
준(매우 탁월한 뇌의 이성적 활동 수준)에 해당하는 사상가나 저작들
은 고대 그리스 시대 즈음이면 아시아 전역에 걸쳐서 폭넓게 찾아볼 수
있으며(그들이 자신이 속한 문화의 언어를 통해 어떠한 방식으로 외
부 대상을 인지하고자 했건, 그들 대부분은 개인주의자였을 것이다),
르네상스 이전 스콜라 철학에서 연구 대상이 되기 시작한 아리스토텔
레스도 이미 아랍화 된 아리스토텔레스에 가까웠으며, 보다 정확히 표
현하면 국제성을 띤 아랍문화의 훈풍을 타고 들어온 것이었다. 경제
적 호조건 속에서 왕성한 호기심과 지적 열망을 뽐낼 수 있었던 근대
서양의 신생 학문 개척자들은 그들의 학문적 뿌리를 세계사적인 개방
성보다는 (당연하게) 유럽사에 기대어 찾고자 했을 테고 그 과정에서
유럽사에 관통하는 지적 흐름이나 줄기를 형상화하게 되었을 것이다.
인간이 인간중심주의적 시각에서 벗어나지 못해왔듯, 그들도 학문 발
전의 초기 단계에서는 유럽중심주의적 시각에서 벗어나지 못하였다.
그리고 모두가 알다시피 제국주의적 정치 상황 속에 (어느 시대 어느
사회나 그랬듯) 그들의 학문 또한 이용되었다.

그런데 근대 서양인들이 자신의 고뇌를 아로새긴 새 저작을 그리
스 시대 어느 선현에게 헌정했다손 치더라도 이는 감성적 차원을 넘
어서는 의미를 가지긴 힘들다. 이미 죽어버린 옛 사상을 되살려서 재
활용하는 사례는 인류 역사에서 하도 부지기수라서 인간의 창작 행위
에 있어서 보편적인 행태로까지 여겨지며, 따라서 그러한 옛 기억의
소환 자체는 어차피 특별한 의미가 없다. 중요한 것은 리메이크 과정
에서 일반적으로 여기저기 근래의 잡다한 지적 성과물들을 적극적으

     우리 안의 개인주의와 집단주의

로(자신의 성향적 전략을 바탕으로) 짜깁기하게 된다는 사실이다. 동아시아에서 새 시대를 열어젖혔던 성리학 사상도 바로 그런 작업의 소산이었다. 즉 그 시대의 주된 성향적 전략이 새로운 시대사상을 진정으로 창조하게 되는 것이지 잠자고 있던 창고 안의 옛 보물이 그러한 창조의 주인공이 될 수는 없는 것이다.

사실상 새로운 시대의 어떤 주역에 대해서 과거의 문화적 전통과의 연결고리에 대해 너무 주목하다 보면, 그는 과거의 신화 속 주역이 새 판타롱 스타킹을 입고 컴백한 액션 히어로에 지나지 않게 된다. 따라서 서구 근대의 (성향적 전략으로서) 개인주의의 발현 및 자유주의 사상을 고대 그리스적 문화전통에 연결하려는 시도는 그러한 문화적 창조 과정의 일반적인 속성에 비추어 볼 때 당연하면서도 많은 제약이 있다. 특히 개인주의와 밀접한 관련이 있는 이 자유주의 사상은 대항해 시대 이래 (확대된 생물학적 시장을 바탕으로 이루어진) 갈릴레오 갈릴레이와 뉴턴으로 대표되는 자연과학적 지식의 발견 그리고 계몽주의 시대 아래 지식 시장의 형성과 더불어 질풍노도와 같이 분출된 천재적 사상들과 결정적인 관련성을 맺는다. 서구 근대의 자유주의 사상의 형성은 인간이 주어진 문화적 관습에 눌려서만 자신의 태도 전략을 취하지 않으며, 새로운 정치·경제적 조건 속에서 새로운 전략을 선택하고 이를 합리화하기 위한 새로운 사상을 개발시켜왔음을 보여주는 하나의 사례이다.(그것이 결과적으로 보면 인간 역사의 순환 고리를 설령 벗어나지 못한다 하더라도) 실제로 개인주의와 집단주의는 한 사회의 정치 경제적 조건과 맞물려 그 사회를 움직이는 문화의 추동력으로 작용해왔다.

새로운 시대 전략의 대두

　　인간의 역사에서 국가 권력의 존재는 인간 사회의 집단주의 정서의 극점을 보여준다. 집단에서의 낙오는 죽음을 의미했던, 무리 지어 이동하던(진화생물학적으로 볼 때 길고 길었던) 수렵채집의 시기는 말할 것도 없고, 집단주의 정서는 그리 길지도 않았던 인간의 역사시대 동안에도 인간 사회를 대체적으로 지배했다. 이러한 흐름은 문명이 세워지고 역사시대가 펼쳐진 이후에도 계속되었는데, 아마도 그러한 인간 사회에서 권력을 독점하는 데 성공했던 자들은 대부분 집단주의 성향적 전략의 화신이었을 것이다. 앞서도 한 번 언급했던 권력이 먼저였나, 농경이 먼저였나의 문제는 고고학적으로는 전자의 주장에 더 설득력이 실려있다. 또한, 농경 사회든 유목 사회든 대부분 사회에서 개인주의자들은 집단에서 도태되거나 위협으로 간주되어 극심한 냉대와 천대를 받았다. 따라서 자유로운 해상 무역의 기운이 충천했던 그리스에서도 대체적으로 이방인과 같은 (자의든 타의든) 개인주의자들은 전혀 대우받을 수 없었으며, 그런 측면에서 전성기 로마제국의 제정시대에 비하자면 훨씬 집단주의적 정서가 강했다. 그들이 남긴 책을 보고 후세 사람들이 대우해주는 것을, 그들이 그 시대에 대우받았으리라는 생각으로 혼동해선 안 된다. 그 시대에 개인주의적 철학자들은 딱 유명했던 만큼만 그 사회에 영향을 미칠 수 있었을 뿐이지 정치 경제 사회적으로는 집단주의의 행운아들이 점령했던 시대였다.

인간의 역사에서 인간 집단이 집단의 의사를 결정하고 실행하는 방법은 원칙적으로 사실상 두 방법만이 있었던 셈이었다. 더 많은 사람이 원하는 데로 결정하거나, 혹은 (일정한 한계성을 가지긴 하나 어쨌든 다수결이 아닌) 합리성에 근거해 결정하는 것이다. 흔히 사람들은 물리적 권력(주먹의 힘이 아닌 군사력, 즉 돈의 힘이다)을 앞세운 소수의 집단이 사회의 다수를 독단적으로 지배하는 사회가 전형적인 전근대 사회의 모습이라고 생각한다. 하지만 그때 사회의 다수는 (현대 민주주의 국가 수립 이전에는) 어차피 의사 결정에 아무 권한이 없는 말 그대로 피지배자일 뿐이다. 그리고 의사결정에 관여하는 물리력을 앞세우는 그 소수의 지배자 집단 내부를 들여다보면 (돈의 힘에만 의존했든 돈과 명민한 지략을 동시에 활용할 줄 알았든 간에) 언제나 자기편 많이 만들기에 성공한 쪽이 주도권을 쥐었다. 즉 집단주의적 정서가 강한 개인들이 주도권을 잡았다. 그리고 그들은 피지배층의 다수가 원하는 방향에 맞추어 의사를 결정해 나갔다.

물리적 권력(돈)을 가장 많이 가진 자도 혼자서는 (그가 개인주의적 성향의 인간이라면) 아무것도 할 수 있는 일이 없다. 돈 많은 개인은 그저 돈 많은 개인일 뿐이며 주위의 적대감에 둘러싸일 뿐이다. 인간 사회에 오직 경제적 소비시장만이 존재했다면 그 시장을 완전히 독점하는 자는 빠트릭 쥐스킨트의 소설 〈향수(Das Parfum)〉에 나오는 주인공처럼, 그의 재산을 탐하는 주위 사람들에게 온몸이 산산조 각 뜯겨 나갔을지도 모른다. 하지만 인간 사회에서는 구애 시장을 비 롯하여 다수의 시장이 존재하여 경쟁이 다중으로 중첩된다. 국가 권 력의 측면에서 물리적 권력을 갖춘 그가 그 돈을 미끼로 자기 부하들 을 많이 거느리게 될 때 그는 지배력을 갖게 된다. 하지만 그 지배력 은 아직 정치권력이 아니다. 이미 돈을 많이 갖고 있는 지배자 후보군 들 내에서는 돈을 미끼로 권력을 독차지 하기 힘들다. 그 때엔 자기편 에 더 많은 후보군을(설득으로든 친화력으로든) 끌어들이는 자가 이 긴다. 즉 더욱 집단주의적 성향이 강한 전략을 취하는 개인이 이긴다. 그리고 지배자 집단, 즉 소수 특권층이 확립되면 자기들의 물리적 권 력(돈)을 이제 피지배층 다수로부터 수취할 수 있게(조세 체계의 확 립) 된다. 그 정당성은 결정된 의사를 실행하기 위한 필요성에 입각하 여 추인되므로, 이후 물리력은 더는 꼭 그 집단주의적 개인이 원래 가 지고 있던 물리력에 의존할 필요도 없게 되는 것이다.

합리성에 따라 결정 내리는 경우는(지금의 기준에서 볼 땐 전혀 수 긍하기 힘들겠지만) 신탁을 전하는 제사장이나 샤머니즘의 무당, 종 교의 지도자 등에 의해 이루어졌다. 사실 이 집단 내에서 역시도 지도 자 자리에 오르는 것은 개인주의보다는 집단주의적 성향이 강한 인간 이 성공할 확률이 높다. 고대로 갈수록, 원시 시대로 갈수록 합리성을 추구하는 인간정신은 이들에게 의사 결정에서 상당한 정도의 자문을 제공할 자격 내지는 실제 의사결정을 최종적으로 추인할 자격 등을 부여했다. 하지만 이들이 의사결정권을 설사 가진다 해도 의사결정을 강제할 수 있는 물리력을 가지지 못했기에 의사를 실행시킬 수 있는 자체적인 힘은 없었을 것이다. 그리고 물리력은 의사를 실행할 때 쓰

   우리 안의 개인주의와 집단주의

는 것이지 의사를 결정할 때 쓰이는 것이 아니라는 건 누구나 아는 사실이다. 그러므로 그들과 물리적 권력을 가진 집단 사이에는 경쟁 내지는 결탁 혹은 혼융이 일어나게 된다. 주로 결탁 내지는 혼융 쪽으로 결과가 흘렀던 모습을 구체적으로 한국사를 비롯한 인간의 역사에서 다수 살펴볼 수 있다. 그리고 종교적 권위자들은 사실 그다지 합리적이지도 않아서 다수결의 의사결정 방식보다 더 나은 결과를 가져오긴커녕 그 반대되는 결과로 이끄는데 영향을 끼친 경우도 많았던 것으로 보인다. 현대 국가에선 다양한 정책 연구소들이 그 사회 내의 다양하고 복잡한 지적 성취들에 바탕을 둔 다수의 합리적인 정책들을 개발하고 생산한다. 물론 이 연구소의 연구원들은 이제 의사 결정권이라는 측면에서는 너무 멀어지고 말았다. 사실 자신들이 의도적으로 적대적 태도로 무장한 집단주의자들의 전쟁터와도 같은 정치시장으로부터 스스로 거리를 두려 했던 측면도 있겠지만 말이다.

인간의 역사 대부분의 기간 동안에 개인보다는 두 명이, 두 명보다는 세 명이 힘을 발휘하며, 집단 중에서는 더 구심력이 큰 집단에 사람들이 가서 붙으려고 하는 사실상의 만유인력의 법칙이 정치의 영역에서는 철저히 작용해왔다고 볼 수 있다(구심력의 크기는 사람 수이다). 인간의 역사에서 볼 때, 유럽에서 존 로크(John Locke)와 몇몇 철학자들을 거치면서 형성되기 시작된 자유주의라는 정치경제 사상은 집단주의가 지배해온 인간의 정치 지형에 근본적인 큰 변화를 가져왔다. 개인주의적 성향을 가진 개인이 자립해서 당당하게 사회를 이끌어 나갈 수 있는 바탕이 생겨났다. 우선 그 사상은 나폴레옹을 통해 유럽 전체에 순식간에 퍼졌고, 제국주의 시대에 와서 동서양 곳곳에 침투 확산하였다. 물론 동양 특히 극동의 한국 같은 곳에는 그다지 자유주의 사상을 체험할 기회가 없었고 일본을 타고 들어온 이 사상은 부정적인 거부감을 불러일으키기도 하였다. 일본 지폐에 등장하는 한 자유주의 사상가에게 흠뻑 빠졌던 개화파의 큰 형 김옥균은 당시 조선인들의 정서를 무시하고 극단적인 정치 개혁을 실현하고자 시도하기도 하였다. 그는 당시의 평균적 조선인과 비교했을 때 개인주의적인 성향을 띤 젊은(정치적인 힘이 없는) 철학가에 불과했으며, 집단주의적 성향의 전형적인 조선 정치가들이 일하는 방식을 무시하였다. 특히 세도가문의 집단주의적 배타성에 치를 떨었던 그는 당시의 지배 계층을 보수, 자신을 진보라 규정하였다. 하지만 그가 정변을 일으키기 한 해 전에 죽은 카를 마르크스(Karl Marx)나, 역시 그 해에 태어난 케인스(John Maynard Keynes)와 달리 그가 개인주의와 자유주의를 인간을 구원해줄 진보의 횃불로 여겼던 것은 그 당시의 조선 상황에서 충분히 이해가 갈 수 있는 일이다.

자유주의에 대한 정의는 밤하늘의 별처럼 많은 것 같다. 하지만 인간이 자신의 신체와 재산에 대한 온전한 자기 결정권을 가지며 (그가 타인의 신체와 재산을 침해하는 경우를 제외하면 어떤 경우에도) 누구도 그것을 침해할 수 없다는 것은 모든 자유주의에 대한 정의의 근본에 놓여 있는 핵심 개념이라고 볼 수 있다.[4] 이는 자신에게 정신적 기쁨을 안겨다 주는 행위 및 대상은 자신이 제일 잘 알 수밖에 없다는, 신경생리학적인 자아의식의 속성과 깊숙이 관련되어 있다. 욕구를 해소하기 위해 진화한 인간 뇌의 순수한 조직세포학적 특성, 즉 각각의 뉴런의 형태와 기능의 특성은 인간 개인마다 큰 차이가 없지만, 뉴런을 흐르는 전기신호들의 총합으로 나타나는 우리 각자의 자아의식은 순간순간 의식되면서 다른 누구보다도 자신이 가장 뚜렷이 인지

 우리 안의 개인주의와 집단주의

할 수 밖에 없다. 이에 따르면 자신의 가산을 내일 당장 처분해서 사회에 모두 기증하겠노라고 자신의 의사를 표시하더라도, 뻔히 배신을 예상하면서 관용을 베푸는 발언을 하더라도, 열심히 공부해서 시험에 붙을 수도 있지만 나는 지금 내 친구와 노는 것이 행복하다고 생각하고 열심히 놀더라도, 어찌 됐든 자신이 좋아하는 것은 자신이 제일 잘 알며 자신의 행복에 대한 선택 및 결정은 다른 어느 누가 아닌 자신이 해야 하고 그에 따른 책임도 자신이 지는 것이다. 이는 선택을 안 하는 것보다 하는 것이 더 나은 것이라는 〈생물학적 시장〉의 생성 원인에 관한 설명과도 일맥상통한다. 즉 인간은 자신의 정신적 기쁨을 누구보다 자신이 제일 잘 알며, 그에 필요한 자원과 행위를 스스로 조직해 나가야 한다는 것이다.[5] 애덤 스미스(Adam Smith)의 시장 경제에 대한 논의도, 존 스튜어트 밀(John Stuart Mill)의 표현의 자유에 대한 생각도 기본적으로는 그러한 핵심 개념을 공통분모로 하고 있다. 그리고 이러한 점에서 인간이 자신의 고유한 신체와 재산에 대한 불가침의 온전한 자기 결정권을 가지는 것에 반대하는 (그 이름이 어떻든, 그게 맹자의 왕도정치 이론이든 마르크스의 공산주의 이론이든) 전근대의 수많은 정치사상과 대비되기도 한다.

개인주의 성향에 기반을 둔 자유주의 정치사상이 인간의 길지 않은 역사 말미에 대두한 것이 어떤 의미가 있는지(주로 경제적 측면에 비중을 두고) 논의해 보는 것도 의미가 있을 것이다. 자유주의를 낳게 한 그러한 사회적 정서, 즉 개인주의 성향전략은 인간의 역사에서 특정한 시대와 특정한 공간에서 이따금 주효하게 기능했을 수는 있겠으나 아마도 대항해 시대 이래 자연과학의 발달과 시장의 확대가 결합함으로써 새로워진 경제적 상황의 전개가 자유주의의 탄생에 가장 크게 영향을 끼쳤으리라 본다. 자유주의는 하자 말자의 차원이 아니라 할 수 있느냐 없느냐의 차원에 가까운 문제이며, 따라서 경제적 조건에 절대적으로 좌우된다. 시장의 확대는 시장참가자의 투자 절대량을 증가시켰을 것이며, 자연과학의 발달로 새로운 투자 영역이 무궁하게 새로이 나타났으니, 개인주의자의 지적·물질적 성취는 그 어느 때보다도 고양될 수밖에 없었을 것이다. 다른 한 편으로는 르네상스 이래 서서히 나타나기 시작한 지식시장의 전개는 남부에서 시작되어 북부로 빠르게 확산해 나갔다. 이는 고대 그리스 시대 플라톤과 소크라테스가 걸어 다니던 아테네의 지식시장과 견줄 만했다. 가장 가깝게는 계몽주의 시대 프랑스에서와 같은 활발한 지식시장이 사회적으로 개인주의 정서의 만개를 초래하여 자유주의 사상을 잉태하게 되지 않았나 생각된다.

18세기 프랑스 파리의 살롱을 드나들던 지식시장의 주체들이, 자유주의의 씨앗을 뿌리고 가꾸어 나가는데 모두 관심을 뒀던 것은 아니지만(그들은 자신들의 지식을 주로 생계유지나 품위 유지에 이용하였다), 어쨌든 그들은 그 당시 사회의 개인주의적 정서의 화신들이었다고 볼 수 있다. 그들은 자유롭게 먹고 마시며 정신의 비상을 꿈꾸며 말을 하고 글을 써댔는데, 그들의 글을 인쇄한 책은 당시 집단주의 전략으로 무장했던 정통 지배자들에 비해 이인자에 해당하는 (하지만 차별의 굴레를 그만큼 예민하게 인식했던) 다른 한 집단을 선동했다. 영국에서는 이미 한 세기 전에 국왕에 비해 이인자였던 의회 의원들이 국왕을 몰아낸 적이 있었는데, 한 패거리였던 왕과 귀족들에 대항해 맞서고 있던 프랑스의 상공업자들은 이제 자신들의 정치적 투쟁에 대의명분을 제공하는 중요한 무기를 가지게 된 셈이었다. 그렇게 혁

     우리 안의 개인주의와 집단주의

명의 시대는 활활 타오르고 개인주의적 정서를 가진 인간은 적어도 서구에서는 근대적 개인이라는 근사한 명함을 가지게 되었다. 그전 시대까지 줄곧 소외되고 억눌려왔던 인간 내부에 있던 개인주의적 성향이 유럽에서는 활짝 피어날 수 있게 된 것이었다. 하지만 그 시대는 정확히 표현하면 돈 있는 개인주의자에게는 새 시대의 문이 열렸는지 모르겠지만, 돈 없는 개인주의자, 즉 계몽의 대상일 뿐이던 가난한 평민 신분의 개인주의자에게까지 그 문이 열린 건 아니었다.

정치 시장

시간이 지나면서 서서히 몇몇 국가들, 즉 영국과 미국을 비롯한 나라들에서 자유주의는 민주주의와도 결합하게 되었다. 경제적으로는 껄끄러운 사이이면서도 우여곡절 끝에 합치게 되는 과정에서 둘 사이에 갈등은 첨예하게 드러났다. 자유주의의 논리는 민주주의의 작동방식과 전혀 다르며 그 바탕에 두고 있는 성향적 전략 자체가 확연히 차이 나기 때문이다. 자유주의가 실제 현실 정치를 이끌어 나가는 방식은 법에 따른 철저한 개인의 (재산과 신체의) 권리 보장이다. 이는 오늘날 민법과 형법의 핵심 원리가 되었다. 그런데 자유주의 정치는 개인의 권리를 규제하는 제도를 철폐시키는 과정(가령 영국에서 심사령(test act) 폐지, 조선에서 노비제도 폐지 등)에서는 개혁적이지만 그러한 철폐가 진행되는 과정이 끝나고 나면(더 철폐할 게 없어지면) 그 다음은 보수화될 수밖에 없는 정치이다. 만약 완전히 자유주의의 원리에 의해 작동하는 야경국가라면 국가적 대소 현안들을 처리해 나가는 데 있어서 의회보다는 법정이 더 효율적일 수 있다.

반대로 민주주의의 작동 원리는 집단주의의 성향적 전략에 기반을 둔다. 자기편 만들기 전략 즉 외교전략이 뛰어난 자의 의사대로 정치가 이끌어져 나간다는 점에서 고대 그리스의 민주정치가 그러했듯 객관적인 합리성과 주관적인 감성 사이의 처절한 전투가 늘 벌어지게 되며, 재판장에서 엄숙히 판결을 기다리는 자유주의 정치와 달리 호객 행위를 하는 시장판이 늘 차려진다. 실제로 현대 민주주의 국가의 정치는 생물학적 시장 개념에 비추어 볼 때 하나의 정치시장을 형성하며, 정당의 정치인들은 현대적 의미에서 우리 사회 집단주의 정서의 화신이라 할 만한 사람들이다. 각 정당을 시장의 주체로 분석해본다면 일반 국민, 즉 투표권자는 100억 원의 자산가나 거리의 노숙자나, 정치인에게는 똑같은 매력을 가지는 정치시장의 객체이다. 이론상으로 정당은 그 국민들에게 자신의 가치를 증명해 보이려는 노력을 동일하게 기울여야 하는 것이다.

정치시장을 독점하는 구타 유발자들(시장의 적대적 태도 유발자들)에 대해 도편추방제(ostracism) 같은 어설픈 제도에 호소했던 초기 그리스인들과 달리, 동서고금을 통해 독재를 견제하는 장치들이 숱하게 개발되면서 현대의 자유민주주의 정치에서는 일단 선거에서 승리하여 시장을 독점하게 된 집단주의의 화신들에게는 몽테스키외(Montesquieu)의 유언에 따라 그들의 시장 독점력을 삼등분 하여 그중 1/3만을 인정하는 삼권분립의 장치가 그들을 기다린다. 또한 (헌법에서) 약속된 지정한 임기가 끝나면, 의사결정을 집행하는 물리력(행정권)을 조용히 내려놓아야 하고 다시 선거에서 다수의 선호가 어떻게 나올지 처분을 조용히 기다려야 하는 처지가 된다. 장기 독재를 극복한 1980년대 후반 이후 한국도 이와 같은 궤도에 들어섰음을 볼 수 있다. 최종의사결정권자(대통령)와 그 집단(여당)은 의사결정권을 소유했음에도 불구하고, (의회에서 표결해야 하거나 신임을 물어야 하는 사안들에 대해서)의회에서 계속 견제 및 제동을 당하여 성미 급한 한국인들은 이에 적응하느라 애먹고 있다. 물론 입법부 외에도 사법부에 의해 또다시 견제를 당할 수 있다. 사실 이보다 더 막강한 언론도 시장 바깥에서 기웃거리며 현대의 집단주의의 행운아들을 한 방 먹일 이슈를 찾고 있다.

민법과 형법, 헌법을 통합하여 다양한 생물학적 시장들의 규칙과 그 시장들의 독점 제한을 입법화한 현대 자유민주주의에서의 정치경제 상황은 개인주의 전략의 발현을 보장하면서, 특정한 집단주의 전략에 사회가 지배되는 것을 견제할 수 있게 된 모습이다. 특히 성공적으로 자유민주주의가 기능하는 사회에서는 그런 모습을 분명히 볼 수 있다. 이때 성공하느냐 못하느냐는 절대적으로 그 사회의 경제적 · 물질적 조건에 좌우될 가능성이 크다. 인간의 정신적 기쁨은 물질적 조건에 필연적으로 영향을 받으며, 정신적 기쁨을 위한 전략인 개인주의나 집단주의가 자유주의와 민주주의의 작동방식을 통해 발현되려면 그 사회의 경제적 조건은 중요할 수밖에 없기 때문이다. 성공적인 자유민주주의 국가에서 자유주의 정치사상은 어느 정도 민주주의와 타협함으로써 존재의 지속가능성을 획득하였다고 볼 수 있다. 개인주의적 전략의 발현이라 할 자유주의는 경제적 조건이 일정 수준에 도달한 근대 이후로 지식 시장, 경제 시장, 정치 시장 등 다양한 생물학적 시장을 주도하거나 혹은 집단주의 전략들과 함께 공동으로 시장을 운영해온 셈이다.

경제사적 고찰

여기서 잠시 정치와 국가권력의 영역을 벗어나 경제의 영역을 들여다보자. 앞장에서 나는 생물학적 시장 이야기를 하였는데 일반적인 경제학적 시장에 대해서는 그다지 언급하지 않았었다. 경제학적 시장에는 개인주의적 성향의 개인도 있고 집단주의적 성향의 개인도 있다. 그 두 부류의 인간은 회사라는 울타리 안에 섞여서 일하기도 한다. 당연히 그 시장이 속해 있는 사회의 성향에 따라 시장 주체의 성향도 좌우될 수밖에 없다. 즉 문화적 맥락에 따라 시장 내에서의 개인주의와 집단주의의 양상은 다양할 수 있다. 특히 일본이나 한국의 기업에서는 그 내부적인 집단성이 상당히 강하여 서열 중심의 경직성과 집단적 일체감 등이 강하게 자리 잡고 있다. 하지만 자유주의를 바탕으로 한 시장경제 국가의 경제학적 시장은 다른 어떤 종류의 생물학적 시장들 가령 정치 시장 등과는 달리 개인주의적 성향의 전략이 매우 유리하게 작용할 수 있다. 따라서 시장 참가자들의 행동과 태도 전략은 개인주의적으로 흐를 유인을 강하게 가지며, 실제 소비시장 소비자들의 행동과 태도는 기본적으로는 매우 개인주의적이다. 소비자 개인의 신중한 개인주의 전략에 기반을 둔 합리적이고 자유로운 구매 행위는 생산과 소비에 대한 전통적인 경제학의 기본 가정을 구성하는 한 축이다.[6] 하지만 또 다른 한편으로, 유행과 같은 소비자들 간의 공유된 구매욕은 딱히 근대 이후에만 볼 수 있게 된 현상은 아닌 것 같으며, 시장 주체들 간에 서로 영향을 주고받는 상호작용은 인간의 경제사에서 항상 존재해왔다고 볼 수 있다. 더 나아가 소비자들은 드물긴 하지만 자신들의 이익을 증대시키고 소비자로서의 권리를 강화시키기 위해 집단주의적 성향 전략에 기반을 둔 행위를 하기도 한다. 가령 기업의 멤버십 카드제도는 현대의 경제적 시장에서 집단주의 성향 전략을 소비자 개인이 강요받는 하나의 예이다. 멤버십 카드가 한 장도 없는 사람은 수많은 매장에서 각종 할인카드 소지 여부를 묻는 점원을 대할 때마다 손해 보는 기분을 늘 느끼며 구매를 해나간다. 사실상 그는 개인주의적 '자유'의 대가를 체감하는 것이다. 금융시장의 경우 역시 투자 주체들은 기관투자가든 개인이든 매우 개인주의적인 의사결정에 의존하게 되지만, 그 의사결정에서 다른 시장 주체의 전략에 훨씬 민감하게 반응하는 경향을 보인다.[7] 이 경우 투자 대상에 대한 객관적인 자료 정보뿐 아니라 다른 투자자들의 투자 행태 자체가 의사결정을 좌우하는 경우가 많다. 경제적 시장 전반에 걸쳐 집단주의적 의사결정에 대한 미련은 시장 점유율의 우위를 주장하는 다양한 기업들의 광고만 보아도 확인할 수 있다. 하지만, 경제학적 시장은 사회의 다른 영역에 비하면 (특히 정치 영역과 비교하여) 전통적으로 개인주의의 성향적 전략에 바탕을 둔 행위가 의사결정에서 상당한 비중을 차지해왔던 영역이며 이는 앞으로도 변함없을 것이다.

모두 알고 있듯이 경제적 시장에서도 독점이 나타난다. 그리고 이 것이야말로 최근 신자유주의에 대한 대중의 거부감과도 밀접한 관련 이 있는 사회적 관심사이기도 하다. 물론 여러 나라에서 이미 공정거 래법이나 독과점 규제 법안들이 그러한 시장 독점에 대한 방지책의 역할을 해왔다. 또한, 다양한 복지정책들을 시행하기 위한 증세 정책 은 바로 이들 독점 기업에 의해 도산하는 기업들 혹은 경제 시장에서 구조조정 되거나 경제시장에서 제대로 된 주체로서의 기능을 하지 못 하는 소수의 사람들을 위한 부조라는 현실적 요구에 입각한다. 물론 이러한 경제 관련 규제 법안과 복지 정책들은 현대 자유민주정치하에 서 경제학적 합리성의 영역보다는 정치 시장 논리의 영역에 더 발을 걸치고 있다는 데에서 비효율적 비용 감수의 가능성을 내재한다. 많 은 경제 전문가들이 조언 및 자문을 하겠지만, 실제 경제 관련법들은 정치시장 속 정당 간의 타협과 협박, 묵인 속에서 생성 및 존폐가 결 정된다. 경제전문가들이 무시당하는 이유는 여러 가지가 있을 수 있 겠지만 주로 그들이 전혀 인간다워 보이지 않고 공감적 이해를 결여 한 집단으로 비쳐 사회 대중의 심리적 불만과 박탈감이 엉뚱하게 그 들에게 투사되는 경향이 있기 때문이다.[8] 경제학자는 논문을 통해 자 신의 진심을 눈물로 표현할 수 없다. 경제학자가 자신의 진심을 눈물 로 표현하는 글을 대중이 중요한 저작으로 인식하고 읽을 정도의 위 치가 되려면, 이미 그 경제학자는 대중에게 사랑받는 정치적인 경제 학자가 되어버린 다음이다.

정치학적으로 꽤 합리적으로 설계된 정치 시스템의 틀 속에 가두 어져 있는 정치인들이지만, 자신의 영역 바깥에서 발을 걸쳐오는 경 제 관련 법들에 대해서는 한껏 기지개를 켜고 자신들의 무지를 유감

없이 뽐내는 경향이 있다. 쉽게 비유하자면, 국가가 이른바 더 바람직한 일을 많이 하기 위해서는 단순히 세율을 높여 세수를 증가시키면 되리라는 산수 수준에 (물리학과 경제학은 컴퓨터 시뮬레이션을 돌리고 있는데) 아직 머물러 있는 모습이다.[9] 시장에서의 개별 경제주체들의 경제 행위의 총합은, 입법가들이 의도하는 데로 하나의 조치가 하나의 효과로 이어지는 일차 함수관계로 발생하는 경우는 거의 없다.[10] 창발성이라는 단어의 묘미는 시장에서 화려하게 드러난다. 경제학자들이 케인즈와 하이에크 사이에서 우유부단하게 고민하는 모습을 비웃듯 정치가들은 매력적인 일관성과 결단력을 과시하면서 자신들의 순진한 믿음을 실현시켜나고자 하겠지만.

　19세기의 어떤 철학자는 자신의 경제이론으로 세계 정치구조의 변화를 기도했던 적도 있다. 그의 이론에 따라 수립된 사회주의 국가 소련에선 레닌의 명령대로 정치시장의 시장적 속성을 철저히 무시해버렸다.[11] 그뿐만 아니라 경제적 시장도 사라졌다.[12] 또한, 그가 학력시장이나 구애 시장 따위 등을 고려할 생각도 없었음은 분위기상 쉽게 알 수 있을 것이다. 자유주의로 말미암아 타격을 받은 집단주의적 정서를 다시 인류에게 화려하게 복원시킬 회심의 작품이었던 그의 공산주의 이론은 이후 현실의 국가 권력자들에 의해 그다지 성공적으로 실현되지는 못했다. 하지만 그가 기본적으로 생물학적 항상성을 추구하는 게으른 동물인 인간의 속성과 한계를 과감하게 넘어서고자 한 시도는 높이 살 만할 것이었으며, 이는 이전의 그 어떤 무능한 제사장이나 교활한 교황들보다도 창조적이고 실험적인 결단력으로 세계역사에 섬광과도 같은 충격을 남긴 사례라 하겠다.

우리 안의 개인주의와 집단주의

정치사에 대한 경제사의 입장

    그런데 정당에 의한 정치 시장의 개념을 부정하는 인민민주주의 등을 포괄하는 광범위한 개념으로 민주주의를 논하자면, 민주주의는 인간의 역사에서 자유주의 이전부터 이미 존재했던 개념이라고 볼 수 있으며 그 핵심 개념은 다수결의 원리와도 같다고 할 수 있다. 인간은 모두 다 똑같이 중요하고 소중한 존재이므로(주인과 같으므로) 모두에 얽힌 정치적 결정을 내리기 위해서는 다수결에 의하는 것 외에 다른 대안은 생각하기 힘들다. 자유주의 역시도 엄밀히 그 핵심 개념을 논하자면 고대 이래의 자연법 사상이나 애초에 인간의 본성이나 양심에서 그 기원을 찾을 수 있다. 물론 구체성을 벗어나 그 핵심 개념에 다가갈수록 민주주의와 같은 단어는 그 의미 자체가 모호해지는 경향은 있으나 그런 위험을 잠시만 감수해보자.

    지배층에 의해 활용된 유교의 민본주의 사상을 민주주의와 연결하기에는 무리가 있지만, 말 그대로 민(民)을 주(主)로 여기는 인민 평등사상은 동아시아의 수많은 농민 봉기의 뿌리에 터 한 이념이었다.

역사상 피지배계층이 가지고 있던 평등에 대한 욕구는 현대 민주주의 훨씬 이전부터 그것이 변증법적 역사 발전을 추동하는 힘이었건 아니건 간에 존재했다. 자유주의 이전에 민주주의적 가치가 일반인들에게 어느 정도 공유되었더라면, 왜 과거에는 민주주의 정치를 수립할 수 없었을까? 6.25 전쟁이 끝나고 남북이 대치된 상황에서도 한국인들의 민주주의에 대한 열망은 시간이 지나면서 가속도가 붙어서 한강의 기적만큼이나 빨리 여의도의 기적을 일궈내었다. 이는 세계의 여러 나라에서 아직 혹은 이제야 조금씩 기적의 첫 삽을 뜨고 있는 상황과 견주어 볼 때 한국인의 민주주의에 대한 조바심이 경제적 성장에 비해 덜하지 않음을 보여준다. 그렇다면 왜 우리와 기질이 비슷했을 조선 사람들은 양반 중심의 비민주적인 신분 계급 사회에서 500년이 넘게 그렇게 살았을까?

이는 경제적 조건과 관계가 깊을 것이다. 한국의 현대사에서 한강의 기적 후에 여의도의 기적이 일어난 것은 우연이 아닌 것으로 생각된다.[13] 중국사나 유럽사를 보면 농민들이 봉기를 일으켜서 정치적 권력을 쟁취한 적은 있지만, 결국 경제력이 없는 일반 평민 대다수로부터 부를 축적한 소수 집단에 또다시 권력은 자연스레 넘어가게 된다. 그리고 그 경우 그 소수집단을 제거하거나 혹은 그 소수집단의 재산을 강제로 나눈다고 문제가 해결되지 않았다. 이를 몇 가지 관점에서 바라볼 수 있는데 한 가지 설명은 일반 평민 전체의 경제력이 너무나 낮았기 때문에 귀족이나 지주집단에 대항해서 자신들의 정치적 권리를 유지해 나갈 수 없었던 것으로 보는 것이다. 일반 평민들의 경제력은 왜 낮을 수밖에 없었는가. 생산력 자체가, 즉 단위 생산 면적과 단위 시간 안에서 가용한 자원과 노동력을 통해 획득할 수 있는 생산물

 우리 안의 개인주의와 집단주의

의 총량이 너무 낮았던 데에는 생산 기술 등의 여러 요인을 생각할 수 있으나 실제로 가장 큰 요인은 제도, 즉 시스템에 있다. 바로 이 부분에서 우리는 민주주의와 자유주의의 결합에 주목할 필요가 있다. 현대 자유민주주의의 작동 방식은 개인의 안전한 활동 공간을 제공해 주면서 집단의 힘을 제한하는 속성에 기반을 두고 있다. 자유주의에서(자유민주국가의 민법과 형법에서) 보장하는 개인의 안전한 활동에서 상당한 비중을 차지하는 것은 자유로운 경제적 행위이다. 인간은 어느 정도 물질적 기반을 해치는 스트레스 요인을 제거한 후엔 보다 장기적으로 자신의 정신적 기쁨을 위한 전략을 세밀하게 세워갈 수 있다. 따라서 자유로운 경제적 행위는 이후에 자유로운 인생 설계, 자유로운 사상의 표현, 더 나아가 자유로운 자선과 재산 기증으로 이어질 수도 있겠지만, 자유로운 경제행위를 제한하는 정치적·경제적 체제 속에서는 생산력은 억제되며 심한 경우 물질적 기반을 형성할 정도의 생산력조차도 발현되지 못할 수 있다.

경제적으로 자유주의를 기반으로 한 시장 경제 체제가 전 세계적으로 보편화하기 이전에는 인간은 대체로 자급자족 사회 속에서 평생을 지냈다. 조선시대 농업사회 역시 그 전형적인 예에 가깝다. 경제학적으로 볼 때 이는 절대 빈곤 사회에 가깝다. 학생들은 학교에서 한국사나 도덕 시간에 우리 선조들이 상부상조의 정신을 바탕으로 공동체적 삶을 살았을 것이라고 배운다. 하지만 이는 사실과 다를 가능성이 높다. 실제 조선 시대 농민은 가족을 한 단위로 하는 소농 경제의 허약하기 짝이 없는 주체였으며 필요한 생필품은 장시를 통해 보충해야만 했다. 그랬기에 집단주의적 상호부조는 이러한 생존에 유익한 한도 내에서만 의미가 있었다. 농민은 여차하면 토지에서 유리되어 유민이 되거나 도적이 될 수 있는 처지였고 마치 자본주의의 사이클을 붐과 붕괴로 설명하려 한 하워드 블룸(Howard Bloom)의 논리를 떠오르게 할 만큼 동아시아 농경제사에서 농촌 경제 침체 현상은 거의 주기적으로 반복되었다.[14] 농민의 처지에서는 그때마다 얼마 안 되는 수확을 세금으로 다 떼이고 앉은 자리에서 그대로 굶어 죽게 될 확률, 또는 관곡(官穀)을 도적질 하다가 붙잡혀서 관아에 자기 목이 효시 당할 (軍門梟首) 확률, 유랑민이 되어 떠도는 '염병할' 인생을 살다가 이래저래 죽을 확률 등 여러 죽음의 확률 중에서 경제적 분석을 통해 조금이라도 더 효율적인 결정을 처절하게 내려야 하는 상황이었다. 중국 고대사에 농민 봉기의 고전적인 예를 보여주는 진승(陳勝)과 오광(吳廣)이 남긴 유명한 명언에서도 이러한 고민을 볼 수 있다.

"지금 도망가도 죽고 봉기해도 죽을 수 있다.[15] 이왕 죽는 것이 마찬가지일 바에야 난을 일으켜…"

이처럼 자급자족 사회에서도 인간 개인은 생리적 효율성에 입각한 전략적 태도 선택을 취하며 살아갔다. 개인의 그러한 전략적 태도는 개인주의 혹은 집단주의 성향과 맞물리고, 사회 집단의 수준에서는 생물학적 시장의 형태를 통해 전략이 드러나게 된다. 역사적으로 활발하게 물자와 사람이 이동하는 자유무역이 토지에 속박된 정체된 자급 자족적 농업 경제보다 생물학적 시장에 더욱 가까운 모습이었다. 또한, 인간이 자신 내면의 자유로운 개인주의와 집단주의의 성향적 전략을 활용하여 시장 속에서 경제 행위를 해나가도록 보장하는 것에 자유주의가 더 유리했기에 시장경제가 계획 경제보다 (시장의 독

     우리 안의 개인주의와 집단주의

점을 효과적으로 제어하는 가운데) 개개인의 정신적 기쁨을 추구하는 데에 보다 효과적이었으며 그 결과 그 사회의 부가 증가하는 창발성의 효과가 나타나게 되었다. 실제로 19세기 영국이나 20세기 미국의 예를 보면 그 시대 이전의 인류와 비교해볼 때 그다지 더 성실하고 근면한 것도 아닌 (하지만 자신의 부를 자유롭게 투자하여 성공을 거두었던 소수의) 사람들에 의해 사회적 부가 극단적으로 늘어나고, 그것이 일자리 창출 등의 경로로 열심히 일했던 보통 시민으로 하여금 일정수준 이상의 경제력을 유지하게 하여, 민주주의 정치가 지속적으로 유지되어 올 수 있었다.[16]

하지만 자유주의 체제는 이상적인 체제가 아니므로, 부작용 역시 분명히 드러난다. 모두가 알고 있는 빈부격차가 그것이다. 하지만 정확히 얘기하면 가치의 격차이다. 생물학적 시장 내에서 선택과 가치가 강조됨으로 인하여, 높은 가치를 가진 쪽과 낮은 가치를 가진 쪽 간의 격차는 메우기 힘들 정도로 벌어지며 이는 인간으로서 아무런 선택을 할 수도 받을 수도 없는 처지에 놓이는 사람들이 속출하게 됨을 의미한다. 즉 인간소외 현상이 초래되는 것이다. 이는 너무나도 명백하고 확연히 나타나는 구체적인 실재(reality)이므로, 따로 그 비극적인 풍경을 더 묘사할 필요를 못 느낄 정도이다. 다층적으로 중첩된 생물학적 시장 속에 한 번이라도 절망적인 심정으로 나락까지 떨어져 본 경험이 있는 사람이면 누구나 그 슬픔을 체감할 수 있다. 흔히 자유주의를 떠올리면 19세기 소설 속 어둡고 축축한 벽돌로 된 런던의 빈민가나 파리의 하수도를 떠올리게 되는 것도 무리가 아닌 것이다.

따라서 이러한 시각과는 전혀 다른 시각에서 (자유주의를 빼버리고) 민주주의를 달성하고자 한 역사적 시도도 있었다.[17] 공산주의 계획 경제를 바탕으로 시도된 인민 민주주의가 그 예이다. 아직도 20세기에 펼쳐졌던 그 과감했던 실험에 향수를 가지는 현대의 (단테나 페트라르카와는 아무 관계 없는) 휴머니스트들은, 그 실험 과정에서 모종의 왜곡과 변질이 있었음을 주장하며 그 실험의 성공 가능성에 대한 미련을 버리지 않고 있다.[18] 중국 같은 경우는 반대로 애초의 실험에서 이탈하여 실험 방법을 바꾸었다. 즉 계획경제에서 시장경제로 실험 방법을 바꾸었으나, 인민민주주의(people's democracy)의 달성이라는 실험 목적을 아직 바꾸지 않았기 때문에, 중국에서 개개인의 정신적 기쁨은 언제든 정치적으로는 제한당할 가능성이 열려 있다.[19] 개인의 행복과 사회 전체의 행복을 비교할 때, 흔히 우리는 후자를 전자에 비해 도덕적으로 더 정의롭다고 생각할 수 있다. 하지만 전자는 실체적이며 후자는 추상적인 개념이다. 공공복리(public welfare)란 긍정적으로 표현하면 우리의 감성이 서로의 필요를 공감하여 추구해 나갈 인류의 궁극적 이상향이며, 부정적으로 표현하면 집단적 욕심에 기반을 둔 기만적인 용어로 실제 역사에서 탈진할 정도로 많이 활용된 개념이다.

우리는 상대방의 정신적 기쁨(행복)의 원천을 제대로 파악하기 어렵다. 그 행복의 성질을 일률적인 잣대로 속단할 수도 없으며, 상대방에게 우리 자신과 같은 종류의 행복을 추구하길 강요할 수는 더더욱 없다. 하지만, 그런 관념적 모호성의 문제보다 더 심각한 것은 사회 전체의 행복이나 우리 모두의 행복을 함께 추구하자는 말은 개인 상호 간의 대립하는 이해관계로 인한 상충과 갈등을 해결해 줄 수 있는 통로를 은폐, 왜곡할 가능성이 높다는 데에 있다. 생물학적 시장에서의 가치와 선택이라는 변수에 의지하기보다는 타협과 절충에 의한 해결이 주로 권장될 것이다. 타협과 절충은 실제로는 협상력을 전제로 한다. 그리고 예나 지금이나 협상 테이블은 정치가 개입하는 힘겨루기 장이다. 앞에서도 논의한 바 있듯이 테이블 위에서 인간은 주도권을 놓고 프레임(frame) 싸움을 하게 되어 있어서, 테이블 위에서 싸움에 이긴 쪽은 선한 자가 되며, 진 쪽은 악한 자로 전락하기 일수다. 테이블의 의자는 시장의 멍석보다는 안락할지 모르나 가식과 교활이라는 시종을 대동해야 앉을 수 있는 자리인 것이다.

정리

■ 기존의 연구

- 개인주의와 집단주의에 대한 니스베트의 접근은 나름의 설득 근거를 가지면서도 좀 더 자세히 고찰해볼 부분이 있다.
- 역사적인 혹은 사회적인 차원의 집단주의와 개인주의는 그 사회가 정신적 기쁨, 즉 행복을 어떻게 정의하는가 혹은 행복에 대해 어떤 태도로 접근하는가에 의해 궁극적으로 결정된다.
- 문화적인 차원의 집단주의와 개인주의는 그 사회 내부에 생물학적 시장 모습의 변화나 해당 시대가 정신적 기쁨을 어떻게 정의하는가 등의 변수 요인에 따라 역사적으로는 변화될 수 있다.
- 어떤 하나의 사상 혹은 문화적 특성은 대개 정치·경제적 조건과 맞물려 그 사회가 원하는 요소를 헌납하고 사장되거나 추앙받는다.
- 인간은 자신이 몸담고 있는 문화의 관습과 틀 속에서 살아가면서도 정치·경제적 상황 변화에 따라 늘 새로운 전략을 취하고 새로운 사상을 개발하려고 시도하며 기본적으로 문화는 관습과 이에 대응하는 전략으로 충만해있다.
- 집단주의는 정치경제사적인 측면에서 볼 때 동서양의 보편적인 현상에 가까웠다.
- 실제로 개인주의와 집단주의는 한 사회의 정치 경제적 조건과 맞물려 그 사회를 움직이는, 문화를 변화시키는 힘으로 작용해왔다.

■ 새로운 시대 전략의 대두

- 인간의 역사에서 국가 권력의 존재는 인간의 집단주의 정서의 극점을 보여준다.
- 인간의 역사에서 의사 결정은 크게 볼 때 다수결 혹은 합리적 이성(에 대한 환상)에 근거를 두었다.
- 전근대 사회의 국가 권력은 집단주의적 성향이 강하고 물리적 권력을 갖춘 개인들이 의사결정권을 독점했다. 여기에 종교적 권위자들은 최소한 이들과 결탁했다.
- 인간의 역사에서 볼 때, 유럽에서 존 로크와 몇몇 철학자들을 거치면서 형성되기 시작된 자유주의라는 정치경제 사상은 집단주의가 지배해온 인간의 정치 지형에 근본적인 큰 변화를 가져왔다.
- 인간이 자신의 고유한 신체와 재산에 대한 불가침의 온전한 자기 결정권을 가진다는 것은 다양한 자유주의에 대한 개념에 존재하는 핵심이다.
- 자유주의의 밑바탕에 깔린 전제는 인간은 자신의 정신적 기쁨을 누구보다 자신이 제일 잘 알며 그에 필요한 자원과 행위를 스스로 조직해 나간다는 것이다.
- 근대 자유주의의 탄생은 자연과학의 발달과 시장의 확대가 초래한 새로운 경제적 조건, 그리고 르네상스 이래로 형성되어 나간 유럽의 지식시장에서 그 연원을 찾을 수 있다.
- 계몽주의 지식시장에서 키워져 나간 자유주의 사상은 유럽에 혁명의 시대를 도래하게 하였다.

■ 정치 시장

- 시간이 지나면서 서서히 몇몇 국가들 영국과 미국을 비롯한 나라들에서 자유주의는 민주주의와도 결합하게 되었으며 그 과정에서 갈등이 초래되었다.
- 자유주의 정치의 기본 작동 원리는 개인의 권리 보장이며, 규제 철폐 이후 단계에 이르면 자연적으로 보수화 된다.
- 민주주의의 작동 원리는 집단주의의 성향적 전략에 기반을 두며 민주주의 정치는 생물학적 시장 개념에 비추어 볼 때 하나의 정치시장을 형성한다.
- 인간의 정신적 기쁨은 물질적 조건에 필연적으로 영향을 받으며, 정신적 기쁨을

위한 전략인 개인주의나 집단주의가 자유주의와 민주주의의 작동방식을 통해 발
현되려면 그 사회의 경제적 조건은 중요하다.

- 개인주의적 전략의 발현이라 할 자유주의는 경제적 조건이 일정 수준에 도달한
근대 이후로 지식 시장, 경제 시장, 정치 시장 등 다양한 생물학적 시장을 주도하
거나 혹은 집단주의 전략들과 함께 공동으로 시장을 운영해 온 셈이다.

■ 경제사적 고찰

- 경제학적 시장은 사회의 다른 영역에 비하면 전통적으로 개인주의의 성향적 전
략에 바탕을 둔 행위가 의사결정에서 상당한 비중을 차지해왔던 영역이다.
- 경제 관련 규제 법안과 복지 정책들은 현대 자유민주정치하에서 경제학적 합리
성 영역보다는 정치 시장 논리의 영역에 더 발을 걸치고 있는 실정이다.
- 시장에서의 정부실패는 근대 시장 경제의 발전과 궤를 같이해왔다.
- 생물학적 시장의 존재를 무시한 과학적 사회주의 이론의 정치적 실험은 인류 역
사에 많은 교훈을 남겨주었다.

■ 정치사에 대한 경제사의 입장

- 역사적으로 볼 때, 자유주의 이전에 민주주의적 가치가 지속해서 구현되지 못했
던 이유는 본질적으로 민주정치의 일반 구성원들의 낮은 생산력 때문이며, 이는
자유로운 경제행위를 제한하는 정치적, 경제적 체제에 기인한다.
- 자급자족 사회에서도 인간 개인은 생리적 효율성에 입각한 전략적 태도 선택을
취하며 살아갔으며, 이후 개인의 그러한 전략적 태도는 자유주의 속에서 보다 효
과적으로 발현될 수 있었다.
- 정신적 기쁨의 추구라는 인간의 존재론적 과제 속에서 자유주의와 민주주의는
함께 병행되는 수단으로써 활용될 때 효과적이었다. 자유주의 혹은 민주주의 그
자체가 목적이 되어서는 안 됨을 역사는 보여준다.

우리 안의 개인주의와 집단주의

7. 오해와 편견의 극복

"가만 계십시오, 여러분. 당신들은 내 말을 오해한 것 같습니다."하고 공작
은 흥분한 어조로 말했다. "첫째로, 깰레르씨, 당신은 그 기사 속에서 나의
재산에 대해 터무니없이 과장해서 말하고 있습니다. 나는 결코 수백만 루
블이라는 돈을 받은 일이 없습니다."

도스토옙프스키 〈백치(白痴)〉에서

우리 안에 존재하는 혼란

역사학적으로 볼 때 19세기 이래로 사상계의 세계적 사조라 할 수 있었던 민족주의, 사회주의, 자유주의 중에서 특히 최근 전 세계적으로 자유주의에 대한 거부감이 강하게 일어나고 있다. 특히 한국은 그러한 갈등이 눈부시게 발전하고 있는데 그런 까닭에 자유주의를 체계적인 정책으로 실행해본 역사적 경험이 없는 상황이지만, 자유주의적 정책에 변화를 모색해야 한다는 주장이 오히려 힘을 얻고 있다. 자유주의는 한국적 정서에서는 음식을 담기에는 너무 차갑게 식어버린 접시이다. 한국의 자유주의 사상가 중에는 기존의 자유주의를 개인주의적 자유주의로 규정하고, 앞으로 펼쳐지는 21세기는 공동체 자유주의가 중심이 될 것이라고 주장하는 학자도 있다.[1] 하지만 자꾸만 새로운 단어들을 만들어 내려는 그러한 시도는 백과사전 편찬자들에겐 반가운 일일 순 있지만 엄밀히 말하면 불필요해 보인다.

이 책의 첫 장에서 우리는 많은 현실 문제들과 우리 자신의 행동에 대하여 정치 경제적인 맥락을 무시하고 도덕적인 선과 악의 문제로

만 생각할 수 없음을 논의하였다. 이러한 도덕적 이상과 현실의 괴리 앞에서 그 인간소외적인 상황을 타개하거나 혹은 분석하기 위한 다양한 시도들이 지금껏 많은 학자에 의해 이루어져 왔던 것이 사실이다. 비단 정치 경제학뿐 아니라 이제는 생물학과 같은 자연과학도 그 모순을 규명하는데 동참하고 있다. 자유주의는 근대에 와서 개인주의적 정서가 자유롭게 발현될 수 있었던 경제적 조건과 깊은 연관을 맺고 있다. 이 자유주의에 대한 거부감에는 사회적인 빈부격차에 대한 스트레스가 어느 나라에서나 중요하게 작용하고 있는 것 같다. 이는 그 본질에 있어서는 생물학적 시장의 독점 현상에서 빚어진 문제이다. 단지 중첩된 시장과 다층화된 경쟁의 복잡성이 시장 참가자들의 스트레스를 가중 시키고 있을 뿐이다. 가령 학력시장에서 나타나는 특정한 대학교들의 시장 독점 현상은 경제적 시장에서 보이는 재벌 기업들의 시장 독점 현상과 동일하게 시장 구성원들에게 스트레스를 초래한다. 그리고 그러한 시장들은 따로따로 기능하기보다 구애 시장, 노동시장, 지식시장 등과도 모두 함께 맞물려 있기에 이 중첩되어 거대해 보이는 시장의 존재는 그 구성원 모두에게 독점에 대한 과도한 스트레스를 초래한다. 공부를 잘해서 A대학교에 간 녀석은 결혼도 같은 A 대학교를 나온 배우자를 만나서 하게 되고 시장 점유율이 높은 (따라서 급여도 높은) 재벌기업에 취업하여 같은 A대학교 출신의 상사들에 의해 진급도 고속으로 한다. 과도한 비유이긴 하나, 사실 이러한 중첩된 생물학적 시장의 독점 현상은 자유주의가 널리 확산된 현대에 와서 오히려 약화된 편이다. 전근대 사회일수록 그러한 경향은 더욱 심했고 아예 제도적으로 확립되어 있어서, 고려 문벌 귀족 이자겸 같은 이는(독점권을 빼앗기게 될) 자신의 처지가 너무나 억울하고

분하다고 생각했는지 궁궐을 불태우기까지 하였다. 단지 그 시대에는 일반 평민들은 자신이 원한다고 해서 어느 시장에나 자유롭게 참가할 수 있었던 사회가 아니었을 뿐이다.

우리들의 스트레스의 본질은 시장의 독점 혹은 시장이 독점될까 봐 가지는 두려움에 있다. 해결책으로는 각각의 시장 독점 요인을 분석하고 찾아내서 해결해 나가는 방안을 생각해 볼 수 있다. 가령 학력 시장의 독점은 외부 대학평가 기관들의 활동을 자유롭게 보장하고, 그러한 기관들에 의한 정밀한 평가가 수시로 이루어지게 함으로써, 대학에 대해서 비합리적인 고정된 선호도가 지속되지 않고 유동적인 선호도 상황으로 만들어 가는 데서 시작해 볼 수 있을 것이다. 특정 학교에 몸담은 교수들은 자신의 학교가 고정된 선호의 대상이 되길 원하겠지만, 그 구성원인 자신의 노력이 부족한 경우 그 대학의 자신의 학과에 대한 선호도가 내려가게 될 것이다. 그 결과 학생들은 자유롭게 자신이 더 선호하는 대학과 학과를 찾아가게 될 것이다. 정치시장의 독점을 막는 여러 현대 민주주의 장치들의 본질은 유권자에 의한 수시 평가인 것처럼, 시장 주체든 객체든 평가가 한 방향으로만 이루어지거나, 수시로 정확하게 평가받지 않는 경우 독점은 강화된다.

하지만 일반 대중에게 있어서, 빈부격차와 같은 삭막한 현실의 주범으로 몰리는 시장 경제 혹은 자유주의는, 우리 자신의 사회경제적 조건 등을 떠나, 단순히 그 제도와 사상 자체가 도덕적 이상의 대척점에 있는 악의 현현(manifestation)으로 인식되기도 한다. 또 사회 전체적인 행복을 위해 진보해 나가는 도상에서, 치워지고 물러나야 할 무거운 장애물로 인식되기도 한다. 일반의 보통 사람들에게 점점 시장경제 체제, 그리고 그 체제를 낳은 기본 사상으로 인식되는 자유주의 더 나아가 그 기저에서 작동하는 인간 본성적인 요소인 생물학적 시장과 개인주의는 어떤 의미에서는 거부감의 대상으로 매도되어 가고 있다. 자유주의에 대한 이러한 감성적 혐오 혹은 증오는 그 근원이 어디에 있을까. 앞에서 인간은 사회적 상호작용 속에서 늘 오해와 편견에 빠지기 쉬움을 언급했었다. 한 때 미국 대통령 부시(George W. Bush)가 지구 상의 세 나라를 가리켜 악의 축이라고 언급한 적이 있었다. 하지만, 그 세 나라가 없어지면 아니 그 세 나라를 없애버리면 세계엔 진정한 광명이 찾아올까. 어쩌면 우리는 다음엔 또 다른 어느 나라를 악의 축으로 몰아 결과적으로는 이 세상 멸망 때까지 쉬지 않고 없애고 또 없애는 짓만 계속해야 할지 모른다. 그런 식으로 미래엔 악한 나라가 하나도 안 남는 이상적인 세상을 건설하게 될 수 있다는 소망은 마치 사회적 관계 속에 스트레스를 일으키는 사람들이 모두 어딘가로 사라지고 나면, 나는 비로소 행복해 질 수 있을 거라는 유아적 마음과 다르지 않다. 왜냐하면 더 중요한 것은 스트레스는 결국 나 자신이 만들어낸 것이기 때문이다. 의학적으로도 감기든, 암이든, 당뇨든 모두 신체의 스트레스 반응의 일환으로 발생한 것이며, 더 정확히는 스트레스를 일으키는 자기 자신을 자신이 스스로 파괴하는 모습이 대부분의 질병의 본질이다. 세포들이 하는 일은 어쩔 수 없다손 치더라도 우리 자신의 감정이나 정서도 마찬가지 상황이다. 인간이 개인주의와 집단주의의 성향적 전략에 대해(경험론적 논리 관계를 이해하고 그 부작용을 이성적으로 모색해가기보다) 정서적으로 혐오와 애착 반응을 하게 되는 이유도 역시 오해와 편견의 한 단면이라 할 수 있다. 우리의 몸은 이성의 분석 없이도 정서적 반응으로서 혐오나 애착을 보일 수 있음을 앞에서 얘기했었다. 하지만 감성에 파묻혀 감정적인 판단만으

   우리 안의 개인주의와 집단주의

로 세상을 움직여 나가는 경우엔 그 결과는 고스란히 우리에게 스트레스 반응으로 돌아온다. 의학적인 관점에서도 뇌의 감성기능으로 감당하기 벅찬 상황은 뇌의 이성기능이 맡아서 해야 하는데, 이를 술이 대신함으로써 간이 혹사당하거나 담배가 대신함으로써 폐가 혹사당하는 것이다. 우리는 이성적인 사람을 차갑고 냉정한 이미지로 덧씌워서 대한다. 그러나 우리의 인지 작용은 우리가 감당할 수 있는 일과 감당이 안 되는 일을 각각 연합과 분리를 통해 수행하며, 이성과 감성은 우리 자신의 두 옆 얼굴일 뿐이다. 그런 이유로 우리의 신체 역시 진화적으로 볼 때 꼭 이성적인 방향으로만 발달해오지 않았다. 아무런 근거 없이 정서적으로 어느 한 쪽으로 편향되는 우리 자신의 모습은 어쩔 수 없는 우리 자신의 모습이기도 하지만 말이다.

인간은 자신의 욕구를 해소하고 자아의식의 정신적 기쁨을 극대화해 나가기 위해 생리적 효율성을 바탕으로 뇌의 감성 및 이성 기능에 의존하여 효율적인 태도 전략을 선택하는 동물이다. 하지만, 인간은 자신이 가지고 있는 자아의식에 대해 (자신이 자신의 마음을 인지하는 데 있어) 그 명확한 상을 제대로 그리지 못하고 살아가며(그 결과로 자신의 주체적인 선택을 주저하며), 기쁨을 극대화하려는 자신의 모습에 창피스러워하기도 하고 자신의 감성적 성향이나 이성적 능력이 비교되는 것에 극도로 민감해하기도 한다. 자신이 무엇을 원하는지, 자신의 성향상 그리고 전략상 그것을 받아들일 수 있는지, 자신의 능력으로 과연 할 수 있는지 등에 대한 과감한 판단보다도 사회적으로 요구되는 것을 무비판적으로 수용하거나 혹은 사회적으로 선호되는 것에 편승하게 된다. 결국, 자유롭지도 못하다는 불만족스런 기분 속에 끝없이 자신을 사회 속에서 타인과 비교해 가며 살아가기에 바쁘다. 따라서 자유주의라는 접시는 대부분의 사람들에게 그 기능이 제대로 활용되기보다는 "왜 이렇게 차가운가"와 같은 수준의 감성적인 혐오감의 대상으로 인식되어온 셈이다. 물론 이 차가운 접시에 대한 감성적 혐오감 역시 (사회 전체의 행복이나, 공공복리, 혹은 사회적 정의와 같은 다양한 용어들로 포장되어 오긴 했지만) 우리의 이성을 자극하여 가치의 격차로 인한 인간소외 현상을 치유하기 위한 실질적이고 구체적인 방안을 강구하도록 해왔다는 점에서 중요한 의미를 부여할 수 있다. "도덕적 이성은 도덕적 감성과 조화를 이루어" 많은 일을 해낸 셈 이다.[2]

하지만 이제 자유주의에서 좀 더 우리 자신 안으로 논의의 중심을 옮겨 보고자 한다. 우리는 왜 자유주의와 같은 우리 본성과 맥이 닿아 있는 제도들을 감성적으로 거부하는가. 즉 '우리에겐 어떤 오해와 편견을 작동시키는 메커니즘이 존재하는가'의 문제이다. 이처럼 오해와 편견의 근본 원인을 살펴보게 되면, 인간이 자신에 대해서 가지는 혼란이 그 한복판에 위치함을 알게 된다. 즉 우리는 자신을 잘 모르고 있는 것이다. 당신이 이 순간 소크라테스를 떠올리든 누구를 떠올리든, 철학적 사유의 결과와 의학적, 역사학적 고찰의 결과는 (당신이 예상한 대로 혹은 예상과 달리) 그다지 상충하지 않음을 알 수 있다. 이 장의 제목이기도 한 〈오해와 편견의 극복〉은 그런 의미에서 매우 중요한 의미를 가진다. 인간이 자신에 대해 가지고 있는 이러한 혼란은, 사회적으로 볼 때 자유주의에 대한 거부감의 원인이기도 하겠지만, 더 중요하게는 우리 자신의 행복에 대한 철학적 문제 제기 및 그에 대한 해답을 찾으러 가는 길을 가로막는, 하나의 장애물이기도 하다. 즉 이는 우리가 행복에 대해 던지는 철학적 질문 중 하나인, '우리

                                          우리 안의 개인주의와 집단주의

는 왜 서로를 불행하게 하는가'에 대한 대답이기도 하다. 이 물음은 내가 이 책을 쓰게 된 동기이기도 했다. 문제가 자유주의라는 대상에 있는 게 아니라, (자유주의와 개인주의를 분석하는 과정에서 알게 되었듯이) 우리가 가진 오해와 편견에 있다면 그 오해와 편견이 우리 자신을 불행하게 만들고 있음을 직시해야 한다. 즉 우리는 서로를 불편하게 만들고 있는 셈이다. 왜?

그럼 이제 얼마 남지 않은 우리 여행의 막바지를 향해 달려가 보자. 어쩌면 이 책의 앞부분에서 우리는, 인간 자신 안에 있는 이 혼란을 이해하기 위한 준비 작업으로 인간의 본성에 대한 통찰 및 인간 내면에 나타나는 편향성들에 대한 논의를 해왔다고 볼 수 있다. 이제 이 혼란을 초래하는 요인들을 크게 세 가지로 짚어 나가겠다. 그 중 첫 번째는, 그리고 가장 중요한 원인은 인간 자신의 성향적 전략(개인주의와 집단주의)을 무시하고 획일화하려고 하는 것에 기인한다. 앞에서 인간의 사회적 상호작용 원리, 즉 적대적 · 우호적 · 중립적 태도 전략들에 대해 살펴본 바 있다. 인간이 저마다 다른 방식의 상호작용을 추구하는 것은 각 개인의 성향적 전략에 상당부분 기인한다. 하지만 인간은 누구나 자신의 정신적 기쁨을 극대화하기 위해 보다 효율적 태도 전략을 채택하려 하는 동물이다. 이러한 생리적 한계성 또는 인간의 사회적 상호작용 원리를 무시하고 거시적으로 사회 구성원 전체가 단순히 관념상의 일치된 철학적 가치나 목표를 상정하는 제도나 법을 선택할 때 그 사회적 결과는 집단 전체에게 기대치 않았던 비효율적인 상황(목표로 하는 가치가 무엇이든 간에)을 가져오게 된다. 왜냐하면 (인간 진화의 과정에 극히 끝점에 불과한) 근대나 현대의 정치적 주장들은 대부분 인간의 지적 성과와 이성에 기반을 두고 있다. 사회적 정의 또는 공공복리가 그 대표적인 경우이다. 어쩌면 이는 인간의 본능적인 집단주의 전략을(인간의 지성이) 교묘히 지식과 이론으로 체계화한 철학적 개념일 뿐일 수 있다. 그러면서 인간들은 자신의 본성의 다른 측면들이 이러한 비효율을 극복해 나갈 수 있다고 굳게 확신하기도 한다. 당연히 이성적으로는 일리가 있는 말이고 현실적으로도 어느 수준 정도는 실현되어 가고도 있다. 하지만 이 비효율적인 상황을 온전히 받아들이기엔 인간의 본성은 너무 약았다. 물론 길고 긴 진화의 길을 걸어온 우리의 본성을 헤아려보자면, 우리는 그저 집단주의적, 혹은 개인주의적 성향을 가지고 생존을 위해 그리고 정신적 기쁨을 위해 자신의 전략을 제각각 내면화해 왔을 뿐이므로 약았다고 말하는 것이 어쩌면 편견과 오해일 수도 있다.

예를 들어 한가지 상황을 가정해보자. 가난한 자를 위한 복지를 주장하면 의식 있는 정의로운 사람으로 시장을 통한 경쟁을 주장하면 이기적인 인간으로 몰리는 단순이분법적 사회에서는 정치적으로 복지 정책의 계속적인 확대가 초래될 것이다. 정치인들이 표를 잃어가면서 복지를 거부할 아무 이유가 없으니까 모든 정치인은 복지에만 신경 쓸 것이다. 적어도 당선되기 전에는 더욱 그럴 것이다. 그리고 이는 더 많은 정부지출에 대한 요구로 계속 이어지고(현실에서는 그 사회의 경제적 조건 때문에 어느 순간 제동이 걸리겠지만), 경제의 기본 주체 중에 가계나 기업과 달리 정부는 스스로 이윤을 만들어내는 주체가 아니므로 불가피하게 직간접적인 다양한 방식의 경제적 통제로 기업의 이윤을 (정치적 부담 때문에 가계의 소득을 건드리긴 힘들기에) 가져가려 할 것이다. 그 통제의 정도가 심해지는 만큼 기업의 투자의욕과 생산능력은 저하될 것이고, 보다 투자의욕과 생산능력이 높은 다른 나라의 다른 기업들에게 시장을 뺏기게 된다. 다른 한 편으로 기업은 정부가 압박을 가한다고 순순히 당하지도 않으며 이윤을 빼돌리거나 다른 방식으로 이윤을 생성하거나 유지해갈 방안을 (인간은 주어진 조건 속에서 자신의 정신적 기쁨에 보다 효율적인 전략을 선택한다) 찾게 될 것이다. 그 결과는 사회 전체적으로 노동 시장의 축소(일자리 감소)가 초래될 것이며, 반대로 복지에 대한 요구는 더욱 증가하게 될 것이다. 즉 단일한 사회적 가치를 내세운 정치적 편향성은 기업과 가계의 경제활동을 뜻하지 않은 방향으로 유도하여 결과적으로는 모두가 원하지 않았던 상황을 초래하게 된다.

정신적 기쁨을 위한 개개인의 효율적 전략 추구라는 인간의 작동 원리를 무시함으로써 나타나는 정책의 편향성은 부정적인 창발성의 결과를 초래한다. 조세 정책과 예산 배분은 사회 전체적으로는 다양하게 중첩된 생물학적 시장에 도미노적인 파급효과를 미치므로, 그 영향은 공무원이나 국회의원들의 예상 범위를 벗어나며 조세연구원과 같은 개별 연구소 차원에선 다 예측하기 어렵다. 가령 의료 보험 문제에서 그 범위와 방식에 대한 정책적 결정은 의료시장(주로 의사와 환자) 및 경제적 시장(의료산업 종사자 및 환자와 관련된 사회구성원이 다수 포함) 등 다양하게 생물학적 시장들이 중첩된 상황에서 전체적으로는 누구도 원하지 않았던 창발성의 효과를 생성시킬 수 있다. 내가 학교에 다닐 때 학장이었던 한 교수님은 이러한 상황에 대해 누구보다도 심려를 금치 못하였다.[3]

"발치술은 치과 치료술식 중 가장 오래된 것 중의 하나이며, 실제 임
상에서 가장 빈번히 시술되는 치과 임상의 기본 치료법 중의 하나라고

생각된다. 그럼에도 불구하고 최근 일부 개업가에게는 열악한 환경의 의료보험 제도 등의 원인으로 말미암아 발치 기피 현상까지 나타나고 있는 실정으로 이와 같은 현상은 종합병원의 구강악만면외과의 부담을 필요 이상 커지게 하고 환자들에게 더욱 악화된 병리 현상으로 시간적 · 경제적 · 정신적 고통을 부담시키는 경우를 종종 보고 있다.”

서비스의 차원에서 전문가들일수록 이렇게 해야 한다 라고 주장하기보다는, 이걸 선택하면 이런 긍정적 효과 및 부정적 효과가, 저걸 선택하면 또 저런 긍정적 효과 및 부정적 효과가 발생할 수 있다고 말하며 고객에게 선택하게 하는 모습을 보인다. 그리고 이는 책임회피가 아닌 당연한 전문가적 행위로 보아야 한다. 정책도 마찬가지이며 사실 우리 자신의 인생에서도 마찬가지이다. 우리는 우리 자신이 선택을 하며 기대했던 긍정적 효과뿐 아니라 그에 수반되는 비용(cost)에 대해 책임질 수 있어야 한다. 가령 왜 자유주의라는 접시를 버리는 것보다는 거기에 음식을 담는 게 더 나은지, 왜 정당정치를 하지 않는 것보다는 정당정치를 하는 것이 더 나은지와 같은 문제도 본질은 같다. 즉 선택과 책임을 함께 보장하고 추궁하는 것이 그렇게 하지 않는 쪽보다 인간의 본성에 기반을 두기 때문이다.

다른 한편, 종종 인간의 본성을 오해하여 정신적 기쁨이 물질적 욕구 해소에 전적으로 기반을 둔다고 생각하는 경우도 상당히 많다. 특히 경제적 기반이 취약한 사회일수록 그러한 사고 경향이 높은 것 같다. 이러한 사고의 관점에서는 물질적 욕구만이 인간 행위의 원동력이라고 본다. 그리고 이를 유전적으로 타고난 숙명으로 받아들여야 하며, 결국 인간의 삶의 핵심에는 물질적 욕구가 위치하게 된다고 주

장한다. 이처럼 인간의 끝없는 물질적 욕망만을 인간의 본성의 핵심
으로 삼는 (그리고 그 탓을 안이하게 인간의 이기적인 유전자에 돌리
는) 사고는 사회적으로 볼 때 이기심과 이타심에 대한 논쟁을 점화시
킨, 그리고 그 논쟁을 과열시키는 꺼지지 않는 불꽃이다.

　철학적으로가 아니라 의학적으로 볼 때, 인간은 육체의 생존과
정신적 기쁨(경제학적으로는 효용)을 원할 뿐이지 자동차를 가지거
나 아파트를 소유하기 위해 태어난 것이 아니다. 행복은 (물질적 이
익의 추구처럼) 이기적으로 보이는 행동에 의할 수도 있지만, (우호적
태도를 통한 정신적 기쁨이나 평온처럼) 관계에 의지하는 측면이 매
우 크다. 행복을 추구하는 인간의 모습은 때로는 이기적인 태도로 보
이고 때로는 이타적인 태도로 보이는 것이다. 그런 이유로 경제적 합
리성의 동물로서 인간을 정의하는 과거 경제학은 일반 대중에게 많
은 오해를 초래하였다는 자성의 목소리가 경제학자들 내부에서도 나
오게 되었다. 그러한 관점에서 가령 행태경제학에선, 인간 행동의 주
관적 준거로서 생물학적 개념을 도입한 위험회피 혹은 위험추구 전략
을 얘기하기도 하였다. 하지만, 전반적으로 경제학에서는 인간의 행
동 원리를 경제활동(투자나 소비)과 관련된 물질적인 이득을 기준으
로 바라본다.

　경제활동은 인간의 사회적 상호작용 속의 하나의 활동일 뿐이다.
물론 상당히 핵심적인 활동이긴 하다. 하지만, 인간의 행동을 우호적
태도·중립적 태도·적대적 태도로 구분해 볼 때(인간의 경제활동은
결코 중립적 태도에만 해당할 순 없다), 이러한 태도 선택은 상황정
보를 바탕으로 한 합리적 사고라는 이성적 두뇌 활동뿐 아니라, 여러
가지 감성적 두뇌 활동이 동시에 기능함으로써 이루어진다. 정확히는

그 두 가지가 통합되어 나타나는 '성향'(좀 더 이성적인 혹은 좀 더 감성적인)에 기반을 둔다. 그리고 이의 목표가 정신적 기쁨이라는 점을 고려하면 인간의 행동에는 합리적 측면 외에도 응당 비합리적인 측면이 본질적으로 내재한다. 경제학에서 얘기하는 효용 개념도 그렇듯이 인간이 자신의 경제적 행위의 준거로 삼는 예상되는 정신적 기쁨의 크기를 물질적 성취와 어떤 식으로 대응시킬지에 대한 예상 분석은 불확실성의 공간에 위치한다.

정량적으로 정신적 기쁨을 수량화하는 것에는 한계가 있다. 실제로 정신적 기쁨을 위해 이루어지는 인간의 태도 선택에는 그 목표의 추상성과 비합리성만큼이나 항시 오류와 편견이 개입하며, 상대 역시도 그 자신의 오류와 편견 속에서 반응 태도를 선택함으로써, 사회적 상호작용상의 오해와 그로 인해 예상치 못한 결과가 발생할 가능성은 늘 남아있게 된다. 인간은 자신이 잘못된 행동태도를 선택했을지 모른다는 것도 고려해야 하고 상대의 태도선택의 예측 불가능성도 염두에 둘 수밖에 없게 된다. 애당초 정신적 기쁨이 수학적 합리성의 대상은 아니며, 추상적인 정신적 기쁨의 구체화를 증폭시키는데 경쟁과 시장이 기여를 했음을 전술한 바 있다.

혼란을 초래하는 두 번째 요인은 인간의 변덕이다. 인간의 정신적 기쁨의 동력이 되는 내면의 생물학적 욕구의 강도는 생리적으로 늘 불안정한 상태이며, 생리적 항상성을 추구하기 위해서 내면의 욕구에 반응하는 인간의 이성과 감성은 특히 감성은 평정을 유지하기가 어렵다. 마치 세포액과 체액 속을 유영하는 분자와 입자들이 전기화학적 조건 변화에 매 순간 민감하고 역동성 있게 자신들의 주행 방향을 바

 우리 안의 개인주의와 집단주의

꾸듯, 인간의 생각과 행위도 매 순간의 상황에 따라 변한다. 개개의 인간이 취하는 태도 전략들의 성격이 매 순간 전혀 다른 욕구의 세기에 반응하고 전혀 다른 감성 위에 새로운 방향의 효율성을 추구하게 됨으로써, 전체적으로 나타나는 인간의 사회적 상호작용은 이성적인 설명과 해석이 불가능하다. 우리는 상호 간의 이해 증진을 위해 늘 언어적 시도를 하지만, 이는 인간의 변덕으로 말미암아 애초부터 그 의미를 잃어가게 되며, 여기에 더해 서로의 자아의식에 대해 가지는 무지와 편견은 이를 더욱더 혼란에 빠트린다. 인간에게 일관성이란 이성이 만들어낸 추상이며 족쇄일 뿐, 변덕이야말로 인간의 실체이다. 그리고 이 때문에 인간은 인간 자신에 대한 오해와 편견을 더불어 안고 살게 된다. "변덕스러운 우주가 어떻게 변덕스러운 영혼을 만족시킬 수 있단 말인가."[4]

　나는 이 글을 쓰는 동안 배가 고파지거나 갈증이 나기도 하고, 나의 합리적 사고 능력은 늘 같을 수 없으며(실제로 같은 나 자신이 쓴 글이지만 어느 부분은 심각하게 과격하고 어느 부분은 어처구니없이 조심스럽다), 아주 작은 일에도 나는 감정의 동요를 겪을 만반의 준비가 되어 있다. 또한, 사회적 상호작용 속에서 나는 나 자신의 태도 전략을 변화무쌍하게 가져감으로써 가끔 나 자신조차도 내 행위의 진정한 목적성과 의미를 제대로 인식하지 못하게 되는 경우가 많다. 인간의 몸은 기본적으로 변증법의 바이올린 선율 속에서 고음과 저음을 – 때로는 완만하게 때로는 급격하게 – 왔다 갔다 한다. 그리고 개개인의 이러한 미시적인 변덕이 사회적 상호작용 속에서 인간이 행복을 추구하는 가운데에 어떤 변주곡을 연주하게 될지 예상한다는 것은 너무나 복잡한 수학이다. 때로 우리는, 한 사회의 시대정신이 시간이 지나면서 뚜렷하게 변화하는 모습을 보게 되기도 한다. 20세기 독일 바이마르 공화국을 연구한 한 학자는 다음과 같이 적었다.[5]

"바이마르 문화는 모더니즘(modernism)의 하나로서 역사상 그 위치를 점하고 있음은 확실하다. 이 문화의 풍부함과 다양성은 또한 무질서와 혼란을 의미하였다. 문화의 대중화는 왜곡과 지나친 평이함, 강요된 해석에 의해 정치, 문화, 철학의 통속화와 진부화를 가져왔다. 헤겔이나 마르크스, 니체, 바그너, 괴테, 칸트 사상의 통속화는 그들의 사상을 대중 슬로건(slogan)이나 대중의 요구에 영합하도록 짜맞추었고 왜곡하였다. 그 시대는 근본적 발견의 시대가 아니고 실험의 시대였으며, 쉴 줄 모르는 외향적인 시대로서, 통상 우리들이 참된 위대함이라는 개념과 결부시켜 생각하는 조용한 내적 성찰에 바쳐진 시대는 결코 아니었다."

　　　　　　　　　　　　우리 안의 개인주의와 집단주의

이타심과 사랑에 대하여

혼란을 초래하는 세 번째이자 마지막 요인은 인간의 상상력이다. 인간이 거짓말을 아주 잘하는 것도 여기에 기인하며, 인간의 온갖 오해와 편견도 여기에 기인한다. 아무튼, 인간은 현실적 삶에 대한 한계성을 정신적으로 합리화 혹은 극복할 줄 아는 동물이다. 즉 정신적 기쁨을 위해 (실제로는 이성과 감성의 뇌 활동을 동시에 활용하면서도) 의도적으로 이성 혹은 감성 한쪽을 배제 혹은 왜곡시키는 듯이 보이는 전략을 취하기도 한다. 예를 들어 보통 우리는 자신이 원하는 대상이 있어 그 대상을 취하고 싶은 욕구가 생겨났지만, 그 욕구를 바로 효율적으로 해소하기 보다는 오히려 비효율적인 전략을 의도적으로 선택하곤 한다(이성을 배제). 혹은 자신이 어떤 대상을 원하지만, 자신이 그 대상을 원하지 않는 행동을 보이는 전략을 의도적으로 선택하곤 한다.(감성을 배제) 결국, 그렇게 하는 것이 더 정신적 기쁨을 선사하기 때문일 것이다. 인간이 사회적 상호작용을 하는 가운데서 상대의 전략 혹은 집단의 전략을 염두에 두고 자신의 전략을 실행한다는 점을 고려하면 이는 놀라운 일이 아니다. 우리는 이런 상황을 상상력을 활용하여 멋지게 합리화시키는 것이다.

예를 들어 사람들이 저 사람은 매우 감정적인 사람이야, 저 사람은 매우 이성적인 사람이야 라고 말할 때 사람들은 실제로 저 사람의 마음속 뇌의 활동 흔적을 추적하여 판단 내린 것이 아니다. 단지 보이는 모습이 그렇다는 것이며, 이 보이는 모습이란 바로 이러한, 저 사람의 뇌의 활동이 그가 가지고 있는 상상력의 여과기를 여과해 나온 결과물이다. 가령 예를 들어 우리가 단순히 유전자를 자손에게 이어지게 하려는 생물학적 요구에 맞춰 정신적 기쁨이 프로그래밍되어 있다손 치더라도, 자신의 정신적 기쁨을 위해 주위 환경의 적대적 성격을 예방적 차원에서 희석하거나 주위 환경의 관심을 끌어보려고 자신의 에너지를 투자하는 전략을 곧잘 쓴다손 치더라도, 이를 상상력을 발휘하여 우리는 자신이 '이타심을 실천한다.' 혹은 '사랑을 한다.' 고 생각하고 싶어한다.

이타심(altruism)은 본질적으로 다른 상상력의 창조물들과 비슷한 방식으로 만들어졌다. 개인의 성향에 바탕을 두고 정신적 기쁨을 위해 선택되는 전략적 태도가 이 태도의 기여 요인 중에 손해 본다는 느낌의 감성을 억지로 배제하면서 해석하면 매우 고결한 단어로 재창조된다. 인간의 이타심은 사랑과 더불어 인간의 상상력이 만들어낸, 정신적 기쁨을 위한 자가 최면제인 셈이다. "처참한 질병, 고통스런 상처, 육체적 장애, 노쇠, 죽음 등을 늘 의식하며 삶을 영위해야 했던 인류가 고통 뿐만 아니라 기쁨을 느끼는 능력도 온전하게 갖추게 된" 것은 뇌의 진화의 큰 성과였다.[6]

이타심과 이기심은 인간 본성의 반대되는 모순된 성향이라기 보

　　　　　　　　　　　우리 안의 개인주의와 집단주의

다는 전자는 집단주의 전략의 양면성을, 후자는 생존의 욕구와 관련된 그저 인간의 본성에 그 본질을 두고 있다. 최근의 많은 경제학 관련 연구 중엔 인간의 이타심을 보다 실증적으로 분석하는 연구가 행해지고 있다. 이타심이라는 단어 하나 때문에 경제적 자원 배분과 관련해 심한 정책적 폐해가 발생하고 있다고 주장하는 쪽과 그 주장에 반대하는 쪽 간에 불붙은 논쟁과 관심 때문이다. 하지만, 집단선택[7](group selection) 이론이나, 다층선택(muti-level selection) 이론 등에서 말하는 이타적인 집단[8](altruistic group)의 내부에서 나타나는 상호작용의 본질은 억압에 의한 순응에 더 가깝다. 정확히 표현하면 집단주의 전략에 의한 개인주의 전략의 희생이다. 이러한 차원에서 볼 때, 혈연선택(kin selection)의 주장은 현대 사회 인간의 이타심의 기원을 설명할 수 있는 현실적으로는 가장 효과적인 방안이긴 하다. 상호이타주의(reciprocal altruism) 이론에서 얘기하는 은혜를 갚지 않는 개체를 식별하는 메커니즘 역시, 그 본질은 인간의 사회적 상호작용의 가장 일반적 원리를 나타낼 뿐이다.[9] 기대에 못 미치면 (자신이 우호적 태도를 보였음에도 불구하고 기대에 못 미치는 중립 내지는 적대적 태도를 대하면) 인간은 자신의 우호적인 태도 전략을 철회하거나 적대적 태도를 취할 수도 있는 것이다. 최종제안게임(ultimatum game)의 논리 역시도 인간의 사회적 상호작용 관계를 나타낼 뿐이다.[10] 즉 자신에게 보복을 가할 위험이 없는 조건 속에서는 적대적 태도에 응징을 가하는 (적대적 태도로 응수하는) 것일 뿐이다. 주고받는 돈의 액수에 초점을 맞추니 그러한 인간의 상호작용 심리가 간과되었을 뿐인 것이다.

인간은 우호적인 태도를 기대하며 우호적인 태도를 취한다. 우호적인 태도에는 당연히 우호적인 태도를 취하고, 기대에 못 미치면 우

호적인 태도를 철회한다. 적대적인 태도는 보복 여부를 고려하여 중
립으로 나갈지, 적대적 태도를 취할지 결정한다. 이는 앞의 〈사회적
상호작용 속 인간의 태도 전략〉에서 살펴본 내용이다. 아마도 이는 혈
연선택과 문화적 진화에 의해 다듬어져 온 전략일 것이다. 즉 선사시
대 내내 유전자를 어느 정도는 공유하는 가까운 친족으로 구성된 소
집단에서 적응 진화해왔기 때문에 적대적, 우호적 태도에 대한 선천
적인 태도 전략의 경향을 가지게 되었으리라 본다. 또한, 이는 집단주
의나 개인주의의 성향적 전략이라는 개인 간의 차이를 전제함은 앞에
서 설명하였다. 하지만, 선사시대 소집단 생활에서는 당연히 집단주
의의 성향적 전략이 더 필요했을 것이고 우호적 태도와 적대적 태도
에 대한 태도 전략도 그러한 측면에서 동맹, 보복 등의 전략이 협상이
나 회피보다 강화되는 쪽으로 진화해왔을 것이다. 인간의 이성과 인
간의 상상력이 총 결합해서 예(禮) · 성(成) · 경(敬)[11]과 같은 인간 본
성의 고상한 측면을 만들어 내었다 해도 이러한 자질들은 사실 "작은
부족 안에서나 쓸모가 있었기 때문에 진화"되어온 것이며, 따라서 그
러한 환경에서 유용한 전략일 수 밖에 없는 집단주의의 성향적 전략
이 문자 시대에 와서 철학적으로 승화한 것으로 봐야 한다.[12] 물론 앞
의 〈역사 속 개인주의와 집단주의〉에서도 살펴보았듯, 길고 긴 진화
의 끝자락인 역사시대 속에서도 최후에 등장한 (근대의 지식시장 속
에서 형성된) 근대적 개인주의와 자유주의가 개인주의적 성향 전략의
철학적 반격이라 할 수는 있겠지만, 지식시장이 우리의 진화적 · 관습
적 감성과 조화를 이루기에는 험난한 여정이 남아 있는 셈이다. 생물
학자 리처드 알렉산더(Richard Alexander)는 현대의 가장 큰 윤리 문
제는 "집단 간의 증오를 부추기는 집단 내의 호의"라고 말하기도 했

다. 이는 집단주의 성향적 전략의 양면성을 가장 잘 표현하는 말일 것이다. 우리가 적대적 태도나 우호적 태도를 사회적 상호작용상에서 활용하는 것은 전략적인 측면이 강하며, 성향 전략을 고려하지 않고 개인의 행위를 이타심과 이기심, 혹은 선과 악으로 (주로 관념적 철학 혹은 집단의 신념에 입각해서) 재단하는 것은 선과 악에 대한 우리의 일차원적 정서 반응인 혐오(증오)와 애착(충성)을 초래하여 오해와 편견을 더욱 악화시킬 뿐이다.

반면, 이기심은 이타심과 이항 대립하는 개념이라기보다는 생존의 욕구와 관련된 인간의 본성일 뿐이다. 애당초 인간은 생존의 욕구와 정신적 기쁨이라는 두 가지의 목표를 가능한 "효율적으로" (최소 투자 최대성과의 법칙에 따라) 추구할 뿐인 생명체이다. 인간의 이기심과 이타심에 초점을 맞춘 연구는 물질적으로 가지거나 주는 데에만 초점이 맞춰져 있어서, 인간이 자신이 원하는 것을 가지기 위한 행위 선택을 설명하는데 주안점을 둔다. 인간은 당연히 원하는 것을 가지기 위해선 비용을 지불하지 않고(혹은 줄이고) 얻는 것이 유리한 선택이므로, 필요하면 다른 인간을 협박하거나 속이면서까지도 이득을 추구할 수 있다. 단 "자신의 정신적 기쁨이 허용하는 한도 내에서" 말이다. 사실은 논의에서 가장 중요한 것은 인간이 원하는 뭔가를 소유하는 것은 인간이 정신적 기쁨을 달성하는 데 한 부분일 뿐이지, 결코 그 두 문장이 같은 의미가 아니라는 것이다. 인간은 자신이 아무리 갖고 싶은 게 있어도 그것이 너무나 무리한 자신의 이성적 · 감성적 뇌 에너지를 요구하는(스트레스에 놓여지는) 경우 정신적 기쁨을 위해 더 효율적인 행위, 즉 포기를 한다. 이것이 사실상 더 이득이기 때문이다. 이런 머릿속 계산은 종이에 숫자를 적어가며 산수로 하는 게 아니다.

마치 최종제안게임 실험실에 붙들려간 "졸지에"씨가 10만 원을 들고 몇 초 고민하다 3만 원을 "이때다"씨에게 내미는 결정처럼, 뇌의 이성과 감성이 알아서 처리한다. 물론 그 과정에서 뉴런들은 ATP를 소모하면서 말이다. 아마 배가 고파지는데 일조했을 것이다.

애당초 이기적 행동의 본질은 비용을 지불하지 않고 인간이 자신이 원하는 것을 얻고자 행동하는 것이다.[13] 이런 관점에서 볼 때 인간은 물질적인 차원에서는 이기적인 인간이기 쉽다. 물질적인 차원에서 이기적인 "못된" 짓을 하지 못하게 막는 방법은 법가(法家) 정책의 실행으로 남을 협박하거나 속이지 못하게 강제를 하는 방법과 생물학적 시장의 가동을 통해 (원하는 것을 힘으로 빼앗아 가는 것이 아닌) 비용을 치르고 원하는 것을 가져가게 하는 방법, 두 방법을 병행하는 것이다.[14] 곱게 타이르는 제3의 방법은 앞의 두 방법에 보완적인 기능을 (전혀 다른 차원에서) 수행할 수 있을 뿐이다. 공자와 맹자의 말씀은 물질적인 차원에서 먹히는 이야기가 아니다. 이는 인간의 자아의식 차원에 접근하는 이야기이다. 특히 잠재의식 속으로 말씀들이 스며들어 축적되면, 뇌의 이성과 감성 기능에 신경학적으로 연결(anchoring)이 되어서 효과를 발휘한다. 즉 물질을 거치지 않고 바로 뉴런이 만들어 내는 정신적 기쁨의 상(imagery)을 형성시키거나 변형시키는 것이다. 어떤 의미에선 제3의 방법은 직접적으로 정신의 기쁨에 영향을 미치므로 (방법이 먹히기만 한다면) 효과가 더 강력하다고도 볼 수 있다.

사랑이라는 말 역시 인간들이 그 태도에서 이성적인 요인을 배제하고 감성적인 요인을 왜곡시켜서 해석한 개념이자 단어이다. 사랑이라는 단어 자체가 어떤 의미에서는 인간이 자신의 태도에 대해 멋대로 상상력을 활용해 창조해낸 단어이므로, 계산적인 사랑이니 원초적

    우리 안의 개인주의와 집단주의

인 사랑이니 갖가지 형용사를 갖다 붙여도 본질은 다양한 인간의 태도 전략일 뿐이며 이것을 선하다 악하다 얘기할 순 없다. 인간은 누구나 사회적 상호작용 속에서 자신이 처한 상황에 따라 다양한 태도 전략을 시행한다. 그리고 〈사회적 상호작용 속 인간의 태도 전략〉에서 살펴보았듯이 적대적 태도에는 적대적 태도로 우호적 태도에는 우호적 태도로 반응하는 인간의 상호작용 경향은 여기에도 영향을 미친다. 우리의 사랑은 단지 상대의 외적 조건보다 상대가 우리 자신과 감정적으로 소통되는 양식에 상당히 크게 좌우되기도 한다.[15] 심리학자 도로시 테노프(Dorothy Tennov)의 말대로 인간은 "스스로가 욕망의 대상이 되고 있다는 느낌이 들 때에 욕망이 깨어난다." 우리는 기본적으로 상대에게서 우호적인 태도를 기대하며 우리 자신이 우호적인 태도로 행동한다. 즉 우리는 사랑을 받고 싶어한다. 그리고 그러하기에 사랑을 준다. 그리고 우리 신체의 생리적 정서 반응은 굳이 결과를 이성적으로 인지하여 예상하지 않아도 사랑을 주는 행위 속에서 사랑받는 결과적 행위에 대응하는 생리적 정서반응을 일으킨다. 우리의 정신적 기쁨은 이러한 생리적 정서반응으로부터도 생겨날 수 있다. 물론 좀더 이성기능이 강한 사람의 경우엔 이러한 정서반응에 정신적 기쁨의 반응도가 많이 약화될 것이다.

사랑이나 이타심을 사회적 상호작용 속에 나타나는 전략적 태도 개념이 아니라, 그 단어 자체에 의미를 부여하여 인간의 현실적 태도들을 오히려 그에 속박시키려 하는 경우는 인간의 역사에서 많이 찾아볼 수 있다. 사회주의적 이데올로기는 인간이 서로를 사랑해야만 한다고 (알랭 드 보통(Alain de Botton)의 멋진 비유대로, "국가는 인민을 사랑할 의무를 가지며 인민은 그 사랑을 거부해서는 안 된다고")

말하고 있는 것과 같다.[16] 하지만, 그걸 법으로 강제할 수는 없다. 인간이 서로 사랑 안 한다고 그걸 벌 줄 수 있는 권리는 인간에게 없으며 이는 감동이 부족한 상황이므로 진심이 부족하거나 혹은 심리학적 전략이 필요한 상황이다.

에리히 프롬(Erich Seligmann Fromm)의 〈사랑의 기술〉 역시 저자의 상상력으로 인류의 미래를 위한 멋진 제안을 하였지만, 그 본질은 상호작용 속의 인간의 태도 전략에 관한 것이다.[17] 물론 정신적 기쁨의 추구가 인간의 궁극적 목표임을 간파한 에리히 프롬의 놀라운 성찰은, 이러한 지적 작업을 통해 수많은 상처받은 인간의 영혼을 치유해줄 수 있었지만, 그의 생각의 핵심은 의외로 간단하게 도식화된다. 단지 상대의 우호적 태도에 유발된 비자발적인 우호적 태도 전략을 선택하기보다 상대의 적대적 태도에도 아랑곳하지 않고 자발적인 우호적 태도 전략을 (그것이 지극히 비효율적인 전략이 되거나, 자신의 정신적 기쁨을 극대화하는 전략에 위배되어 보일지라도) 선택하라는 주문이 바로 그것이다. 정신적 기쁨을 극대화하고자 하는 인간의 태도전략의 다양성을 고려해 본다면, (정신적 기쁨을 완전히 무시한 전략을 인간이 선택하지 않는다고 봤을 때) 에리히 프롬의 생각은 – 상상력의 거품을 걷어내고 요약하면 – 적대적 태도를 취하지 말고 우호적 태도를 취하자는 것이다.

하지만, 인간의 역사 속에서는 이타심이나 사랑과 같은 인간 상상력의 창조물이 도덕적인 선과 악 등의 사회적 감성에 편승하여 인간 개인 또는 집단에 대한 편견과 오해를 부추기는 경우가 너무도 흔했다. 인간은 세상을 자신의 정신적 기쁨에 활용하기 위해 늘 상 써먹었던 이 수법을 도저히 버릴 용의가 없는 것 같다. 하지만 남의 불행을 그저 강 건너 불구경하듯 바라보는 인간(이타심이 없고 사랑을 하지 않는 인간)을 욕하며 그자를 강에 빠트려버려도 싸다고 손가락질할 수 있는 권리는 우리 누구에게도 없다. 미시마 유키오의 냉철한 고백처럼 사실 우리 모두는 "타인의 불행을 아무렇지 않게 바라볼 수 있을 만큼 강하다."[18]

지금까지 살펴본 바와 같이 인간의 본성과 내면에 대한 이해 부족, 인간의 변덕, 상상력 등으로 인해 인간은 자신 안에 혼란이 항상 존재한다. 그리고 이러한 혼란에서 기인하는 현실 부정 내지 오해와 편견은 모순된 현실과 상관관계를 보이는 인간의 특정 행동 패턴에 대한 증오의 투사로 쉽게 이어졌다. 자유주의에 대한 거부감은 이미 설명했으며 개인주의와 집단주의의 갈등도 그에 기인한다. 개인주의적인 행동을 보이는 개인들에 대한 집단 군중의 몰이해는 곧잘 증오로 연결되는 경향을 보인다. 집단의 시각으로 보았을 때 강 건너 불구경하는 듯 보이는 개인들은 집단에 아무런 도움이 안 되는, 혹은 집단의 소위 "발전"에 거슬리는 잠재적 위해의 가능성을 가진 불순분자일 뿐인 것이다. 사실 이는 개인주의적 개인의 시각으로 보았을 때 역시 비슷하게 대조할 수 있는 방식의 혐오감으로 나타남으로써 상호 편견과 증오의 순환 고리가 완성되게 된다.

〈인간의 본성에 대한 고찰〉에서 인간의 태도가 인간의 뇌를 통해 어떻게 생성되는지를, 〈상호작용 속의 태도 전략〉에서는 일반적 언어 개념 상의 이기심이나 이타심 등 관념적 정의와 혼동을 피하기 위해 호의적 태도와 적대적 태도를 변수로 사용하여 인간의 상호작용을 분석하고, 인간의 태도 선택이 어떤 전략에 입각하여 이루어지는지를 분석하였다. 그리고 그 과정에서 개인주의와 집단주의 성향에 주목하게 되었다. 이 모든 작업은 궁극적으로 우리 안에 존재하는 혼란을 인지함으로써, 스스로의 자아상을 읽으려 노력하고, 그러한 작업을 나처럼 수행하고 있을 타인에 대해 이해의 시선으로 바라보는 것이다. 거기서 더 나아간다면 협동을 추구해 나갈 수도 있을 것이다.

이 책의 논의를 게임이론과 비교해보자면 게임이론의 경우는 상대방의 반응에 대응하여 한 개인의 행동전략을 설명하였다. 그러나 이 경우 선택하게 되는 행동은 속일 것인가 속이지 않을 것 인가이다. 그리고 그 배경이 되는 전략은 상대방의 대응과 관계없이 나에게 최대 이익이 되는 방향으로 결정한다는 것인데 이는 극심한 스트레스를 일단 해소해야 하는 상황 또는 경제적 물질적 이익과 관계된 측면이 강했다. 이 책의 경우도 역시 상대방의 반응에 대응하여 (집단 속에 살고 있는 개인은 늘 상대방과 상호작용해야 하는 상황 속에 살고 있다) 한 개인의 태도 전략을 분석하고자 한다는 점에서는 게임이론과 비슷한 점을 가진다. 하지만 이 책에서는 인간이 선택하게 되는 가장 일차원적인 태도는 '속일 것인가 말 것인가'가 아니라 "적대적 태도를 선택할 것인가?", "호의적 태도를 선택할 것인가?". "중립의 태도를 선택할 것인가" 보았다. 이는 단순한 스트레스 해소나 경제적 물질적 이익보다 정신적 기쁨을 중시한 측면과 관계가 깊다. 기본적으로 이 책은 게임이론처럼 인간이 유용하게 활용할 새로운 전략을 제시하기보다는, 인간이 그동안 활용했던 전략들이 어디에 근거를 두고 있으며 서로 다른 전략적 성향을 띤 인간 상호 간의 이해를 증진시키기 위한 목표로 쓰여졌다.

이 책에서 나는 인간 내면의 성향을 개인주의적 성향, 집단주의적 성향으로 나누었는데, 사실상 한 개인이 개인주의적 성향과 집단주의적 성향 중 어느 한 성향을 보다 보편적인 성향으로 내재화하는 데 있어서는 유전적·문화적 요인이 함께 작용한다. 따라서 개인주의적 성향과 집단주의적 성향이 그 사회 내지는 인류 전체의 진화적이고 역사적인 발달 속에서, 특히 생물학적 시장과 국가 권력의 조건 속에 어떻게 흘러왔는지 살펴보았다. 이제 이 책의 남은 여정은 특별히 배타성과 협동이라는 두 주제에 대해 할애할 생각이며, 이 책의 전체적인 논의 상에서 견주어 볼 때 추가적인 고찰로서 덧붙이고자 한다. 마치 아무도 원하지 않을지도 모르는 앙코르 공연이지만 준비해둘 수밖에 없는, 하지만 그만큼 가장 사람들에게 내가 하고 싶은 이야기가 될 것이다.

배타성에 대하여

여기서 말하고자 하는 배타성은 민법적 개념이 아닌, 타인이나 다른 생각을 배척하는 행동이나 성향에 대한 설명이다. 배타성이 인간에게 좋은 것이냐 나쁜 것이냐 차원의 도덕적 논의를 하자는 것이 아니며 그 진화적 역사적 기원을 바탕으로 그 형성 경위를 짚어보고자 한다. 주로는 자신들만이 옳다 내지는 우월하다는 비합리적 믿음에 근거하는 경우가 많다. 즉 특정한 철학적, 종교적, 정치적 가치 등을 자신들의 존재에 부여하며, 그로써 그들 주장의 명분을 강화해 가는 경향을 보인다. 역사적으로 종교나 지배계급, 민족의식과 관련이 깊으며 근대 이후 시장, 특히 지식 시장의 성장과 함께 도덕적 지위를 상실하고 퇴출 신세로 전락하였다. 서유럽에서 계몽주의 시대와 지배계급의 몰락은 우연이 아니었던 것으로 생각되며, 현대 자유민주국가의 종교들을 보면 많은 경우 개방성을 표방하거나 추구하고 있다.

진화론적으로 배타성은 인간이 수렵채집 집단을 이루고 살던 시기에 효과적으로 발달시킨 습성이라 생각된다. 우선 개인주의 · 집단주의의 성향적 전략과 배타성의 관계는 집단주의 전략과 밀접한 관계가 있다. 배타성을 띤 개인은 더더욱 고립되어 자폐적 개체로 남게 되며 방어에 불리해지므로, 정상적인 사회적 상호작용을 추구하고자 하는 개인주의적 성향의 개인은 배타성을 극복하고자 노력해야 할 필요성을 가진다. 반면 집단주의적 정서가 강한 집단 속의 개인은 유대감을 통해 고립되지 않을 수 있으므로 배타성을 극복해야 할 유인이 별로 없다. 그 결과 배타성은 계속 유지될 수 있으며, 그러한 폐쇄적 유대감에 바탕을 둔 배타적인 집단이 형성될 수 있다. 역사적인 관점에서, 배타적인 집단에는 두 종류를 생각할 수 있는데, 한 가지는 집단 내의 지배계층처럼 한 사회 내의 특정한 권력 집단이 배타성을 띠는 경우이며, 다른 한 가지는 그 사회 전체 대다수가 배타성을 띠는 경우이다. 전자와 상대해야 하는 집단은 전근대 피지배 집단이며, 후자와 상대해야 하는 집단은 집단 내의 소수 개인주의자들 혹은 집단외부에 존재하는 다른 집단이다.

전자의 예는 역사 속에서 매우 쉽게, 특히 전근대 사회에서 많이 찾을 수 있다. 아마도 자신들보다 훨씬 많은 수를 차지하는 (피지배 계층) 일반 사람들에 대한 권위적 지배를 목적으로 이루어졌을 것이며, 방법적으로는 권력을 서열화시킴으로써 더욱 집단의 응집력과 기동성을 증가시켜나갔을 것이다. 자신들 내부에서의 권력 쟁탈도 존재했지만, 외부적으로 피지배층에 대항해 그들 내부의 집단주의적 일체감이 강했다. 동맹관계(다수의 동맹 확보)보다는 권력과 권위를 원동력으로 한다. 전형적인 예로서 조선 왕조의 양반은 대개 재지사족(在地士族)으로서 전국에 흩어져 살았지만 강력한 유대감을 가지고 조선 사회를 지배해 나갔다. 그리고 그들이 철학적으로 그 사회에서 아무리 성숙했던 지식 집단이었다 할지라도 (특히 정신적 가치에서 행복을 찾으려 했던 선비정신의 소유자였다 해도) 배타성을 버리기보다는 거기에 의존하였다는 사실은, 이들 집단전체의 치명적인 한계성을 보여준다.[19] 이들의 배타성은 일반 농민을 그들로부터 배제해 나가는 방식에 거하거나(그들 간 혼인 관계로 형성되는 족보 문화의 수립은 이를 분명히 드러낸다.) 혹은 농민들의 신체와 생각을 단속하는 방식(무단으로 국경을 넘어가는 자는 조정의 명을 기다리지 않고 바로 참수(斬首)하거나 외국인과 사사로이 접촉했다가는 바로 엄벌에 처해지는 조선의 정책은 이를 보여준다)을 통해 유지되어갔다.[20] 그들 사이의 관직 경쟁과 붕당 대립 속에서도 병작반수(竝作半收)와 같은 동일한 방식의 인적, 물적 수탈의 카르텔을 유지해나갔다는 사실은 그들 집단 전체에 집단주의적 유대감이 상당했음을 보여주기도 한다. 그들은 학문과 지식의 영역에서도 극히 배타성을 보여주었다. 새로운 주장이나 과격한 제안은 이내 이단으로 몰려서 배척당하였고, 사실 그들의 관념론적 논쟁은 현실의 자신들의 정치 사회적 지위와도 직간접적으로 관계되었다는 측면에서 마치 서유럽의 교부철학(patristic philosophy) 시대를 연상시킨다.[21] 반면 조선의 일반 농민들은 (양반에 의해 운영된) 동아시아의 가장 강력한 중앙집권적 관료체제하에서 혁명을 기도할 아무런 기회도 꿈꿔보지 못한 채 토지에 결박되어 살았음에도 해학과 기지로 가득한 문화를 구전시켰다. 역사적으로 볼 때 이들 사회 내 지배집단은 특히 자신들의 특권에 심각한 도전이 되는 개인이나 집단에 대해서 매우 잔인하기도 했다. 인간의 역사에서 이러한 집단의 존재는 이들을 인간의 발전을 가로막은 심대한 장애물로 여긴 피지배층 대중의 생각과는 달리 많은 철학자와 문학가들에 의해 신비롭고 고상

　　　　　　　　　　우리 안의 개인주의와 집단주의

한 동경의 대상이 되기도 했다.

후자의 전형적인 예는 선민의식을 가진 종교적 집단 혹은 현대의 포퓰리즘(populism)이나 파시즘(fascism)에 물든 대중 독재 사회를 들 수 있다.[22] 이미 수적 우위의 동맹 관계를 바탕으로 배타적 행위가 일어나므로 지배층 소수에 의한 배타적 행위에 비해서 보다 양상이 과격하고 감성적이다. 이 경우 그 집단주의적 유대감에 흠뻑 젖은 구성원들은 자신들의 전통이나 물질적 이해관계 등을 지키기 위한 목적으로 이 가치에 동조하지 않는 집단 내부의 개인주의적 성향의 개인들에 대해 잔인한 공격성을 띠기도 한다. 동시에 이에 대한 적대적인 태도를 보이는 외부 집단에 대해서도 동일한 적대적인 태도로 반응하는 경향이 강하다. 이는 사회적 상호작용의 측면에서 볼 때 자연스러운 결말로서 국제외교상에 호전성을 강하게 띠는 모습으로 나타난다. 이는 집단주의 전략이 초래할 수 있는 가장 큰 불행이며, 꼭 현대의 민주주의적 가치를 통해서만 표출된 것은 아니었다.[23] 성서 속의 유대인들과 (같은 유대인이었음에도 불구하고 배타성이 거의 없었던) 예수 그리스도 간에 나타나는 상호작용의 모습은, 그러한 조건 속에서의 개인주의와 집단주의 두 전략의 대조적 차이를 친절하게 보여준다고 할 수 있다. 유대인들의 집단주의적 정서에 근거한 배타성에 대해 예수 그리스도는 이러한 관점에서 볼 때 개인주의적 성향 전략에 바탕을 둔 우호적 태도가 어떤 것인지를 잘 보여주고 있다. 그는 배타성을 극복하기 위해 비유대인에 대한 개방성을 행동으로 실천했으며, 유대인들의 배타성을 지적하고 인식시키는데 성의를 다했다. 인간 예수 그리스도에게 있어서 사랑이란 아무런 배타성에 휘둘리지 않으며 그 어떤 적대적 태도에도 불구하고 우호적 태도 전략을 고집한 것이었다. 그리고 이 점에서 에리히 프롬의 사랑과도 상통하는 면이 있다. 성서의 내용은 그리스도 자신의 우호적인 태도 전략이 심지어 자신의 육체적 생존을 앗아가는 상황에서도 이루어졌다는 점에서 사람들을 감동하게 한다.

　　현대적 의미에서 집단 전체가 배타성에 빠지는 상황은 정치시장의 독점과 관련이 깊다. 이는 대중독재의 본질이기도 하다. 그리고 이 경우 사회 구성원의 삶의 질을 결과적으로 피폐하게 만들 가능성이 매우 크다. 왜냐하면 궁극적으로 누구도 책임을 지기 어려운 상황을 초래하기 때문이다. 가령 경제적 시장을 독점하는 기업도 결국엔 그 기업의 재화 혹은 서비스를 (극단적으로 말하면) 그 사회 구성원 모두가 원하고 거기에 의지하고 있다는 사실을 바탕으로 할 때 성립된다. 하지만 가령 스마트폰 시장에서 삼성과 애플이 서로 경쟁하는 경우처럼 기업들 사이의 경쟁은 경제적 시장에서는 완전히 사라지기 어렵다. 소비자들의 구매는 개인주의적 성향전략에 바탕을 두기 때문이다. 하지만 정치시장에서 정당들의 경쟁은 유권자들의 집단주의적 성향전략과 관계가 보다 깊으므로 정당정치 자체에 대한 사회 전체적인 불신이 극에 달하거나 혹은 특정 정당의 가치가 사회를 온통 장악해버리는 경우가 발생할 수 있다. 이 경우 적어도 – 외부의 개입이 없는 경우 – 그 집단 내부적으로 포퓰리즘이나 파시즘의 상황을 극복하기란 매우 힘들다. 또한, 그러한 상황 속에서 고통을 겪게 된 사회의 구성원들이, 나중에 이를 바로잡고자 했을 때 문제의 책임은 모두가 떠안을 수밖에 없으므로, 이는 반어적 의미에서 아무도 책임을 떠안지 않는 상황을 초래한다. 흔히 우리는 독재가 사회 전체를 대상으로 한 권력자 개인 혹은 소수집단에 의한 정치행위라고 보는 경향이 있다. "

우리 안의 개인주의와 집단주의

역사는 이따금 하나의 인물 속에 자신을 응축시키고 그 후 세계는 그가 지시한 방향으로 나아가기를 좋아하는 법"이라는 야코프 부르크하르트(Jacob C. Burckhardt)의 유명한 말은 예술사적으로는 공감될 수 있을지 모르지만, 적어도 현대의 민주주의제도 하에서의 독재는 본질적으로 대중독재의 양상을 가진다.

가령 한국에서 60년대에서 80년대에 걸친 산업화 시대 군부독재 역시 민주화보다는 산업화가 필요했던 당시 성인들의 일반적인 욕구가 해소되는 과정이 그 본질이었으며, 앞서도 얘기한 바 있듯 이러한 욕구의 해소로 인한 정신적 기쁨은 인간의 뇌에 (이 경우 문화적으로 집단 전체의 수준에서) 강하게 각인된다. 이후 (일반적으로 성미가 급한 국민성에 그 탓을 돌리긴 하지만) 한국인들은 그러한 정신적 기쁨을 맛본 뇌가 거의 뇌의 중독 상태에서 또 다른 정신적 기쁨을 갈구하게 되는데, 현실의 사회적 측면에서는 경제적 욕구에서 정치적 욕구로 넘어가게 되는 결과를 초래하였다. 역사학적으로 정치사는 결코 경제사를 이길 수 없었음은 〈정치사에 대한 경제사의 입장〉에서도 살펴보았지만, 그러한 원리가 한국 현대사에도 적용되었을 뿐이다 (물론 정치사 다음은 문화사이다). 즉90년대 이후 민주화로 논점 선취했던 또 다른 정치세력에 의한 정권교체는 지배집단의 교체라는 상징적 의미 외에는 그로 인해 서민의 정치적·경제적 지위상에 뚜렷한 질적 변화를 가져오긴 힘든 조건에 있었다. 이미 경제는 (자립경제를 달성하는 과정에서 우리 자신이 자리를 차지하고 앉아있었던) 고성장을 위한 (자유주의와 nationalism이 반 즘 섞인) 로켓의자에서 내려와야 했고 정치적으로 사실상 대중 독재에서 민주주의로 바뀐다 한들, 루소(Rousseau)의 일반 의지 관점에서 보더라도, 현실적으로 국민 개개인의 욕구 해소 측면에서 새로운 변화는 기대하기 어려웠기 때문이다.[24] 이는 한국에서 왜 (군부독재 집단이라 인식된) 구 권력집단에 대한 향수가 강하게 사회 전반에 (적어도 중장년층 이상에서) 자리 잡고 있는지에 대한 이유이기도 하다. 결론적으로 볼 때, 양대 정당의 구조나 대기업끼리의 경쟁은 생물학적 시장의 독점을 방지하는 의미에서 볼 때 나름대로 그 어떤 법적 · 제도적 장치들보다 효과적일 수 있다(물론 더욱 생물학적 시장이 활성화된 상황은 중소기업과 중소정당들도 시장에서 – 불리하지 않게 – 선택받을 수 있는 기회를 동등하게 가지는 것이다).

협동에 대하여

　　마지막으로 개인주의 및 집단주의의 성향적 전략과 협동과의 관계에 관하여 고찰해본다. 협동은 두 가지 차원이 있다. 집단에 소속되어 관습적으로 하도록 기대되는 상황에서의 패턴화된 협동과 자유로운 두 개인 혹은 두 집단이 자발적으로 성사시키는 협동이 그것이다.

　　전자는 집단주의적 성향 전략과 관계가 깊으며 자급자족 사회인 농경이나 유목 사회에서 흔히 볼 수 있다. 사실상 협동의 필요성은 진화적으로 볼 때 집단주의를 낳은 원인이기도 하며, 인간 사이의 관계를 강화시키는 동력으로 작용한다. 따라서 육체적 생존의 차원에서 이뤄지며 감성적 유대감으로 유지되어 나가는 협동이기도 하다. 이 경우 협동에 대한 거부는 자신에게 치명적인 희생을 초래하기도 한다.

　　반면 후자는 개인주의적 성향 전략과 관련이 깊으며 가령 자유주의 시장경제에서 볼 수 있는 것과 같은 협동이다. 지극히 계약적이고 신뢰는 감성적이지 않고 이성적인 차원에서 형성, 유지된다. 따라서 이는 다분히 피상적인 측면을 가진다. 가령 개인주의자인 내가 다른 사람들과 어떤 상품을 공동 구매를 하거나 집단 소송을 하게 된 경우 나는 거기에 동참하는 다른 사람들과 그다지 강렬한 감성적 유대감을 가지지 않아도 된다. "저희는 고객님의 안전을 무엇보다 중시합니다."와 같은 광고를 TV나 신문을 통해 내보내는 기업들은 본질상 이런 종류의 신뢰를 추구하면서도 뭔가 그 이상의 상징적 효과성을 광고회사나 홍보부서 직원들에게 기대한다. 그 직원들의 땀의 결과로 대기업 광고들은 하나같이 재미있고 기지와 재치가 번뜩인다. 물론 무서우리 만치 가공할 만한 심리학적 기재도 그 속에 같이 버무려져 있는 것은 그래서 당연하다.

전자든 후자든 협동은 호의적 태도가 호의적 태도와 만날 때 이루어지는 행위 개념이다. 진화의 역사 속에서 대부분의 시간 동안 주로 기능해 왔던 집단 내에서의 협동뿐 아니라 현대의 도시 사회에서 개인들 사이 및 집단들 사이에도 협동은 중요해졌다. 사회적 상호작용의 성격이 변화되어 감과 더불어 협동의 필요성은 어떤 의미에서 더욱 절실히 요구된다. 현대적 협동의 양상은 개인주의와 집단주의적 성향을 불문하고 상호작용상의 근본 태도 면에서 호의적 태도를 구축할 때 성사될 수 있으리라 생각된다. 많은 철학자는 사회의 협동과 조화를 그들의 언어만큼이나 어려운 방식으로 달성하려고 한다. 내가 읽은 동양철학에 관한 책 중에 이러한 인상적인 문단이 나오는 책이 있었다.

"근대적 이념 복합체는 공격적 취득적 성격을 띠고 있다. 자유와 평등과 권리의 과도한 주장은 투쟁과 폭력을 부른다. 그리고 그 투쟁과 폭력은 재산이나 권력, 지위에 있어 명실상부한 균등을 이루기 전까지

266

는 멈추지 않을 것이다. 사회적 안정과 신뢰는 노골적인 상업적 원리
를 축으로 해서는 결코 형성될 수 없다.”

자유주의를 사회주의, 민족주의와 한통속으로 공격적인 이데올로
기로 인식하는 많은 사람들은 근대 이후의 개인주의에 바탕을 둔 자
유주의 사조가 인간의 협동을 가로막고 있다고 보는 경향이 있다. 하
지만 지구 상에 아메바와 같이 독립적으로 존재하는 인간 개인이 혼
자 살다가 죽도록 내버려 두자는 것이 자유주의 사상은 아니다. 단지
“내 자유가 지상 최고의 가치다”라는 생각이 자유주의 사상의 핵심인
마냥 일반인들이 단순하게 오해하고 있을 뿐이다.

협동과 관련하여 자유주의를 하나의 정치사상으로서 거론할 때에
가장 중요한 핵심은 “나의 자유를 보장받기 위해서라도 나는 너의 자
유를 기꺼이 보장할 용의를 가진다.”라는 생각이다. 물론 이 “보장”을
법적인 측면에서 까다롭게 규정하려는 쪽으로 자유주의 사상이 발전
해왔다. 그리고 법철학적으로 볼 때 그러한 사회구조와 법의 설계는
가장 취약한 약자 ‘개인’을 보호하기 위해서도 더욱 절실한 것이다. 반
면 협동과 관련하여 자유주의를 개인주의와 집단주의의 성향적 전략
의 차원에서 거론하자면, 사회적 상호작용 속에서 “나는 나의 정신적
기쁨을 보장받기 위해 너의 정신적 기쁨을 보장해주고자 한다.”라는
점이 핵심이다. 그리고 이러한 점에서 사회적 상호작용 속의 인간의
태도 전략이 추구해나갈 지향점이 드러난다. 우리에게 정말 절실하게
부족한 것은 어떤 고매한 인격이나 우월한 능력을 갖춘 사람들에 대
한 ‘존경’이 아니라, 그저 같은 인간으로서의 타인 (그 타인이 나보다
어리든 연장자이든, 여자든 남자든, 지위가 나보다 높든 낮든 관계없

이)에 대한 동등한 인격체로서의 '존중'이다.

그런데 우리 자신 안에는 집단주의적 성향과 개인주의적 성향이 모두 존재하여 다양한 사회적 상호작용 속에 상이한 전략을 다양하게 구사한다. 현대 도시사회에서는 가령 전혀 모르는 사람에게 적대적 행동을 하는 경우는 더러 있지만, 어떤 집단 내에서 사회적 상호작용을 처음 시작하게 되는 순간에는 자신의 태도를 조심하면서 서로 존중하는, 즉 우호적인 태도를 보이는 것이 일반적이다. 그런데 다른 사람들과 협동하면서 친밀해지다 보면, 집단주의적 성향 전략에 따라 내가 관계를 주도하고 싶은 마음이 들기도 할 것이고 반대로 스트레스를 받아서 협동을 그만두고 관계를 끊고 싶은 마음도 생길 것이다. 더 나아가 한 집단을 움직이고 싶은 생각이 들기도 한다. 어느 순간 우리는 더는 상대를 존중이 아닌, 존경하거나 사랑하거나 착취당하거나 이용당하는 상황에 빠진다. 그리고 우리는 모두 존중 받고 싶어하지만, 동시에 외로워지긴 싫어하므로 개인주의와 집단주의에 대한 이러한 협동의 딜레마를 늘 겪으며 살아간다.

하지만 이기적 자유주의가 따로 있고 공동체적 자유주의가 따로 있는 게 아니듯이, 협동을 추구하는데 있어서도 개인주의적 성향과 집단주의적 성향을 구분하여 어느 한 성향을 선호해 나가자는 것은 무의미하다고 생각된다. 그보다 개인주의와 집단주의를 한 인간의 내면에서 그리고 사회 집단 내에서 화해시키고 조화시키는 것이 중요하다. 이를 위해서는 경제적 조건을 향상하고 사회의 합리성 수준을 높게 유지하면서 개인주의와 집단주의에 대한 사회적 편견과 오해를 해소하는 것이 무엇보다 중요하다. 그리고 여기에는 이유가 있다.

협동을 추구하는데 있어서는 자발적인 우호적 태도로 먼저 다가가

    우리 안의 개인주의와 집단주의

는 것을 개인의 태도 전략으로서 포기하지 않는 것이 핵심적으로 중요하다. 그런데 먼저 우호적 태도를 취하는 전략을 선택하기 위해서는 무엇이 필요할까. 우리는 흔히 희생과 배려가 필요하다고 생각할 것이다. 하지만 이 책 전체에서 서술해 왔듯이 인간의 뇌는 생리적 효율성에 따라 움직인다. 작은 배려나 용서와 같은 것은 상관없겠지만 광대한 인내와 순교자적 희생정신은 엄청난 감정 에너지를 소모하며, 뇌는 아주 가끔이면 모르겠지만 자주 이러한 전략을 받아들이긴 힘들다.

만약 사회적 상호작용이 더욱 많은 뇌의 에너지 소모를 계속적으로 강요하게 되면 우리 뇌는 이를 어떻게 처리하게 될까. 아마 우호적 태도가 아닌 적대적 태도 전략을 선택하려 할 수도 있을 것이다. 작은 배려든 광대한 인내든 도저히 손해 보는 혹은 모욕당하는 느낌을 자신의 뇌가 수용하고 처리할 만큼 뇌의 기능에 여유가 있지 못한 경우이다. 하지만 그럼에도 우리가 사회적 협동을 성사시켜 나가야 한다면 뇌는 어떻게 할까. 이 경우 뇌는 상대에 대한 기대 수준을 낮추는 쪽을 무의식적으로라도 선택할 확률이 높다. 그러한 몹시 불리한 상황에서는 상대에 대한 감정적 유대감을 포기하는 것을 감수하는 쪽이 (정서적 혐오 반응 기제를 정서적 무반응의 기제로 전화시킴으로써) 감정 에너지의 소모를 줄이고 뇌의 생리적 효율성에 더 유리하기 때문이다. 이른바 "최적화된 나름의 방식"을 찾아 나가는 것이다. 뇌신경학적으로 이는 이성적 활동과 감성적 활동의 두뇌 성향 중 감성에 관련된 뉴런의 시냅스 강도가 많이 약화되거나 퇴화되는 결과를 초래하지만, 정신의 기쁨을 추구하기 위해 작동하는 전체적인 뇌 기능의 차원에서 볼 때는 이를 굳이 병리적 증상으로 인식할 수는 없다.

인간은 진화의 역사 속에서 결코 자신에게 유리한 환경 속에서만 생존해 온 것이 아니다. 불리한 환경 속에서도 그 상황에 적응하기 위한 노력을 지속해 왔다. 뇌신경학적으로 대뇌 변연계를 중심으로 하는 (외부의 특정 대상에 대해 기쁨의 감정 혹은 불쾌한 감정을 연동시키는) 감성 활동뿐 아니라 대뇌 피질을 중심으로 하는 (외부 대상을 있는 그대로 객관적으로 분석하는) 이성 활동을 발달시킨 이유는 모진 환경에서 살아남기 위한 결과였다. 사회 집단 속에서도 인간은 사회적 상호작용을 해나가는 가운데 불리한 환경에 놓이게 되는 경우 이를 극복하기 위한 뇌의 발달 과정을 인간의 진화 역사 내내 거쳐왔을 것이다. 집단주의 성향과 개인주의 성향은 뇌가 자신과 타인들을 인식하고 관계 짓는 방식에서 감성과 이성의 활동이 함께 작용하여 만들어진 결과이다. 타인에 대한 주관적인 기대는 사실상 집단주의적 전략과 관계된 욕구이다. 타인에 대한 기대를 내려놓기 위해 집단으로부터 자신을 떼어내는 뇌의 활동은 개인주의 전략과 관련되어 있다.

일상의 사회적 사회작용 속에서 인간은 자신이 가진 집단주의적 성향과 개인주의적 성향에 따라 위와 같은 뇌의 생리적 효율성을 고려한 태도 전략을 선택한다. 집단주의 성향은 정상이고 개인주의 성향은 병리적 현상이라고 규정할 수는 없는 없다. 우리가 될 수 있는 대로 먼저 우호 적 태도를 취하는 전략을 선택할 수 있으려면, 그래서 자신의 정신적 기쁨을 보장받고 동시에 타인의 정신적 기쁨을 보장해 주려면, 집단주의 성향과 개인주의 성향에 대한 사회의 편향된 개념으로부터 자유로워지는 것이 필요하다. 이는 불필요한 이기심과 이타심 논쟁 및 자유주의 사상에 대한 사회구성원들의 편견과 오해와도 관련되어 있다. 가장 거시적인 차원의 이상은 가장 일상적이고 실제적인 현실과 이러한 측면에서 볼 때 직접적인 관계를 맺고 있다.

우리가 서로를 불행하게 만들지 않고 나 자신의 행복을 추구하면서도 다른 이의 행복을 함께 지켜봐 주고 도와줄 수 있는 가장 현실적인 방책은 간단히 말해 협동이 이루어지기 위한 가장 실제적인 길은 바로 인간 상호 간에 적대적 태도를 내려놓고 우호적 태도를 자발적으로 먼저 취하는 전략을 (상대에 대해 비합리적 기대를 하지 않고) 포기하지 않는 것이며, 이는 집단주의와 개인주의 등 우리가 가진 내면의 성향에 대한 편견을 내려놓고 화해시킬 때 가능할 수 있다.

의학적으로 역사학적으로 철학적인 인간의 행복을 논해봤을 때 그렇다는 것이다. 여행은 이로써 끝났다.

■ 우리 안에 존재하는 혼란

- 자유주의에 대한 거부감의 주요인인 사회적인 빈부격차에 대한 스트레스는 본질적으로 생물학적 시장의 독점에 있다.

- 자유주의가 불러일으키는 스트레스의 해소를 위해서는 각각의 시장의 독점 요인을 분석하고 찾아내서 해결하는 것이 필요하며, 그 주된 해결방안은 시장 주체와 객체 상호 간에 평가가 어느 일방으로 흐르지 않고 수시로 정확하게 이루어지도록 하는 것이다.

- 일반 대중이 가지는 자유주의에 대한 감정적 혐오감은 자유주의가 가지는 치명적인 결함에 있다기보다는, 우리 자신의 편견과 오해에서 비롯된다고 볼 수 있다.

- 오해와 편견은 우리 인간이 서로를 불행하게 만드는 원인이기도 하며, 그 한복판에는 인간이 자신에 대해서 가지는 혼란이 위치한다.

- 우리가 자신에 대해 가지고 있는 혼란 중 첫 번째 요인은 인간 자신의 성향적 전략(개인주의와 집단주의)을 무시하고 획일화하려고 하는 것에 기인한다.

- 정신적 기쁨을 위한 개개인의 효율적 전략 추구라는 인간의 상호작용 원리를 무시함으로써 나타나는 정책의 편향성은 부정적인 창발성의 결과를 초래한다.

- 인간은 자신의 정신적 기쁨을 극대화하기 위해 자신의 성향에 기반을 둔 효율적 전략을 채택한다. 따라서 선택과 책임을 함께 보장하고 추궁하는 정책이 그렇지 않은 쪽보다 인간의 본성에 기반을 두는 것이다.

- 인간의 본성을 오해하여 정신적 기쁨이 물질적 욕구 해소에 전적으로 기반을 둔다고 생각하는 사람들이 많다. 이러한 사고는 사회적으로 볼 때 이기심과 이타심

에 대한 논쟁을 점화시킨, 그리고 그 논쟁을 과열시키는 꺼지지 않는 불꽃이다.
- 경제활동은 인간의 사회적 상호작용 속의 하나의 활동일 뿐이며, 이성과 감성의 두 가지가 통합되어 나타난다는 점에서, 비합리적인 면이 본질적으로 내재한다.
- 혼란을 초래하는 두 번째 요인은 인간의 변덕이다.

■ 이타심과 사랑에 대하여

- 혼란을 초래하는 세 번째 요인은 인간의 상상력이다. 즉 정신적 기쁨을 위해 (실제로는 이성과 감성의 뇌 활동을 동시에 활용하면서도) 의도적으로 이성 혹은 감성 한쪽을 배제 혹은 왜곡시키는 듯이 보이는 전략을 취한다.
- 인간의 전략적 태도에 대해, 태도의 기여 요인 중에 손해 본다는 느낌의 감성을 억지로 배제해서 창조한 상상력의 결과가 이타심이다.
- 이타심과 이기심은 인간 본성의 반대되는 모순된 성향이라기 보다는 전자는 집단주의 전략의 양면성을, 후자는 생존의 욕구와 관련된 그저 인간의 본성에 그 본질을 두고 있을 뿐이다.
- 사랑이라는 말 역시 그 태도에서 이성적인 요인을 배제하고 감성적인 요인을 왜곡시켜서 해석한 개념이자 단어이다.
- 이타심이나 사랑과 같은 인간 상상력의 창조물이 도덕적인 선과 악 등의 사회적 감성에 편승하여 인간 개인 또는 집단에 대한 편견과 오해를 부추기는 경우는 너무도 흔한 일이었다.
- 혼란에서 기인하는 현실 부정이나 오해와 편견은, 모순된 현실과 상관관계를 보이는 인간의 특정 행동 패턴에 대한 증오의 투사로 쉽게 이어졌다. 자유주의에 대한 거부감이나, 개인주의와 집단주의의 갈등도 그에 기인한다.

■ 배타성에 대하여

- 배타성은 자신(들)만이 옳다 또는 우월하다는 비합리적 믿음에 근거하는 경우가 많다.
- 진화론적으로 배타성은 수렵채집 시대부터 발달하여 왔고 개인주의와 집단주의

중 집단주의 전략과 밀접한 관계가 있다.

- 배타적인 집단에는 두 종류를 생각할 수 있는데 한 가지는 집단내의 지배계층처럼 한 사회 내의 특정한 권력 집단이 배타성을 띠는 경우이며, 다른 한 가지는 그 사회 전체 대다수가 배타성을 띠는 경우이다.
- 집단 내 지배계층은 권위적 지배를 목적으로 권력을 서열화시키는 모습을 보여준다
- 집단 전체가 배타성에 빠지는 경우 수적 우위의 동맹을 바탕으로 과감하고 감성적인 행위가 이루어지는 편이다.
- 현대적 의미에서 집단전체의 배타성은 정치시장의 독점과 관련이 깊으며, 현대의 민주주의제도 하에서의 독재는 본질적으로 대중독재의 양상을 가진다.
- 양대 정당의 구조나 대기업끼리의 경쟁은 생물학적 시장의 독점을 방지하는 의미에서 볼 때 나름대로 그 어떤 법적·제도적 장치들보다 효과적인 측면이 있다.

■ 협동에 대하여

- 협동은 크게 관습적 협동과 자발적 협동으로 나눌 수 있다.
- 우리 사회의 많은 사람들은 개인주의에 바탕을 둔 자유주의 사조가 인간의 협동을 가로막고 있다고 보는 경향이 있다.
- 상호작용적 측면에서의 타인에 대한 존중은 자유주의 사상의 핵심가치이다.
- 우리 사회의 숙제는 경제적 조건을 향상하고 사회의 합리성 수준을 높게 유지하면서 개인주의와 집단주의에 대한 사회적 편견과 오해를 해소해 나가는 것이다.
- 협동을 추구하는데 있어서는 자발적인 우호적 태도로 먼저 다가가는 것을 개인의 태도 전략으로서 포기하지 않는 것이 핵심적으로 중요하다.
- 집단주의 성향과 개인주의 성향은 뇌가 자신과 타인들을 인식하고 관계 짓는 방식에서 감성과 이성의 활동이 함께 작용하여 만들어진 결과이다.
- 개개인의 행복이 자유로이 추구되기 위한 진정한 협동은, 적대적 태도를 내려놓고 우호적 태도를 보일 때 가능하며 이를 위해서는 인간 본성의 차원에서 개인주의와 집단주의에 대한 편견과 오해가 해소될 필요가 있다.

에필로그

나는 앞에서 개인주의와 자유주의를 편견과 오해 없이 바라봐주기를 당부했는데 사실 이는 진정 나 자신과 우리 모두의 행복을 위해 꼭 선행되어야 할 문제이다. 그렇다고 내가 개인주의와 자유주의에 대해 그것을 이상적인 정치이데올로기로 주장하는 것은 아니다. 나는 선과 악의 구도로 개인주의와 집단주의, 자유주의와 민주주의를 볼 필요가 없다는 이야기를 하고 싶다. 문제는 자유주의나 민주주의가 (혹은 사회주의가) 좋은 제도냐 나쁜 제도냐에 있지 않다. 이는 인간의 본성이 선하냐 악하냐를 논하는 것처럼 무의미할 수 있다. 생물학적으로 인간의 본성은 단지 개인주의와 집단주의의 전략을 유리한 데로 취해서 쓰는 것이다. 자신의 유전 인자와 그로 인해 형성된 자신의 신체적 조건 및 성향을 바탕으로 해서 말이다. 더 나아가 사회적으로 보면 각 사회 집단은, 각 국가는 자신이 처해 있는 경제적 사정에 따라 유리한 선택을 하게 될 뿐이다.

생물학적인 측면 혹은 사회학적인 측면에서 인간성은 한 국가의 역사보다는 세계사를 통해 더욱 분명하게 드러난다. 자유주의가 전 세계적인 악의 물결로 매도되고 있는 인류에게 애석하게도 (집단이 어떤 선택을 할 때) 집단주의의 표출은 때로는 부도덕한 모습을 가지는 경우가 많았음을 세계사는 보여준다. 예를 들자면 20세기를 전후해 일본 국민의 많은 수가 그들이 처해있던 경제적 조건에서 취한 중상주의적 국가 선택의 경우에도 그렇다. 인간은 자신에게 유리한 선택을 행하는 데 있어 일반적으로 제3자를 고려하지 못하는데, 더군다나 집단주의가 표출되면 자신의 집단 외에는 안중에도 없는 행동을 보여준다. 그 당시 일본은 중국과 그리고 러시아와 그리고 미국과 전쟁을 통한 대결이냐 양보냐의 선택을 차례대로 해나가고 있었다. 그러한 일본과 주변국들과의 대결 속에 안타깝게도 한국은 제3자로, 더 나아가 희생제물로 전락하는 신세가 되고 말았다.

사실 이는 국가와 같은 큰 집단이 아닌 작은 규모의 집단에서도 관찰할 수 있는 모습이다. 학교 내의 한 학급에서 따돌림과 같은 폭력적 모습을 살펴보면, 내적인 자립이 성취되지 못한 미성숙한 학생들 사이에 권력을 가진 즉 동맹을 많이 가진 한 학생이 선동하여 자신의 적을 정하고 공격적인 행위를 하는 것을 그 본질로 하고 있는데, 이 상황에서 일반적인 학생들은 도덕적인 중립 보다는 자신에게 유리하지만, 자신과는 무관한 제3자에게 해(害)가 되는 선택을 (그 해의 정도는 차이가 날지라도) 취하게 된다. 한 사회 내에서 이해관계를 달리하는 이익집단들 사이의 대립 역시 특정 집단 내의 지도부 혹은 리더의 선동으로 집단 전체의 의견이 휘둘리는 경우가 많은데 이 경우 성인들조차도 대부분 자신 집단의 이익 외에는 안중에도 없는 결정을 한다. 때로 장기적으로는 자신의 집단에게도 비효과적인 선택을 그 집단 지도부의 의지대로 결정하게 되는 경우도 많다.

정치가는 언제나 개인의 희생과 협동을 강조하지만 강제되는 협동은 이 책에서 내가 결론 내렸듯이 행복을 위한 이상적인 선택지가 될 수 없으며 불가피한 상황에서 차선책이 될 뿐이다. 물론 국가가 없이 국민 개인의 행복이 보장될 수는 없을 것이다. 하지만 그것은 정치가에 의해 이상화된 이야기고 실제 한 국가의 국민 간에는 신분적인 차별이 없다 해도 국가라는 일체적 정서는 잘 형성되기 어렵다. 또 굳이 그러한 정서를 강요해야 할 정당성도 없어서, 시베리아 호랑이는 뱅갈에 가서 사는 것이 옳지 않다고 (설사 동물은 지극히 보수적이고 안정을 갈망하는 본능을 가지고 있다 해도) 주장하는 것처럼 인간중심적 관점에 치우쳐 있는 것이다. 설령 그가 인도로 가서 양치는 일을 하게 된다 하더라도 꼬마돼지 '베이브'처럼 행복을 느낄 수도 있는 일이며, 더 적합하고 적합하지 않고는 인간이 결정할 권한은 없다. 고고학적으로 인간이 아프리카의 숲을 벗어나 사바나로, 다시 알래스카와 같은 도저히 적합하지 않은 곳에 굳이 들어가 살겠다는 것을 신이 막을 권한이 없었던 것처럼. 현실적으로도 인간은 (한 국가나 한 민족의 구성원으로서 남기보다) 아마 어디로든 갈 수 있어야 하며 어디서든 정착할 수 있어야 한다고 생각할 수 있다. 오히려 이것이 현실이며 이를 정서적으로 혐오하는 것이 더 인간 중심적 관점을 벗어난 것이다. 예를 들어 조선왕조라는 전근대 국가에서 살아가던 19세기 한국 농민이나 천민에게 있어서 일본 정치가들에 의한 공격적 행위라는 외적인 요인에 의한 불가피성을 제외하고 본다면, 애국심이나 민족의식과 같은 무슨 일체감을 가질 필요가 있었겠는가. 당시 부패한 정권은 자신들의 정권 유지를 위해 사람들의 반외세 정서 특히 반일감정을 이용하였고, 중국이나 러시아와 같은 외국에 인정받거나 그들의 힘을 이용할 생각만 하였지 총체적으로 부패한 정치 사회를 내적으로 개혁할 의지는 희박하였다. 아마도 양반 정치가가 개항과 개화를 막자고 선동하지 않았다면, 혹은 농민이 주인이 된 세상을 이상적으로 제시하면서 반일 감정을 구심점으로 활용한 동학 지도부의 효과적인 선동이 없었다면, 농민은 집단주의적 정서의 발화점을 찾지 못했을 것이다.

세계사를 보면 개개인의 인생들이 권력을 탐하는 정치가의 손에 낙엽처럼 스러져간 인류의 비극을 숱하게 보게 된다. 왕조니 국가니 민족이니 사실은 이 모두는 집단주의의 화신인 정치가들에 의한 구속과 선동의 무기일 뿐이며, 한 개인의 생명이 정치인의 손바닥 위에 올려지는 결과를 초래했다. 흘러간 옛이야기 같이 들리겠지만 지금도 정치인은 개인의 자유로운 선택을 위험스러운 것으로 본다. 대신 이상적인 혹은 대의적인 목표를 위해 개인들이 명예로운 혹은 선한 혹은 응당 그래야 하는 선택(당연하게도 이는 이미 선택이 아니다)을 하도록 만든다. 그런 선동과 구속 속에서 인류 역사의 상당수 사회는 집단주의적 틀을 강제 당하였음을 기억할 필요가 있다. 생물학적으로 가장 우수한 뇌를 보유한 인간이 (전혀 다른 이유이지만 결과적으로는) 왜 개미와 같은 삶을 강요받아야 하는가. 자연계에서 살아가는 생물은 응당 그래야 하는 선택을 해야 하도록 생명을 선사 받은 것이 아니다.

하지만 굳이 프롤레타리아 독재나 파시즘과 같은 대중 독재에 대한 갈망이 아니라 해도 우리는 (그것이 삼권분립과 의회정치를 표방하든, 전국인민대표대회의 표결에 모든 걸 맡기든) 집단에 개인과 같은 인격을 부여하여 집단의 정서가 개인의 이성과 감성을 압도하는 모습을 자주 보게 된다. 다수의 의견이라는 이름으로 (의회에서 대판 싸

278

우고 결정하든, 정치체제 자체에 인격을 부여해버리든) 개인의 자유를 빼앗고 침해하는 정치권력의 횡포는, 사실상 다른 곳이 아닌 우리의 마음속에 공존해 있다. 현대의 인간, 즉 우리는 결코 정치인에 대한, 정부에 대한 근거 없는 신뢰 때문에 집단주의적 정서에 휘말리는 것이 아니라고 말할 것이다. 일면 맞는 말이다. 정확히 말하자면, 자신의 이익을 좇거나 감성에 휘둘리는 것이다. 하지만 어찌 됐든 전체적으로 초래되는 결과는 모두에게 해악을 초래할 수 있음을 이 책에서 강조해서 살펴보았다.

자연계에서 살아가는 생물인 인간이 자유로운 선택을 할 때, 오히려 정치가의 선동 따위에 휘둘리지 않고 유념해야 할 유일한 진리가 있다면, 그것은 모든 선택에는 "비용이 따른다"는 사실이다. 의학적으로도 우리가 체험하는 모든 욕구나 생리적 기능은 (질병까지도) 진화 과정상에서 얻은 이득에 대한 비용이라 할 수 있다.[25] 더 나아가 인간이 만든 학문 중에서 행복에 관한 가장 수량화된 학문이라 할 수 있는 경제학에서 이 비용의 개념은 가장 기본이다. 생물학적 시장이 가치와 선택을 핵심으로 하듯 경제학적 시장에서는 교환과 가격을 핵심으로 하며, 생물학 시장에서의 주체가 선택받기 위해 가치 상승에 에너지를 투자하듯, 경제학적 시장의 주체는 물건을 사기 위해 비용을 지불한다. 하지만 현대를 살아가는 많은 사람은, 또 정치가들의 선동 프레임에 고착되어 있는(고착된) 다수의 선량하고 순박한 많은 개인은 이 비용 개념에 너무나도 무지하다. 왜냐하면, 정치가들은 비용에 대해서는 언급하지 않기 때문이다.

모든 선택에는 물질적으로든 정신적으로든 시간으로든 돈으로든 비용이 동반된다. 경제학에서 어떤 재화의 가치는 그것을 얻기 위해 포기된 대안의 가치를 합한 것이기도 하다. 사람들이 사실 정치가가 나서서 최면을 걸지 않더라도 이 비용이라는 놈을 대면하기 싫어하는 본성이 있다. 비용을 지불하지 않고 얻는 것이 유리한 선택이고 이득이기 때문이다. 이것은 이기심의 본질이기도 하다. 개인주의는 이기심과 현실의 여러 면에서 혼동을 받고 있지만('이기적인 유전자'와 같은 말은 그런 혼동을 가중시킨 면이 있는데 유전자는 이기적인 게 아니라 욕구의 충족을 효율적으로 실현하길 원할 뿐이다), 이기심은 경제학적 개념으로 봐야 한다. 이것은 개인주의나 집단주의처럼 성향의 차원이 아니며 개인의 이성과 감성을 총동원해도 더욱 더 굴복해 들어갈 수밖에 없는 작동원리, 즉 진정한 인간 본성의 핵심이다.

이 본성은 매우 강해서 자신의 이득을 위해서는 다른 인간의 희생(특히 제3자의 희생 따위야 말할 것도 없이)을 마다하지 않는 것이 보통이다. 이 본성을 제어할 수 있는 유일한 장치는 (감성에 기대기보다는) 생물학적 시장이다. 정치시장에 대해서 비유하자면, 현대의 정치가란 권력을 추구하는 직업인이다. 마치 기업의 이윤을 추구하는 경영인처럼 말이다. 인간 사회에 전쟁과 불신을 초래하는 모든 불행의 제공자로 조롱과 비판과 선망과 동경을 받는 존재이긴 하지만, 현대의 정치가들은 신분사회의 귀족처럼 자신의 배만 채울 수는 없는 사람들이다. 그들이 더 진보적으로 개명(開明)해서라기보다는 생물학적 시장, 즉 이 경우 정치 시장의 작동원리 때문에 그러하다. 그들은 시장의 객체들 즉 유권자에게 선택을 받아야 한다. 생물학적 시장의 선택과정에서 가치 상승에 투자하는 에너지는 경제학적 시장의 상품 거래에 지출되는 비용과 같다. 정치가는 비용을 이제 지출할 수밖에 없는 것이다.

쉽게 설명하자면, 시장이 없으면 인간은 자기 본성대로 비용 없이 자신의 욕구를 채우려 할 것이다. 19세기 제국주의 시대에 식민지 나라는 열강의 국가들을 선택한 적이 없었다. 열강은 식민지 나라를 선택하기 위해 가치 상승에 투자하지도 않았다. 이런 관점에서 보면 미국과 소련이 각각 자유주의와 사회주의, 두 이데올로기를 세일즈하던 (국제정치라는 생물학적 시장에서 선택을 받으려고 경쟁하던) 20세기 냉전 시대가 그 이전이나 그 이후보다 약소국들엔 더 이로운 시대였다. 실제로 20세기 후반 세계는 냉전의 해체를 열광적으로 환호했지만, 그 이후 인류는 이기심의 가공할 형상, 이른바 국가간 무한 경쟁의 양상을 목도하고 있다.

이런 관점에서 정치가들을 가장 잘 통제하는 방법은 바로 정당을 중심으로 한 의회정치이다. 쉽게 말해 권력을 추구하는 자들끼리 서로 견제하게 (선택받고자 가치상승 경쟁을 하게) 하는 것이다. 그리고 개인은 (정치가가 아무리 개혁이나 혁명을 부르짖으며 자신들의 의도를 미화시켜도, 아무리 내부의 적 혹은 외부의 적을 만들어 집단의 불안과 증오를 투사시켜도) 적당히 둘 중의 어느 한 편을 시의적절하게 편들어주면 되는 것이다.

역사적으로 자유주의자들이 중상주의 보호무역이나 민주화된 통제경제의 두 극단 사이에서 치열하게 시장의 자율성과 (그에 대한 비용이라 할 수 있는) 경쟁의 원리를 수호하려고 노력해왔지만, 정치인들에겐 그런 건 관심 밖이며 따라서 제대로 조명받질 못했다. 개인들은 그저 경쟁이라는 비용을 피하고자 정치인들이 짜놓은 허울 좋은 민주라는, 복지라는 관념적 선의 프레임 속에서 옳고 그른 것, 선하고 악한 것 사이에서 저울질하고 있다. 이미 자신들이 프레임 속에 갇혀 있는 것은 깨닫지 못하는 것이다.

내가 보기에 앞으로 세계는, 자유주의를 외면한 민주주의만을 고집하는 정치경제 정책들의 부작용에 대해 아마도 세계사적으로 그래왔던 것처럼 냉정한 시장을 통해 경험론적으로 그 비용을 치르는 방식으로 문제점을 개선해 나가게 될 것이다. 선동적 지식인들과 입법자들은 이상적인 세상의 실현에 개인들을 감각적이고 감정적인 방법을 총동원해 동참시키려 하겠지만 말이다.

다시 말하지만 우리는 모두 비용을 지불해야 한다. 물론 아무도 비용을 선뜻 지불하려 들지는 않는다. 생물학적 시장이 없다면 말이다. 어쩌면 말도 안 되는 개념인 공공복리를 그나마 현실화시켜줄 수 있는 유일한 방법 역시도 생물학적 시장에 있을지도 모른다. 즉 인간의 이타심에 백날 호소해봐야 인간이 자신의 이기성을 벗어날 수 있는 유일한 방법은 자신이 인간임을 부정하는 방법보다는 생물학적 시장을 긍정하는 것이다. 그것이 이상향의 유토피아는 아닐지언정 말이다.

다시 이 에필로그 처음으로 돌아가서 현대를 살아가는 우리가 환멸을 가져야 할 대상은 경쟁과 자유주의가 아니라, 비용을 외면하려는 우리 안의 본성이다. 예컨대 현대 사회의 병폐로 지목되는 물질중심주의 혹은 배금사상(拜金思想)의 원인은 자유주의 시장 경제에 의한 인간 타락이라기보다는 인간 이해의 부족과 (더 중요하게는) 행복에 대한 편향된 신념에 기인한다. 행복은 간단히 말해 정신적 기쁨이다. 정신적 측면을 배제하고는 행복은 존재할 수 없으며, 돈으로 혹은 선물로 정신을 움직일 수 있다는 믿음이 잘못된 행복관을 만든다. 뭔가를 가지기 위해서 돈을 버는 것은 어쩔 수 없는 일이지만, 뭔가를 가짐으로써만 행복할 수 있다는 믿음은 그 뭔가가 나 자신의 정신보다 더 주도권을 가지게 되는 존재론적 우위성을 획득하게 되는 셈이다. 세상 모든 것은 내 정신의 기쁨을 위해 봉사할 수도 있지만, 반대로 내 정신이 그들을 위해서 열정적으로 봉사할 수도 있다. 전자의 삶을 살든 후자의 삶을 살든 그건 각자가 결정하는 것이며, 나는 자유주의자로서 다른 사람의 정신적 기쁨의 영역에 간섭할 생각은 없다.

　한편 인간 이해의 부족은 경제학적 사고의 부재와 관련된다. 위에서 경제학적 비용 개념을 얘기했듯, 우리는 포기할 줄 알아야 한다. 즉 경제학적 사고에서 비용이 중요하듯, 자신의 인생에서도 포기가 중요하다. 내가 원하는 게 있다면 그것을 갖기 위해 내가 가지고 있는 다른 뭔가를 포기해야 한다. 그런데 내가 뭔가를 가지고 싶다면 그것이 가질 만한 가치를 가진 것인지를 스스로에게 물어야 하며, 더 중요하게는 내가 그것을 가지기 위해 얼마나 내 시간과 열정을 투자해야 할지를 계산해야 한다. 그리고 그것이 너무나 많은 에너지를 요구한다면 포기해야 한다. 아니 너무나 많은 에너지가 아니어도, 그것이 내가 사랑하는 누군가를 위해 달려갈 수 있는 시간을 요구한다거나, 내가 서게 될 무대의 연극 연습을 위한 시간을 요구한다면, 또는 달빛 속에 눈 내리는 바닷가를 조용히 산책할 시간마저 요구한다면, 나는 그것을 위해 무엇을 포기하게 되는 것인지를 직시해야 한다. 그것이 생물학적 시장이라는 아우토반에서 가속 패달을 밟기 전에 생각해야 하는 점인 것이다.

　차가운 머리와 뜨거운 가슴이라는 말이 있다. 행동하는 지식인을 의미하는 이 용어를, 18세기 갈바니(Luigi Aloisio Galvani)의 전기생리학이 나오기 이전 시대처럼 정말로 이성과 감성이 각각 뇌와 심장에 있다고 믿는 사람은 지금은 없을 것이다. 인류의 이성과 감성은 진화적으로 우리의 욕구를 (생존과 정신적 기쁨을) 채우려 함께 기능해 온 뇌의 활동일 뿐이다. 차가운 머리가 우리의 욕구를 식히고, 뜨거운 가슴이 이타심의 피를 끓어 오르게 할지라도 우리의 욕구는 차가운 머리를 이용해 정신적 기쁨을 누리려 하고 있을 뿐이고, 이타심의 피는 사실 인간 안에 내재한 집단주의 성향적 전략의 한 단면일 뿐이다. 마치 자유주의 정치원리와 자유주의 경제원리를 연합적으로 사고하지 못하고 이원화시켜, 인간의 본성을 무시한 사고로 나아가는 것과 같은 이원론적 사고의 한 단면이다. 이러한 이원론적 사고는 육체와 영혼을 분리시켜 생각해왔던 인류의 예전 사고의 연장선에 있다.

내가 이 책에서 지적하고자 하는 바는, 사람들 특히 차가운 머리와 뜨거운 가슴을 추구하자고 말하는 이들이 가지고 있는 큰 오해였다. 그들은 자유주의나 민주주의, 사회주의 등에 대해 저명한 이론가들의 의견에만 의존하여 무엇이 본질인지를 제대로 보지 못하고 있으며, 더 궁극적으로는 인간의 본성에 다가가지도 못하고 있다. 그러면서 그러한 이론을 통째로 모르는 무지한 사람들을 비웃거나 마음대로 자신들의 대의명분에 갖다 쓴다. 체게바라도 혁명하다 죽었지만, 그보다 훨씬 더 많은 무지한 사람들이 혁명의 와중에 죽었다. 왜 체게바라의 사진에만 열광하는가.

억압받는 농노들을 위하여 분연히 일어나 사회주의 실현을 위해 몸바쳤던 나로드니끼들도 사실 지주의 아들이 대부분이었던 (그들의 정신적 지향은) 자유주의자들이었다. 이후 결과적으로 인간의 본성은 사회주의를 배신했지만, 사실은 자유주의의 정신적 기쁨을 위해 사회주의가 이용된 셈이었다. 어떤 의미에선 사회주의조차도 한 유대인이 자신의 정신적 기쁨을 위해 (자신의 물질적인 비참한 삶을 보상

받기 위해 창조한) 뜨거운 가슴에 차가운 머리를 제물로 바친 화려한 상찬일 뿐이었다.

본질은 우리가 모두 가능한 한 보다 효율적으로 자신만의 정신적 기쁨을 추구하는 존재들로 진화해왔다는 사실이고, 이들을 대상으로 한정된 자원을 어떻게 하면 각 개인이 자신의 정신적 기쁨에 맞게 가져가도록 할 수 있을까의 문제가 정치경제의 핵심이라는 것이다. 여기에 정치와 경제는 분리될 수 없다. 이성과 감성도 분리될 수 없으며 머리와 마음도 분리될 수 없다. 자신이 생각하는 정신적 기쁨은 사람마다 다 다르며, 따라서 효용을 높이기 위한 경제적 선택의 방식도 다 다르기 때문이다. 그러함에도 정치적으로는 그 어떤 의사 표현의 자유도 제한해선 안 된다고 하고 경제적으로는 선택의 자유를 제한하게 해야 한다는 것은 이원론적 사고의 명백한 폐해이다. 문제는 자신이 정치적으로 자유주의자라는 것을 모르는 사회주의 이론가들이 너무 많다는 것이다. 그들은 머리로만 경제적 구조를 어떻게 뜯어고칠 것인지를 계산한다. "세상에 절반은 왜 굶주리는"지에 대해 통탄해 하며 차가운 머리와 뜨거운 가슴을 가지자고 얘기하기 전에 자신의 시(市)에 무상급식을 빨리 시행하자고 목청 돋우던 것이 우리들의 모습임을 자각해야 한다.[26]

마지막으로 책을 쓰면서 가장 나 스스로에게 아쉬움이 가는 부분은 너무나 건조한 책이 되어 버렸다는 점이다. 나 역시도 집단주의의 피가 (내 성향은 매우 개인주의 쪽에 치우쳐있지만) 진화적으로 내재해 있으며 이성적으로 그리고 감성적으로 상황에 따라 개인주의와 집단주의 전략을 취해가며 지금까지 살아왔다고 볼 수 있다. 내 뇌의 이성과 감성에 이 자리를 빌려 감사 드린다. 그리고 여러분 모두의 뇌에도 그리고 여러분 모두에게도 진실한 삶의 의미가 찾아지길 빈다. 우리는 모두 저마다 추구하는 정신적 기쁨의 빛깔과 향기가 다를 뿐, 우리는 누구도 나 아닌 다른 사람을 쉽게 판단 내릴 수 있는 권리를 가지지 못한다. 난 기하학적으로 윤리학을 논증하려 했던 스피노자의 철학을 좋아하지만, 순수한 인간성을 열망했던 도스토옙스키도 좋아한다. 이 자리를 빌려 그들에게도 감사를 표하고 싶다. 자꾸만 보편적인 것을 추구하는 강박에 시달리느라 한국적 특수성을 더 많이 이 책에 담지 못한 것도 마음에 걸린다. 하지만 내가 태어난 부산과 사춘기를 보낸 인천, 그 후 서울을 비롯해 내 눈이 닿았던, 내 발길이 닿았던 그 모든 곳들을 사랑하며, 그곳에 살고 있는 사람들 역시 사랑한다. 특히 나의 부모님과 동생에게도.

이 책의 어디에선가 한번 인용하기도 한 책 〈다니의 일기〉는 고등학교를 졸업하고 대학교에 들어가자마자 시작한 성당 주일학교 교사 시절 학생들에게 선물해주기 위해 샀던 책 중 하나이기도 하다. 내 영혼이 (영혼 말고는 다른 단어가 떠오르지 않는다.) 가장 순수했던 시절, 지금은 지나온 시간이지만 손에 들고 페이지를 넘기는 것만으로도 눈가에 영롱한 눈물이 맺히게 하는 그런 책이다. 내가 이 책에서 다소 냉소적으로 인간의 영혼과 사랑에 관해 적었던 건, 우리 인간이 좀 더 오해와 편견으로부터 자유롭기 위해서 혐오와 애착의 일차원적 정서를 극복할 수 있어야 함을 말하기 위해서였다. 원고를 탈고하기 위해 정리하면서도 마치 섬처럼 이 책에서 혼자 오도카니 한 부분을 차지하고 있는 〈이타심과 사랑〉이라는 주제어에 가슴이 멍해진다. 그리고 눈시울이 붉어진다. 선인장처럼 말라버린 이 책 속에서 혼자 꽃을 피우고 있는 그 모습이 애처로워서다. 난 인문학자도 자연과학자도 예술가도 적성에 맞지 않았다. 그저 사랑만이 적성에 맞다.

You don't know what life is until you've danced on a table...

– 영화 〈That lady in Ermine〉 에서

1. 우리는 왜 서로를 불행하게 하는가

1. (현대 인간의 마음이 생물학적으로 진화되어온 결과라는 입장에 선, 수많은 책이 지금까지 출판되었다. 특히 그 중 국내에 번역 출간되어 대중적으로도 널리 알려진 책인 스티븐 미슨의 〈마음의 역사〉와 제프리 밀러의 〈연애〉는, 이 책을 쓰게 되는데 가장 영향을 주었던 책이다.

2. 이 점에서 나에게 영감을 준 글은 서울대 경제학부 교수 이영훈의 논문 〈한국에 있어서 현대사 분쟁〉이었다. 그 내용 중 일부를 인용해본다. "자유민주주의와 시장경제라는 건국의 이념을 자신의 정신적, 물질적 생활의 기초 원리로 수용하는 시민적 중산층의 성립은 1948년 당시 정말 한 줌의 무리에 불과하였다. 그마저 식민지기에 일제의 지배에 협력했다는 정치적 비난으로부터 자유로운 존재들이 아니었다. 위 논쟁에 처음부터 깊숙이 개입하였던 필자에게 논쟁이 안겨준 선물은 실로 적지 않았다. 무엇보다 한국의 좌파와 우파는 서로를 이해하고 비판함에 필요한 공동의 언어를 소유하고 있지 않음을 알게 되었다."

3. 마이클 센델 (Michael J. Sandel)은 〈정의란 무엇인가?〉라는 책으로 한국에서 선풍적인 인기를 끌었다. 그 책은 저자의 하버드 대학 강의를 엮은 책이었다. 마치 카(E. H. Carr)의 〈역사란 무엇인가?〉가 카의 옥스퍼드 대학 강의를 엮어서 펴낸 책이듯.

4. Michael Shermer의 〈The Science of Good & Evil〉(Owl books, 2005) p179 에서 의역함.

5. 2009년 필립 리오네의 프랑스 영화 〈웰컴〉에서 소년 주인공 '비랄'의 모습을 비유한 것임.

6. 1954년 시드니 루메(Sidney Lumet)의 미국 드라마 〈12명의 성난 사람들〉이 원작이다.

2. 인간의 본성에 대한 고찰

1. 요시 오이다 & 로르나 마샬 〈보이지 않는 배우〉 (게릴라, 2007).

2. S. A. Nigosian, *The Zoroastrian Faith: Tradition and Modern Research* (McGill-Queen's University Press, 1993) 참조.

3. 20세기의 인지과학 및 최근의 뇌과학은 진화론적 시각의 힘을 빌어 급속도로 발전해왔고 발전해나가리라 예상된다. 그 과정에서 의식과 정서와 같은 뇌의 기능과 관련된 다양한 현상들에 대한 보다 체계적인 분석이 시도되고 있다. D. C. Dennett, *Darwin's Dangerous Idea: Evolution and the Meanings of Life* (Simon & Schuster, 1996) 참조.

4. 대표적으로 정서, 인지, 이성과 감성, (자아) 의식 등 몇 개 용어에 의존할 생각이다. 이정모 〈인지과학〉 (성균관대학교 출판부, 2010) 참조.

5. Merlin Donald, *Origins of the Modern Mind* (Harvard University Press, 1993) 참조.

6. 고고학적인 측면에서 말하자면, 외부자극에 대해 유전적으로 정해져 있는 기계적 반응을 탈피해 경험적 학습을 통해 반응이 변화되는 일반적 지능을 인간이 진화적으로 갖출 수 있게 된 것은 5천 6백만 년 전으로 보고 있다. 스티븐 미슨(Steven Mithen) 〈마음의 역사〉 (영림카디널, 2001) 참조.

7. 니컬러스 험프리(Nicholas Humphrey)를 비롯한 많은 학자는 사회적 지능을 인간의 의식이 진화해온 과정에서 매우 중요하게 인식하였다. 반면 존 설(john R. Searle)은 사회적 지능이 비사회적 지능과 통합하는 과정에서 의식이 주된 역할을 담당하였으며 그 결과 보다 감성적인 인간으로 변모되었다고 주장한다. J. R. Searle, *The Rediscovery of the Mind* (A Bradford Book, 1992) 1992) 참조.

8. (정신분석치료를 지지하는 쪽과 이를 비판하는 쪽(주로 인지 행동 치료)과의 격렬한 논쟁은 일명 "프로이드 전쟁(Freud Wars)"으로 불리기도 하였다.

9. 이와는 다른 관점에서 고고학자 스티븐 미슨은 의식의 진화과정 속에서 분화된 지능 간에 상호교통이 이루어지면서 종교와 미술이 생겨났다고 말한다. 스티븐 미슨, 위의 책 참조

10. 독일 원제목은 '베를린의 하늘(Der Himmel Ueber Berlin)'이며, 영어 제목은 '욕망의 날개(Wings of Desire)인 빔 벤더스(Wim Wenders) 감독의 1987년 영화.

11. 반대로 현대 과학은 자신과 자연을 포함한 대상을 탐구하고 이해하는데 있어서 뇌의

이성 기능에 치중하며 자신을 대상으로부터 격리하여 인식하는 것을 출발점으로 한다. 인간을 대상으로 하는 의학에서도 그 연구의 대상은 자신의 몸이 아니라 타인의 신체가 대상이 되며 자신의 욕구나 기쁨을 배제한다.

12. 크리스틴 링크레이터 〈자유로운 음성을 위하여〉 (동인출판사, 2009)

13. 에드워드 윌슨(Edward O. Wilson) 〈인간 본성에 대하여〉은 이러한 입장의 가히 고전이라 할 만하다. 물론 그보다 더 인간 본성에 대한 고전으로는 데이비드 흄(David Hume)의 〈인간 본성에 관한 논고〉가 있다. 물론 18세기 흄의 시대와 20세기 윌슨의 시대의 차이를 이해하기 위해서는 19세기의 다윈을 만나야 한다.

14. 인간의 일부일처제가 다른 소수의 동물 종에서 보이는 비슷한 짝짓기의 모습과 그 속성상 어떤 차이가 있는지에 대한 재미난 글은 다음을 참조할 것. 데이비드 버래쉬 & 주디스 이브 립턴 〈일부일처제의 신화〉 (해냄출판사, 2002)

15. 박찬웅 〈뇌 : 학습과 기억의 구조〉 (서울대학교 출판부, 1998) 참조.

16. 전두앞영역(prefrontal area)를 말한다. 성격 및 독창성, 판단력을 결정하는 데 밀접한 관련이 있다.

17. S. 조나단 싱어 〈자연과학자의 인문학적 이성 죽이기〉 (다른세상, 2004) 참조.

18. 스티븐 미슨, 위의 책 참조.

19. 인간의 뇌를 침팬지의 뇌와 비교하면, 출생 시엔 별 차이 나지 않는 350cc 정도지만 다 큰 성인에선 1400cc 정도가 되어 450cc 정도에 머무르는 성숙한 침팬지의 그것과 현격한 차이가 벌어진다. 인간의 뇌가 다른 동물들에 비해서도 현저히 커지게 된 가장 중요한 요인은 대규모 사회집단을 이루고 언어를 활용하게 된 것에서 찾을 수 있다. 스티븐 미슨, 위의 책 참조.

20. 헬렌 피셔 & 헬렌 E. 피셔 〈사랑의 해부학〉 (하서출판사, 1994) 참조. 또한 TED(www.ted.com)에 가면 그녀의 지극히 감성적인 방식을 차용한 학술적 내용의 발표를 시청할 수 있다. 하지만 난 그리 달콤하지 않은 내 방식대로 설명해나갈 것이다.

21. 그보다 바깥의 신경바깥막(epineurium)이나 신경다발막(perineurium)과 달리, 가장 안쪽의 신경 섬유막(endoneurium)을 말한다. 리차드 스넬 〈의학도를 위한 신경해부학〉 (범문사, 1993) 참조.

22. 그레고리 번스 〈만족(satisfaction)〉 (북섬 출판사, 2006) 참조.

23. 현대의 통증학에서는 이를 통증의 modulation 기전으로 설명한다.

24. 김규식, 김명진 〈치과 국소마취학〉 (지성출판사, 1991)

25. 물론 쾌락과 행복을 구분하는 시도는 유의미하긴 하지만 그 경계는 모호하다. 특히 본 연구에서처럼 행복을 의학적 차원에서 접근하는 시도에는 더욱 그러하다. 프랑스의 뇌과학자 장디디에 뱅상(Jean-Didier Vincent)은 자신의 책에서 "쾌락과 행복을 혼동해서는 안된다. 쾌락은 신체의 일시적인 상태, 욕망과 더불어 고갈된다."고 말하지만 "우리는 쾌락을 생물학적 차원에서 적절하게 정의할 수 없다."고 고백하기도 하였다. 장 디디에 뱅상 〈뇌 한복판으로 떠나는 여행〉 (해나무출판사, 2010) 각각 p295, p302 참조.

26. (1986년 미국 증권거래법이 개정되기 전) 일종의 예고 없는 적대적 기업인수합병.

27. 제프리 밀러 〈연애(The Mating Mind)〉 (동녘사이언스, 2009) 참조.

28. 가령 득도해서 좋고 싫고의 인간적 감정을 초월했다는 것은 생물학적으로는 감성 기능을 관장하는 뇌의 신경세포 및 관련 조직들이 생리적 기능을 잃고 퇴화 내지는 괴사하였음을 의미한다. 일종의 병리적 상태이다. 물론 의학에서 특히 정신의학에서 무엇을 병적으로 볼 것이냐 아니냐는 다분히 문화적인 요소가 포함되어 있다.

29. 미셸 꽈스트 〈다니의 일기〉 (성바오로 출판사, 1989)

30. 폴 R. 에얼릭, 앤 H. 에얼릭 〈진화의 종말〉 (부키출판사, 2011) 참조

31. 세로토닌이나 도파민은 시냅스를 통한 근접한 뉴런에만 작용하는 신경전달물질인 아세틸콜린 등과 달리, 광범위하게 멀리 떨어진 세포에까지 작용이 미치는 호르몬의 기능도 가진다. M. R. Bennett, *The History of the Synapse* (Harwood Academic Publishers, 2001)

32. 캐롤 하트 〈세로토닌의 비밀〉 (미다스북스, 2010)

33. 장 디디에 뱅상, 위의 책 p321

34. 여기서 잠시 밀턴 에릭슨의 최면 심리학적 관점을 빌려서 얘기해보자면, 실제로 할리우드 영화 중에는 최근의 한국 사회에 힐링(healing)이 하나의 사회적 트렌드로 유행하기 이전에도, 이미 영화를 관람하는 관객들의 마음에 최면적으로 영향을 미치는 다양한 신경 언어프로그래밍 (neuro-linguistic programming) 기법을 시나리오상에서 노골적으로 선보이고 있었다. 가령 2011년 제작된 여인영 감독의 영화 〈쿵푸 팬더 2〉에서 팬더주인공과 그 스승의 대사에 중요한 단어로 반복적으로 등장하는 "내면의 평화(inner peace)"는 치유적인 측면에서의 호의적 면피를 통해 객석에 앉은 관객들의 비판적인 의식의 벽을 우회하여 그들 내면 깊숙이 잠재의식적으로 다가간다. 감수성이 민감한 관객들은 그런 비슷한 부류의 영화의 마력에 마치 종교적 중독과 유사하게 의존하게 되는 현상이 발생할 수 있다. 그렇다고 딱히 영화를 욕할 필요는 없다. 사실상 우리가 접하는 모든 문화적 텍스트, 예술적 표현들, 정치적 수사들은 수 세기 동안 자신들도 모르고 대중을 상대로 그런 시도를 해왔다.

35. 줄리언 바지니 〈에고 트릭〉 (미래인출판사, 2012) 참조

36. 쥐에 기생하여 자신의 중간숙주(쥐)가 고양이에게 잡아먹히게 하는 톡소플라즈마 (toxo-plasma) 와 같은 원생동물이 대표적이다. John A. J. Barbara, Fiona A. M. Regan, Marcela Contreras, *Transfusion Microbiology* (Cambridge University Press, 2008) 참조

37. 박찬웅, 김승엽 〈신경과학〉 (민음사, 1990) 참조

3. 자아의식에 대한 고찰

1. 앙리 팡탱 라투르(Henri Fantin-Latour, 1836.1.14~1904.8.25)는 프랑스 그르노블 출생의 화가이다.

2. 코럼(Corum) 사의 애드미럴즈 컵(admiral's cup) 시리즈는 전통적으로 다이얼 내에 숫자 대신 국제 신호기를 썼다. 국제신호기 4는 덴마크 국기와 색과 구성이 같다.

3. 잠시 "졸지에" 씨의 머리에 여자친구에 대한 생각은 안중에도 없어지고 끼어든 운전자에 대한 생각이 가득 들어차게 된 이러한 상황은 앞서 "졸지에" 씨가 경영권과 관련하여 겪었던 일과 비슷한 성격을 가진다. 스트레스원(stressor)은 인간의 신체에 기쁨을 잠시 지워버리고 자신에게 주목해달라는 뜻에서 고통을 느끼게 하는 것과 같다는 의미에서는 비슷하다. 하지만 이 경우에는 무색무취의 스트레스원, 즉 애당초 상대가 별생각 없이 한 일로 벌어진 상황이다.

4. 우리가 가지고 있는 이성의 계산기도 실은 감성에 의해 부여된 가치(value)들을 더하고 뺄 뿐이며, 기회비용은 전적으로 이러한 감성에 의해 매겨진 가치의 총량이다.

5. 폴 에얼릭 & 앤 에얼릭, 앞의 책 참조, 120p

6. 물론 세포 내에는 항시 미량의 ATP와 떠돌아다니는 글리코겐 과립들이 존재하고 있어서, 혈액 공급 없이도 무산소적으로(anaerobically) 세포는 일하기도 한다. 하지만 이는 비상식량일 뿐이다.

7. 닉 레인 〈미토콘드리아〉 (뿌리와이파리, 2009) 참조

8. 2006년 출판된 엘리자베스 길버트의 책 〈Eat, Play, Love〉은 2010년에 Ryan Murphy 감독의 영화로 개봉되었다.

9. 수학에서의 최적화는 어떠한 제약 조건에서 (모든 변수에 대한 함숫값을 다 계산하지 못하는 상황에서) 최댓값과 최솟값 산출을 통해 수치계산을 수행해 나간다. 공학에서의 최적화는 장치나 제품을 설계하는 과정에서 성능을 높이면서도 주어진 제약 조건(성능에 영향을

미치는 많은 변수)을 고려하여 성능과 제약 조건 사이의 균형점을 찾아 나간다. 하지만 수학이나 공학적 수식에 입각하지 않더라도 일상에서의 인간은 모든 변수를 고려하여 결정을 내릴 수는 없으며 그렇다고 변수를 전혀 고려하지 않고 결정을 내릴 수도 없으므로 결과적으로 자연스럽게 최적화된 결정을 내리고자 시도한다. Steven C. Chapra, Raymond P. Canale 〈공학도를 위한 수치해석〉 (McGraw-Hill Korea, 2002) 참조.

10. 하나의 상품을 기획하고 생산하는 회사를 생각해보자. 그 회사를 운영하거나 그 회사에 고용된 많은 사람의 인생은 상당 부분 그 상품 생산과 판매에 투자되고 있는 것이다. 그 상품이 직접 인간의 생존과 번식에 필수적인 물건이 아닌데도 말이다. 인간 문명의 진화 및 자연에 대한 개발은 이런 식의 집단적인 인간들의 생애 투자로 형성되었다. 집단 속의 인간은 시장 속에 보편화된 가치에 더 쉽게 함몰된다. 다른 시대의 다른 지역의 인간에게 혹은 그 사회의 생물학적 시장에 참여하지 않는 개인에게는 그 가치는 보편화될 수 없다.

11. 로베르 뱅상 & 장레옹 보부아의 〈정직한 사람들을 위한 인간 조종법〉 (궁리 출판사, 2008) 에서 나오는 개념이다. 이 책은 내용도 흥미진진한 요소가 많지만, 무엇보다 일반인들을 위한 가상 인물로 이론을 펼쳐나가는 점이 인상 깊다. 그 책의 "마담 오"는 "졸지에" 씨의 캐릭터 설정에도 영향을 미쳤음을 밝힌다.

12. 실존은 본질에 앞선다고 말한 사르트르의 실존주의는 이러한 입장에 서 있다.

13. 내가 예전 열심히 성당을 다니던 시절(나는 한때는 종교에 심취했으며 한때는 공산주의자였다), 언젠가 성당 주보에 실렸던 시다. 작가도 모르겠고 내용도 정확히는 기억나지 않는다.

14. 단테의 〈신곡〉 지옥편 5곡 106행에서 인용.

15. 〈무량수경〉의 서방정토에 대한 묘사 중에서

16. 가수도, 작사가도, 작곡가도 기억나지 않는다. 어쩌면 이런 노래가 있었는지도 모르겠다.

17. 닐 레비의 〈신경 윤리학이란 무엇인가〉 (바다출판사, 2011)

18. 스티븐 미슨, 앞의 책 참조.

19. 그레고리 코크란 & 헨리하펜딩 〈1만 년의 폭발 : 문명은 어떻게 인류 진화를 가속화시켰는가〉 (글항아리, 2010)에 나오는 단어

20. 스티븐 미슨 〈노래하는 네안데르탈인〉 (뿌리와 이파리, 2008) 참조. 저자는 이 책에서 사회적 의미를 담은 소리, Hmmm- 에 주목한다.

21. 따라서 당연하게도 언어의 기원 역시 인간의 욕구와 관련이 깊다는 점을 인식할 필요가 있다.

22. 알베르 카뮈의 소설 〈이방인〉의 주인공.

23. 애석하게도 원숭이들은 이 점에서 침팬지와 차이가 난다. 원숭이들은 거울 속의 자신을

몰라보며, 침팬지나 고릴라처럼 자기 자신을 인식하지 못하고 자아에 대한 개념도 잡히지 않은 상태이다. 스티븐 미슨 〈마음의 역사〉 (영림카디널, 2001) 참조.

24. 루퍼트 와이어트의 〈Rise of the planet of the apes〉는 2011년에 개봉되었으며 1968년 프랭클린 J 샤프너의 〈Planet of the apes〉의 프리퀄 내용으로 제작되었다.

25. 언어의 기원과 발달과 관련하여 언어학자 마르티네(Martinet)는 두 가지 기본적인 원리에 의한다고 얘기한다. 즉 간소화와 재구성이 그것이다.

26. 2009년 이해준 감독의 한국 영화 〈김씨 표류기〉의 당연한 주인공.

4. 사회적 상호작용 속의 태도 전략

1. 장 그르니에 〈나폴리를 만나다〉 (청하 출판사, 1990)에서 인용

2. 월터 캐논(Walter Cannon)이 1926년에 정의한 스트레스에 대한 정의는 항상성에 지장을 초래하는 외부자극을 가리켰다. 하지만 그 후 생물학적 맥락에서 외부자극 그 자체 보다 그에 대한 체내의 반응에 초점을 맞춘 관점이 채택되기 시작했고 그러한 관점에 선 대표적인 연구자로 한스 셀리에(Hans Selye) 을 들 수 있다.

3. 위해성(risk) = 유해성(hazard) × 노출량(exposure)

4. 몇몇 학자들은 이러한 통증, 즉 정신적 고통이 분노가 무의식적으로 분출되는 것을 막기 위한 하나의 보호 과정이라고 해석하기도 한다. Sarno, John E. *The Divided Mind : The Epidemic of Mindbody Disorders* (Harpercollins, 2006)

5. 이 중 노르아드레날린과 아드레날린은 스트레스 초기에 즉각적으로 작용하게 되며, 오랜 백수 생활의 정점을 찍고 정말 들어가고 싶은 회사의 입사 면접을 보는 순간 혹은 오랜 폐인 생활을 보상할 꿈에 그리던 이성에게 내 마음을 전할 마지막 기회의 순간, 고도의 순발력이나 집중력을 발휘하게 해주는 묘약이기도 하다. 반면 코르티졸은 스트레스가 길어질 경우 장기전에 대비하여 투입되는 과묵한 녀석이다. 코르티졸은 부신피질에서 생성되는 당질 코르티코이드 호르몬인데 보통 때는 앞의 두 녀석처럼 생체 리듬 속에서 하루 24시간을 단위로 주기적인 혈중 농도 변화 패턴을 보이지만 스트레스 상황에서는 이 농도 변화 패턴이 깨지게 된다. 지속적인 높은 농도의 코르티졸 상태는 퇴행 현상도 초래한다. 예를 들어 해마의 위축으로 인한 기억의 감소를 들 수 있다. Ralf-Peter Behrendt, *Neuroanatomy of Social Behaviour : An Evolutionary and Psychoanalytic Perspective* (Karnac Books, 2011)

6. 특이적 면역반응에는 체액성 면역반응(humoral immune response)과 세포 매개성 면역반응

294

(cell mediated immune response) 이 있다.

7. 사실 한국은 그냥 둬도 자연 치유되는 질병인 감기에 항생제 투약을 권장하는 기괴한 사회
   적 분위기 탓에 겨울철 너무나 한기를 느껴 인간의 목으로 숨어들어 간 연약하고 불쌍한
   바이러스들이 기대 수명을 채우고 죽기가 가장 어려운 나라이다. 반대로 이 사실은 혹독한
   생존의 조건을 버텨낸 아주 독하디 독한 변종 바이러스들이 만들어지게 될 가능성도 높은
   나라가 이 나라임을 의미하기도 한다.

8. 자율신경은 신체의 모든 세포의 활동을 통합적으로 제어하고 있으며 면역의 핵심이 되는
   백혈구 역시 자율신경의 지배를 받고 있다. 아보 도오루 〈면역혁명〉 (부광출판사, 2009)
   참조.

9. 〈The fabric of mind〉의 저자인 신경외과의 리처드 버그랜드(Richard Bergland)는 1980
   년대에 이미 이를 예상하여 "여러 가지 질병들, 특히 스트레스와 관련된 질병들은 신체
   와 뇌 사이를 왔다갔다하는 호르몬 신호들을 이해함으로써 더욱 쉽게 치료될 수 있을" 것
   이라고 보았다.

10. 뇌파측정(electroencephalography) 방법을 이용해 뇌와 면역반응과의 상관관계를 밝히는
    연구는 지금까지 많이 행해져 왔다. 비제도프스키 같은 학자는 실험용 쥐를 상대로 면역
    체계를 자극했을 때 뇌파가 증가하는 현상을 바탕으로 "뇌는 실제로 면역체계가 무엇을
    하고 있는지를 알고 있다"고 주장했다.

11. 최근에는 임상의학에서도 전신적 접근(holistic approach)이 이루어지고 있으며 가령 전
    신치의학적 관점에서 비정상적인 치아스트레스(dental distress)가 치아 스트레스 증후군
    (The Dental Distress Syndrome)을 일으킬 수 있음을 주장하는 것은 그러한 예라 할 수
    있다.

12. 인간이 갈등을 느끼면 스트레스 호르몬(plasma adrenocorticotropin and cortisol)이 증가
    한다.

13. Jill B. Becker, S. Marc Breedlove, David Crews, Margaret M. McCarthy, *Behavioral
    Endocrinology* (A Bradford Book, 2002) 참조

14. 그런데 여기서 불을 끄지 않고 나간 아들의 경우에는 어떻게 될까. 자신의 책임을 떠넘
    김으로써 상대의 권리를 침해한 것으로 보아 적대적 태도를 취한 것인가. 아니면 전혀 의
    식하고 선택한 태도가 아닌, 부주의에 의한 실수일 뿐이므로 논의에서 제외해야 하는가.
    결론적으로 얘기하면 적대적 태도이다. 가령 중세의 농노가 영주에게 예의를 지키지 않
    는 것은 상대방의 자아를 부정적으로 평가한다에 해당한다. 이 경우 그 농노가 장원제나
    봉건제 자체가 자신들의 권리를 침해하는 자신들에게 적대적인 제도이므로 그렇게 행동
    할 수밖에 없다고 생각했는지, 아니면 그 영주가 미워서 감정적으로 그렇게 했는지와 상

관없이 어쨌든 적대적인 태도를 선택한 것이다. 여기서 주목할 것은 어떤 상황에서 자신이 선택하는 태도는 철저하게 행위의 결과를 기준으로 그 태도의 의미가 정해질 것이라는 점이다. 애당초 사람들이 가진 의도만으로 사회적 상호작용을 살펴보고자 했다면 굳이 개인 간의 상호작용을 객관화 시키기 위하여 다양한 행동 문구들을 작성할 필요도 없었을 것이다. 무엇보다 우리는 상대의 의도를 정확히, 아니 자신의 의도 조차도 잘, 모르고 살아갈 때도 많다.

15. 더 나아가서 우리는 자신이 선택하는 태도가 우호적인 태도라고 해서 상대의 정신적 기쁨이 항상 고취되고, 반대로 적대적 태도를 선택한다고 해서 상대에게 정신적 스트레스가 항상 초래되는 그러한 단순한 논리가 늘 작용하지는 않는다는 점, 즉 우리가 선택하는 태도와 정신적 기쁨이 어느 정도 예측 불가능의 관계에 있다는 것 역시 자연스럽게 알고 살아간다. 그리고 더욱 중요한 것은 우리 자신의 태도 선택이 상대의 정신적 기쁨에 미칠 영향뿐만 아니라 자신의 정신적 기쁨에 미칠 영향까지 알고 있다. 인간은 (앞 장에서 살펴본 것처럼) 자신의 정신적 기쁨에 대하여 상대가 누릴 정신적 기쁨보다 당연히 더욱 예민하고 정밀하게 가늠할 수 있을 것이다.

16. 그가 이 책에서 이미 몇 차례 수고스럽게 출현한 사실을 독자들은 알 것이다. 그는 에스프레소 향을 맡으며 카페에서 여자와 대화를 나누는 예시 상황에 왜 자신을 불러주지 않았느냐며 내게 아쉬움을 표하기도 했다. 나는 "별수없이" 양이 출현을 거부했기 때문이라고 말할 수 없었다.

17. 사실상 어떤 집단내의 구성원 모두가 서로에게 호의적 태도를 보이는 집단이 있을 수도 있지만, 우리는 그것이 이상적인 공동체의 모습을 떠올릴 때나 기대할 수 있는 환상임을 알고 있다. 마찬가지로 어떤 집단 내의 구성원 모두가 중립적 태도를 보이는 집단이 있을 수 있겠지만(학교에서 일시적으로 신 학년 초기 새로운 반에 학생들이 모인 경우처럼), 이 경우조차도 시간이 많이 흐르기 전에 구성원 간에 곧 호의적 태도와 적대적 태도가 나타난다. 실제 어떤 집단 내에서나 현실은 구성원 간에 호의적 태도, 중립적 태도, 적대적 태도가 복잡하게 얽힌 혼재된 모습에 가깝다.

18. 하지만 평범한 대부분 인간들은 자신의 인생을 점검하는 과정에서 정신적인 기쁨을 궁극적으로 추구하게 되어 있다

19. 슈테판 클라인의 〈우연의 법칙〉(웅진씽크빅, 2006)중 '우뇌와 좌뇌'에 관한 이야기에서.

20. 내가 언젠가 서점에서 산 〈적을 만들지 않는 대화법〉이란 책도 그런 책이었다. 무척 실용적으로 잘 만들어진 책이었다. 그런데 이런 책들을 모두 찾아서 읽으려 하다가는 정상적인 사회생활을 하기 힘들 것이다.

21. 자신의 행위가 정당방위로 법적으로 안전하게 보호받을 수 있다고 생각한 두 운전자가 교

차로에 자신의 차 두 대를 세워놓고 삿대질하며 고함을 지르고 싸우는 광경은 한국에서 쉽게 볼 수 있는 모습이다. 앞의 이성적인 방법과는 조금은 거리가 있다. 그 교차로에서 신호를 받아 건너가야 하는 다른 운전자들에게는 또 다른 스트레스를 불러일으키며, 보행자들에겐 재미난 호기심을 불러일으키는 장면이다.

22. 슈테판 클라인, 앞의 책 참조.

23. 심리학자 셸리 테일러(Shelly E. Taylor)는 여성호르몬으로 잘 알려진 옥시토신의 영향으로 스트레스에 대응하는 방식에서 남자와 차이 나는 경향성을 보인다고 주장한다. 여성들은 다른 사람들과의 접촉과 친교를 통해 스트레스를 관리해 나간다는 것이다. 그리고 이는 여성이 자식을 양육해왔던 방식에서 비롯된다고 말한다. Shelly E. Taylor, *Health Psychology* (McGraw-Hill, 1995) 참조.

24. 데이비드 베레비의 〈우리와 그들〉 (에코리브르, 2007) 260p

25. 해리 백위드의 책 〈Unthinking〉 (토네이도, 2011) 참조.

26. 이 혼란의 주된 원인은 다음과 같다. 생리적 효율성을 추구하면서도 정신적 기쁨을 추구하는 인간 본성의 가장 기본적인 전제에 해당하는 사항들에 대한 몰이해, 인간의 변덕, 인간의 상상력 등이 그 편견과 오해의 핵심이라 할 수 있으며 이에 관해서는 이 책의 후반부에서 논의하게 될 것이다.

27. 언어는 과학적인 관점에서 볼 때 문법이나 어휘에서 불완전한 특성들을 매우 많이 가진다.

28. 정답을 찾는 데에만 몰입하는 문제 풀이 위주의 파행적 공부 방식이 한국에서는 매우 일반화되어 있다는 점을 지적하고 싶다. 그 결과 지식을 활용하기 위한 사고가 입체적으로 발달하지 못하게 된다. 한국의 교육과정평가원(www.kice.re.kr)에서는 사고력을 측정하기 위한 잘 제작된 대학수학능력시험 문제를 해마다 만들게 되는데, 고등학생들은 그간 기출 문제를 모델로 하여 제작된 모의시험 문제의 풀이에 학습을 위한 에너지 대부분을 쏟아 바친다. 이러한 점수 높이기 편해 보이는 학습의 결과로, 사고의 수동성이 조장된다.

29. 슈테판 클라인, 앞의 책 참조.

30. 구체적인 상황 속에서 우리가 취하는 행위나 태도 전략의 더 심층에는 귀인성향이 존재한다고 사회심리학에선 얘기한다. 가령 심리학에서는 말하는 5가지 성격특성 요소 (big five personality traits) 가 그러한 예이다.

31. 데이빗 셰퍼(David R. Shaffer) 〈발달심리학〉 (Cengage Learning, 2009) 참조.

32. 로버트 그린 〈유혹의 기술〉 (이마고, 2008)

33. 코후트는 한 개인이 다른 개인 혹은 다른 집단과 맺는 사회적 관계에 주목하여, 자존심과 자기통합의 유지가 자아의식의 유지에 핵심 요소라고 보았다. 즉 이 자존심과 자기통

합이 한 개인의 자아의식을 좌우하고, 타인과의 사이에 형성되는 공감에도 큰 영향을 미친다고 주장하였다.

34. G. Hofstede 〈세계의 문화와 조직〉 (학지사, 1995) 참조.

35. Harry C. Triandis, Individualism and Collectivism (Harpercollins, 2008) 참조.

36. 여기엔 재미난 연구 결과들이 많이 있다. 가령 침묵이 개인주의 문화에서는 당혹스러움을 가져오지만, 집단주의 문화에서는 오히려 힘의 상징을 의미한다고 보는 연구도 있었다. Iwao S. 1993. *The Japanese Women : Traditional Imange and Changing Reality* (New York : Free Press) 반면 레크리에이션 스타일에 있어서 개인주의 문화와 집단주의 문화를 비교한 연구도 있는데 집단주의 문화에선 개인들이 주로 가족 및 친구들과 여가 활동을 많이 하며, 개인주의 문화에선 개인들이 (다양한 구성원, 그리 잦지 않은 모임 횟수 등을 특징으로 하는) 소규모 (혹은 아예 대규모의) 클럽에 홀로 들어가 여가활동을 즐긴다. (Choi Y E 1996 The Self in Different Contexts : Behavioral Analysis. Montreal : Int. Congr. Psychol.)

37. Triandis는 가령 집단중심성을 5가지 성격 특성 요소 중 개방성(openness)과 부정적인 상관관계를 맺는다고 보았으며, 성실성(conscientiousness)과 친화성(agreeableness)과는 긍정적인 상관관계를 보인다고 설명했다. Triandis, 위의 책 참조.

38. 뷔트겐슈타인(Heinrich Prinz zu Sayn Wittgenstein)의 가족유사성 (family resemblance) 개념을 참조할 것.

39. Triandis이 정확하게 지적한 바대로 집단주의 사회보다 개인주의 사회가 보다 많은 수의 내집단을 가지게 된다. 그의 용어를 써서 설명하자면, 개인주의 사회 내부의 집단중심성향자들은 다수의 다양한 내집단을 만들어내는 반면, 집단주의 사회 내부의 개인중심성향자들은 그러지 않을 것이기 때문이다. 실제로 집단주의 문화에서는 집단에 대한 사회적 의무(social obligation)가 무척 강화되는데, 개인주의 문화에서는 그러한 사회적 의무는 보다 유연하며 오히려 자신의 집단을 초월하는 전체적인 차원의 사회적 책무성이 추구된다고 Triandis는 말한다. Triandis, 앞의 책 참조.

40. 기본적으로 집단주의 문화와 개인주의 문화 사이의 틀 전환(Frame switching) 이 한 개인 안에서 얼마든지 일어날 수 있음을 잘 보여주는 연구도 있다. (Hong Y, Morris MW, Chiu C, Benet-Martinez V. 2000. Multiple minds : a dynamic constructivist approach to culture and cognition. Am. Psychol. 55:709-20)

41. 가령 A가 우리의 가상 실험 속 회사에서 스트레스를 유발하는 B와 같은 사람들을 많이 만나게 될 때, A는 그들 각각에 대한 장기적 전략을 세울 수 있다. 그리고 이때의 각각의 장기적 전략들은 빈 바탕 위에서 상대방의 성향과 상황에 맞춰서 전적으로 수립되는 것

이 아니라, 상대방의 성향과 비교하여 자신이 가지는 상대적 성향을 바탕에 두고 상황에 맞게 세워진다. 가령 B에 대해서는 회피 전략을, C에 대해서는 외교 전략을 세운다면, A의 자아에 바탕을 둔 성향적 전략이 그러한 개별 태도 전략들을 동시에 감당할 수 있는 선에 한해야 한다. 이 역시 게으른 뇌의 효율성을 추구하는 성질에서 비롯된다. A는 상대방의 태도 전략을 불분명하게 예측할 수밖에 없는 상황에서, 대략적인 자신과 상대방의 성향적 전략의 차이를 사회적 지능으로 빠르게 간파해냄으로써 궁극적으로는 자신의 뇌가 감당할 수 있는 가장 효과적인 태도 전략을 취하려 한다. 물론 그래도 실패할 수 있다. 현실은 늘 오리무중인 경우가 많으며 그럼에도 우리의 뇌는 애처로울 정도로 부지런히 먹고 계산하고 일한다.

42. 오른쪽, 왼쪽과 관련하여 잠시 정치적 소회를 이 자리를 빌려 풀어볼까 한다. 여기서 개인주의 성향전략을 오른쪽에 위치시킨 까닭은 이렇다. 이론적으로 정치를 얘기하자면, 질서와 안정을 선호하는 쪽이 우파, 혁명과 변화를 선호하는 쪽이 좌파인데, 현실의 자유민주주의 정치·경제적 자유와 정치적 평등체제 하에서 자유, 경쟁, 견제에 의미를 두는 우파가 개인주의에 가깝고, 경제적 평등, 협력, 믿음에 의미를 두는 좌파가 집단주의에 가까움을 참조한 것이다. 불행하게도 정치적 자유와 정치적 평등은 민주주의를 통해 보장될 수 있지만, 경제적 자유와 경제적 평등을 함께 보장해줄 수 있는 경제체제는 없으며, 경제적 자유는 시장에 의해, 경제적 평등은 정부에 의해 실현될 수 있다. 이런 탓에 좌파는 시장보다 정부를 선호한다. 하지만 근세 유럽사를 통해 알 수 있듯이 경제적 자유와 정치적 자유는 분리되기 어려운 속성을 가지며, 하이에크도 이 점을 지적한 바 있다.

43. 그런데 이러한 A의 과거 경험과 기억은 자신의 문화가 보유한 일반적인 선호체계에 영향을 받았다고 볼 수 있다. 왜냐하면, A는 사회생활 속 생물학적 시장의 경쟁 과정에서 자신의 가치를 높이기 위해 그 문화의 특성을 내면화하게 되기 때문이다.

5. 생물학적 시장

1. 이 개념은 기본적으로 제프리 밀러(Geoffrey F. Miller)의 〈연애(The Mating Mind)〉(동녘 사이언스, 2009)의 내용의 핵심을 이룬다. 그의 또 다른 책〈스펜트(Spent)〉(동녘, 2010) 도 이 장의 내용을 전개하는데 영감을 주었다.

2. 자본가(captitalist)라는 단어는 그 이전부터 부유한 상인이나 돈 많은 사람을 지칭하는 용어 로 문학적으로도 널리 쓰였었다. 오늘날 자본주의는 사적 재산권(private property)과 자유 시장(free market)을 바탕으로 한 경제체제를 의미하는 말로 쓰이고 있다.

3. 칼 마르크스 〈경제학·철학초고/초역자본론/공산당선언/철학의 빈곤〉 김문현 옮김. (동 서 문화사, 2008), 이사야 벌린 〈칼 마르크스〉 (미다스북스, 2012).

4. 농경의 기원에 관한 논의는 〈마음의 역사〉에도 나와 있다. 내가 보기엔 문명의 역사에서 잉 여생산물이 권력을 창조해낸 것이 아니라 권력 욕구가 잉여생산물을 만들어 낸 것이라고 보는 것이, 인간의 본성에 입각한 보다 정확한 해석에 가깝다. 스티븐 미슨, 위의 책 참조.

5. 이와 관련된 논의는 철학자 로저 트리그(Loser Trigg)의 저서 〈인간 본성과 사회생물학〉 (궁리 출판사, 2007)에서 자세히 전개된다.

6. 원작은 일본의 미타 노리후사의 만화 〈최강입시전설 꼴찌, 동경대 가다!〉이며 한국에선 드라마로 제작되어 2010년 KBS에서 방영되었다.

7. 존 맥밀런 〈시장의 탄생〉 (민음사, 2007) 참조.

8. 미시경제학과 관련하여 최근의 경제학적 성과는 새로운 지평을 개척하고 있다. 가령 게리 벡커(Gary S. Becker)는 인간의 사회적 상호작용 행위에까지 그 범위를 넓혀 연구하였다. 그는 인간의 노동력에 관한 관점에서 종래의 시각, 특히 마르크스적인 관점에서 탈피하여, 자신의 인적 자본(human capital) 가치를 감안하여 노동행위를 선택하게 됨을 강조하였다. Gary S. Becker, *Human Capital* (Chicago, 2008) 참조. 비슷한 맥락에서 또 다른 책을 참 조할 만하다. 데이비드 워시 〈지식경제학 미스터리〉(김영사, 2008)

9. 현대 심리학에서 이는 신경언어프로그래밍(NLP) 이론의 핵심 전제 중 하나이기도 하다.

10. 인도의 설화를 바탕으로 칼리다사가 산스크리트어로 쓴 고대 희곡 〈샤쿤 탈라〉는 인도 고전 문학의 백미로 꼽힌다.

11. 결혼을 뭔가 독창적으로 기획해보고 싶은 연인들에게는 다음의 책을 소개한다. 원래 인문 예술적 창의성의 원천(source)으로는 시공간적으로 자신과 멀리 떨어진 문화인류학적 지 식만 한 게 없다. 무엇보다 한국사람들의 이목을 끄는 표지가 인상적인 책이다. George P. Monger, *Marriage customs of the World* (Abs-Clio, 2004)

12. 슈테판 클라인, 앞의 책 참조.

13. 폴 스위지 〈자본주의 발전의 이론〉 (필맥출판사, 2009)

6. 인간의 역사 속 개인주의와 집단주의

1. 현 이스라엘 대통령 시몬 페레스의 BBC TV 방송장면은 youtube(www.youtube.com)로 다시 볼 수 있었다. 2007년 1월 말 내가 이 프로그램을 보게 된 것은 인도의 한 호텔방에서였다. 영국 킹즈칼리지런던 치과 교수들과 대만, 호주 등지에서 온 치과의사들과 함께 인도의 카나타카 주 Dharwad에 있는 SDM 대학병원 근처의 한 호텔에 머물고 있었다. Naveen이란 호텔이었는데, 호텔방에서 야자수 사이로 보이는 호수의 풍경이 예쁘긴 했다. 인도 1월의 덮고 건조한 공기처럼 TV에서 흘러나오는 인도 남녀들의 노래와 춤 속에 내 정신이 무료 해져갈 때, 우연히 채널을 돌리다가 보게 된 방송이었다. 시몬페레스는 젊은 아랍 학생들의 질문 공세와 묘하게 적대적인 토론장 내부 분위기에 전혀 위축되지 않고 천천히 그리고 또박또박, 홀로 이스라엘의 입장을 설명해나갔다. 그날 TV의 인상적인 토론 장면은 지금도 생생하지만, 팔레스타인과 이스라엘의 갈등은 현재도 끝날 기미가 보이지 않는다.

2. 니스베트 〈생각의 지도〉 (김영사, 2004) 참조.

3. 물론 예외적으로 정치와 그다지 결탁하지 않고 주로 문화적인 측면에서 그 사회에 영향을 지속적으로 미쳤던 사상도 많이 존재한다. 대표적인 예로 그 본질상 지극히 개인주의적인 사상인 중국의 도가 사상을 들 수 있다. 분서갱유나 폐불운동 등을 겪는 와중에서도 도가 사상은 정치적 주류로 받아들여지지 않았기 때문에 다른 어떤 사상보다도 문화적으로는 면면히 그 흐름이 계승되었으며 그 과정에서 각 시대의 집단주의 성향과도 적절하게 타협해 나갈 수 있었다고 본다.

4. 우리나라의 출판시장은 자유주의에 대해 냉소적인 편이어서, 자유주의를 일단 사형선고를 받고 죄수복을 입고 있는 죄인으로 보고 그가 어떻게 하면 자신의 죄를 사면받을 수 있을지에 초점을 맞추는 성직자와 같은 태도를 보인다. 모두들 그를 개종하려 하며 측은하게 혹은 절망적으로 바라보는 것이다. 하지만 우리는 성자가 아니며, 사실 그 근처에도 못 간다. 아니, 더 중요한 것은 자유주의가 못된 제도라고 보고, 착한 제도를 만들면, 인간은 그 안에서 착하게 살 수 있다고 생각하는 것이 모순이다. 사실은 자유주의는 자신의 신념만이 옳다고 믿는 자벨 경사에게 쫓기고 있을 뿐이다. 반자유주의 사상의 종주국인 프랑스에서 그 사형수의 변호를 맡은 인물 중에 가장 유명한 사람은 아마 레이몽 부동(Raymond Boudon)일 것이다. 또한 자유주의에 대한 변호는, (이 책도 그러한 입장에 서 있지만) 어

떤 의미에서 인문학이나 사회과학 보다는 의학과 자연과학이 나서야 하는 측면이 있다. 결국 인간을 어떤 존재로 보는가에 관한 문제이기 때문이다. 그런 측면에서 인간 사회집단의 창발성을 전문적으로 파헤친 마크 뷰캐넌(Mark Buchanan)의 책도 인상적이다. 레이몽 부동 〈지식인은 왜 자유주의를 싫어하는가〉 (기파랑, 2007), 마크 뷰캐넌 〈사회적 원자〉 (사이언스북스, 2010)

5. 그런데 안타깝게도 뇌의 전두연합령이 완성되는 20대 중반 즘에 가서야 인간은 자신의 정신적 기쁨을 사회적으로 적절히 추구해 나가는 방안을 터득하게 되는 것 같다.

6. 하지만 인간의 뇌는 이성적 활동만으로는 정신적 기쁨을 제대로 추구할 수 없다. 그러한 관점에서 뇌의 감성적 활동은 인간의 경제적 행위를 비합리적으로 이끄는 주된 요인이다. 가령 심리학의 핵심 개념 중 하나인 앵커링(anchoring)으로부터 자유로울 수 있는 인간은 아무도 없다. 현대의 마케팅 분야에서는 심리학의 최신 지식을 활용하여 인간의 감성과 관계된 뉴런을 자극하는 갖가지 전략을 활용한다. 소비자인 당신이 구매한 상품 중 순수한 이성의 합리성에 기반을 두고 구매된 것은 많지 않을 것이다. 특히 당신이 좋아하는 물건일수록.

7. 행태경제학의 주된 주제이기도 하다. 리차드 탈러 & 캐스 선스타인 〈넛지(Nudge)〉 (리더스 북, 2009) 참조.

8. 그레고리 멘큐 (N. Gregory Mankiw) 의 〈멘큐의 경제학(Principles of Economics)〉 (센게이지러닝, 2009)를 읽다 보면, 경제전문가들의 조언을 정책 입안가들이 (대중의 여론에 편승해) 외면하게 되는 실례들이 많이 소개된다.

9. 한국경제신문의 정규제의 칼럼 중 〈바보는 세율이 높으면 세수도 늘 것으로 생각한다〉 (2011.6.27)의 제목에서 따옴.

10. 에릭 바인하커 〈부의 종말〉 (랜덤하우스코리아, 2007) 참조.

11. 칼 마르크스(Karl H. Marx)를 말한다. 이 책에서 그가 너무 많이 등장하는 것 같다는 생각에 인칭대명사를 썼다.

12. 하지만 경쟁은 다시 발생했는데, 이번엔 누가 더 많이 생산하느냐가 아닌, 누가 더 조금이라도 게으름을 많이 피우느냐의 경쟁이었다. 인간은 자신의 노력에 관계없이 다른 사람과 보상이 동일한 상황에서는 "게으르기 경쟁"을 하게 된다. 소련 뿐 아니라 모든 공산주의 국가는 지독한 생산 침체로 인한 식량난과 인프라 붕괴를 마주할 수 밖에 없었다.

13. 경제적 산업화의 완성을 의미하는 한국의 경제적 자립은 1986년, 민주화의 가시적 성과를 의미하는 평화적 여야 정권교체는 1997년에 이루어졌다.

14. 하워드 블룸 〈천재자본주의 vs 야수자본주의〉 (타임북스, 2011) 참조.

15. 차이위치우 외 34인 〈모략가〉 (들녘출판사, 2003)

16. 이와 관련하여 좀 다른, 좀더 일반적 관점은 존 케이 〈시장의 진실〉 (에코리브르, 2008)
    를 참조하길 바란다.

17. 칼 마르크스의 정통 사회주의 이론에 따르면 노동자 민주주의라고 말할 수 있겠다.

18. 마르크스의 정통 사회주의 이론을 따르는 사람들이 볼 때는 스탈린이나 마오쩌둥, 김일
    성 등의 사회주의는 생산수단의 국유화에만 초점을 맞추어, 노동자들이 자신들의 대표를
    내세워 공장을 스스로 운영하기보다는, 국가 관료들의 지시를 받는, 따라서 노동자계급
    을 오히려 객체로 소외시킨 변질 체제로 규정하고 있다. 그들은 이 땅에 진정한 노동자
    계급에 의한 자기해방투쟁은 아직 때가 오지 않았을 뿐이라고 위안하며 술잔을 기울이고
    있다. 그런가 하면 다른 한편에선 이런 책도 있다. 리처드 파이프스 〈공산주의〉 (을유문
    화사, 2006)-한마디로 소련의 파산 선고를 분석한 책이다.

19. "인민민주주의"는 사회주의를 의미하며, "인민"이라는 단어는 저발전 자본주의 국가에
    서 (주로) 농민, 노동자, 기타 빈민 계층을 아우르는, 봉건사회의 피지배 민중과 유사한
    개념이다.

7. 오해와 편견의 극복

1. 한국의 대표적인 자유주의자라고 할 수 있는 한반도 선진화 재단 이사장 박세일 씨는
   "공동체가 발전할 때 비로소 개인의 자유주의가 빛납니다."라며 이기적 자유주의와 공동
   체적 자유주의를 구분한다.

2. Michael Shermer의 〈The Science of Good & Evil〉 2005년 Owl books p165

3. Hiroyasu Noma & Yuzuru Kaneko 〈Color Altas 발치의 이론과 실제〉 (지성출판사, 1995)
   중 역자서문.

4. 윌 듀란트(Will Durant) 〈철학이야기〉 (고려대학교출판부, 1998)에서 인용.

5. 신일범 〈바이마르 공화국 연구〉 (단국대출판부, 1999) 참조.

6. 네스 & 윌리엄즈, 앞의 책에서 인용함.

7. 하나의 사회집단이 적응력 있는 개체 집단으로 기능하기 위해서는 그 사회의 구성원들이
   반드시 서로를 위해 일해야 한다는 (이타심을 발휘해야 한다는) 것이 집단선택 개념의 출
   발점이다.

8. 다층선택이론에선 집단을 구성하는 개체의 관점에서 보면 이기적인 개체가 이타적인 개체
   보다 경쟁에서 앞설지 모르지만, 집단의 관점에서 보면 (이타적인 개체들로 구성된) 이타

적인 집단이 이기적인 집단보다 경쟁에서 앞선다고 본다.

9. 로버트 트리버스(Robert Trivers)의 상호이타주의 이론을 말한다. 상호이타주의를 행하는 종은 은혜를 갚지 않는 개체를 식별하는 메커니즘이 있다고 주장한다. 그렇지 않다면 이타주의 행동은 살아남지 못했을 것이라고 보는 것이다. 이는 일명 반복적 죄수의 딜레마(iterated prisoners' dilemma)를 그 논거로 한다. 프란스 드발 〈내 안의 유인원〉 (김영사, 2005) 참조.

10. 서로 만난 적이 없는 두 사람을 상대로, 가령 A에게 10만 원을 주고 B에게 그 금액 중 일부를 나눠주게 한다. B는 제안을 거부하거나 수용하거나 두 가지의 선택권 만을 가지는데, B가 거부하는 경우는 A도 다시 10만원을 반환해야 한다. 경제학자들은 통계적으로 A가 B에게 30~50%를 제안하게 된다는 사실을 통해, 사람에게는 공평성의 관념이 마음 안에 자리잡고 있다고 주장한다. 마틴 노왁, 로저 하이필드 〈초협력자(Supercooperators)〉 (사이언스북스, 2012) 참조.

11. 유가(儒家) 사상의 핵심 개념들이다. 유가는 원래 고대 중국 주(周)나라에서 제사 계급을 지칭하는 말이었으며, 이후 춘추전국시대에 공자와 맹자에 의해 집대성되었다. 법가 사상으로 전국시대를 통일한 진(秦)나라가 멸망하고 나서, 한(漢)나라 때에야 비로소 정치, 사회, 문화의 지배적 이데올로기로 정립된다. 인류학적 측면에서 볼 때, 대표적인 농경 사회 이데올로기이다.

12. 네스(R. M. Nesse) & 윌리엄즈(G. C. Williams) 〈인간은 왜 병에 걸리는가〉 (사이언스북스, 1999) 에서 인용 및 참조.

13. 단순히 이타적인 행동이 아니라고, 이를 이기적이라고 부를 순 없다. 마치 우호적 태도가 아니라 해서, 적대적 태도로 볼 순 없으며 중립적 태도일 수도 있는 것과 같다.

14. 하지만 이것은 물질적인 차원에서 그렇다는 것이고 정신적인 기쁨을 추구하는 인간에게는 줬다 뺐었다 하는 일차원적 함수로는 인간의 정신을 설명한다는 건 힘들다. 이건 우리의 일상 속 모습을 생각하면 쉽게 알 수 있다. 우리는 뭐든지 내기를 걸면 더 경쟁이 치열해짐을 알고 있다(정신적 기쁨의 구체화는 뇌의 중독을 강화시킴). 바둑을 내가 친구랑 두다가 갑자기 돈을 걸고 바둑을 두게 되었다. 바둑 게임을 하면서 나는 친구에게 바둑을 지지 않기 위해 애쓴다(비교의식이 자극됨). 좀 비열한 짓도 사실 하고 싶어지기도 한다(가령 할 수만 있다면, 친구가 자리를 비운 사이를 이용하거나 등), 하지만 이기고 나면 난 내기에서 딴 돈을 별 아깝지 않게 친구에게 술 사주는데 다 쓸 수 있을 것이다. 이런 광경은 일상에서 너무나도 흔한데, 어쨌건 이타심과 관련하여 여기서 중요한 사실은, 우리가 물질적인 차원에선 이기적이지만, 결국 정신적 기쁨을 가장 원한다는 것이다.

15. 미국의 심리학자 도로시 테노프 는 사랑의 감정이 싹트는 순간에 중요한 것은 늘 똑같은 것으로, 막 사랑에 빠지는 사람은 자신에 대한 상대방의 관심을 알아차린다고 한다. 슈테판 클라인, 앞의 책에서 인용.

16. 알랭 드 보통 〈나는 왜 너를 사랑하는가〉 (청미래, 2002)에서 인용.

17. 에리히 프롬 〈사랑의 기술〉 (문예출판사, 2006) 참조.

18. 미시마 유키오 〈부도덕 교육강좌〉 (소담출판사, 2010)에서 인용.

19. 선비정신이란 단어의 정의는 애매하며 학자마다 다양한 정신적 가치를 부여하여 이 단어를 사용하고 있다. 역사학자 한영우는, 이 단어가 문헌적으로는 고조선 때부터 이어져 온 고유명사이며 한자로는 선인(仙人)과도 같은 의미로 볼 수 있다고 언급하고 있다. 한영우 〈한국선비지성사〉 지식산업사, 2010) 참조.

20. 계간 시대정신 2007년 가을호에 수록된 김재호 〈우리시대의 진보적 지식인-박노자〉 참조.

21. 하지만 그들의 관념론적 논쟁의 내용이 가지는 학문적, 현실적 의미에 대해서 결코 부정하는 것은 아니다. 이는 교부철학에 대해서도 마찬가지이다.

22. 임지현 〈대중독재1〉 (책세상, 2004) 참조.

23. 국가의 주권이 국민에 있다는 단순한 개념으로 본 민주주의의 가치를 의미하며, 실제로는 (자유주의를 가미하지 않은 순수 민주주의 개념으로는) 다수결을 의미한다. 특히 의회를 삼권분립으로 견제하지 않는 경우, 민주주의는 의회에 집단적 인격성을 부여하여 "국민"이 나서서 결정하고 국민이 나서서 행동하고 국민이 나서서 반성한다. 국민이 살아 돌아다니는 것이다. 삼권분립이 약할수록 이러한 모습은 가시화된다. 몽테스키외적인 민주정치 구도하에서는 누구도 국민의 뜻이라는 말을 쉽게 할 수 없어야 한다. 역설적이지만, "국민의, 국민에 의한, 국민을 위한" 과 같은 말은 (이미 의회정치와 삼권분립을 시행하고 있다면) 현실적으로는 분립된 삼권 내부의 다툼, 혹은 의회에서 상대정당을 공격하기 위한 선동구호일 확률이 높다. 왜냐하면, 어차피 모두들(모두) 국민의 눈치를 보고 있는 상황에서는 "국민을 위하라"고 소리쳐 외치는 것은 그 근거는 주로 기껏해야 여론조사 결과일 뿐이기 때문이다. 즉 "국민"이라는 말을 쓰려거든 여론조사부터 해야 하는 셈이다. 실제로도 국회의원이 장기적인 경제정책이나 복지정책 결과 보다 더 마음을 쏟는 것은 오로지 지역구 민심인 경우가 많다. 민주주의에서 "국민"은 추상명사이다. 우리 모두가 국민이라는 말은 아무도 국민을 정의할 수 없다는 것임을 겸허히 인정해야 한다. 우리는 너무나도 국민이라는 말을 쉽게 쓰고 있다.

24. 왜냐하면, 대중은 그 전에도 의지가 관철되는 과정이었고(산업화), 그 이후에도 의지가 계속 이어서 관철되기를 바랄 뿐이기 때문이다.

25. 네스 & 윌리엄즈, 앞의 책 참조. 이 두 저자는 이 책의 한 장을 다음과 같은 말로 마무리
하고 있다. "설탕이나 지방에 대한 열렬한 갈망, 게으름을 피우는 경향, 근시의 원인이
되는 눈의 성장 조절 메커니즘 등의 문제들은 진화된 적응이지만, 현대의 환경에서는 많
은 사람에게 곤란을 안겨주고 있다. 다시 한번 되풀이하는데, 모든 이득에는 반드시 비
용이 따르며, 그런 이득 대부분은 그만한 대가를 치를 가치가 있다." 타락과 경멸의 상징
인 인간의 욕구조차 생명체가 생명을 이어나가기 위한 대가로 진화적으로 발생시킨, 사
실상은, 비용이다.
26. 장 지글러 〈왜 세계의 절반은 굶주리는가〉 (갈라파고스, 2007)의 제목에서 따옴.